守望者
The Catcher

阅读　你的生活

Marcus
Tullius
Cicero
西塞罗
哲学文集

崔延强 主编

DE FINIBUS BONORUM ET MALORUM

〔古罗马〕马库斯·图留斯·西塞罗 —— 著
（Marcus Tullius Cicero）

崔延强　蒋学孝 ———— 译

中国人民大学出版社
·北 京·

"西塞罗哲学文集"总序

众所周知，马库斯·图留斯·西塞罗（Marcus Tullius Cicero，公元前106—前43年）是古罗马的政治家、法学家和演说家。但人们了解不多的是，他也是希腊文化拉丁化的"摆渡人"，他将希腊哲学引入罗马社会，塑造了罗马国家意识、民族精神和社会道德。他在政治方面的功绩和在学术方面的成就均源于他的"公民意识"，即汇众力以强国的自觉意识。他曾言："哲学应该为了国家的利益而被带到我们的同胞面前。因为我判定，一项如此重要和崇高的研究也应该在拉丁语文献中占有一席之地，这几乎关系到我们国家的荣誉和光耀。"（《论诸神的本性》1.7）由此，我们就不难理解为何西塞罗会持有一种折中主义的立场，因为凡是有利于罗马国家发展的思想都应该，也能够为他所用。具体说来，西塞罗在认识论上接近"新学园派"的怀疑论，怀疑即探究，探究和批判各种已有的观点，例示种种可能近乎真理的知识。他在自然哲学和神学上亲近斯多亚派的学说，即自然理性的"神"统摄宇宙万物，而论证神的存在、特征和权能不是出于迷信，而是在于罗马伦理道德的奠基。他在伦理学上也坚持了斯多亚派的一贯主张，即人的本性与自然和谐一致的德性生活就是善和幸福，而善和幸福不单属于个人，也归于整个国家，个人的义务与国家的正义是统一的。可见，西塞罗并非安于个体的灵魂宁静，也就突破了他所译介和研究的希腊化哲学的视野；相反，他试图将持有与自然一致的德性的人们凝聚在国家之中，兴新学、造新人、立新德，由此罗马才成其为罗马。故而，西塞罗可谓"古罗马"的"哲学家"。

从学术生涯看，西塞罗早年跟随斐德罗（Phaedrus）学习伊壁鸠鲁主义，但伊壁鸠鲁派的快乐主义显然未能湮没他雄心勃勃的政治抱负。后来，他师从柏拉图学园的掌门人拉利萨的菲洛（Philo），了解到"一切都不可知"的怀疑论，接受了由正反双方论辩以探究真理的辩证法的训练。更重要的是，他在这段时间树立了学术理想，立志成为拉丁文化中的"柏拉图"。同时，他也与斯多亚派的迪奥多图斯（Diodotus）经常往来，熟悉斯多亚派将智性、本性和德性相统一的学说。之后，他移居雅典，向那位具有斯多亚主义倾向的学园派安提奥库（Antiochus）学习希腊哲学；又赴罗得岛求教于重要的斯多亚主义学者波西多纽（Posidonius）。虽然哲学研究是西塞罗人生中的重要部分，但不是主要部分，他的大部分精力倾注在政治实践当中。直到公元前 46 年秋，由于政治上的失意和爱女的夭折，他退隐海边庄园，埋头于哲学著述，仅用不到两年的时间完成了其主要哲学著作。例如，《论学园派》、《论目的》、《图斯库兰辩》、《论诸神的本性》、《论预言》、《论命运》、《论老年》（De senectute）、《论友谊》（De amicitia）、《论荣誉》（De gloria）和《论义务》等。此外，他在公元前 1 世纪 60 年代还创作了《霍腾西乌斯》（Hortensius），作为一部哲学的劝勉书还曾激励奥古斯丁洁净灵魂，追求真理。

西塞罗从公元前 46 年到公元前 44 年撰写了三十多卷的哲学著作，其中主要作品按照主题可分为研究认识论的《论学园派》，自然哲学和神学方面的《论诸神的本性》《论预言》《论命运》，伦理学方面的《论目的》《图斯库兰辩》《论义务》。

《论学园派》是他为"新学园派"辩护的对话录，彰显了新学园派因"一切都不可知"而"存疑"（epokhē）的怀疑论精神；这部书更是西塞罗整个哲学思想的方法论导言，即"批判一切，不做定论"，让真理在论辩中显现出来，或者至少指示出接近真理的各种可能的途径。

《论诸神的本性》坚持新学园派的怀疑论立场，从神是否存在、神的形象、神的家园和居所，以及神的生活方式等问题出发，论述并批判了伊壁鸠鲁主义和斯多亚主义关于神的各种观点，其目的在于考察神学乃至宗教对于人的道德行为和幸福生活的意义。

《论预言》是在《论诸神的本性》的基础上继续研究神与人事之间的关系，西塞罗在此书中反对斯多亚派关于神谕和占卜的信仰，力图破除人们对神谕的迷信；同时，该书考察了古代神谕、占卜或预言的起源、功能、种类和影响，是有关古代罗马宗教信仰的"百科全书"。

《论命运》回答人之自由的可能性问题，西塞罗在书中运用新学园派的观点和方法，批判了斯多亚派通过划分"原因"和伊壁鸠鲁派用原子的偏斜运动来论证自由意志的做法；从根本上抨击了将"命运"等同于"必然"，或者将"自由"等同于"偶然"的错误观点。

《论目的》中的"finibus bonorum"（善端）即为亚里士多德所谓的"*telos*"（目的），这本书旨在考察善良和幸福的"准则"，展现人类实现自身充分发展的多种途径；书中也阐释并批驳了伊壁鸠鲁派的快乐主义和斯多亚派基于人之本性的伦理学，介绍了安提奥库转述的漫步学派的伦理学。

《图斯库兰辩》认为哲学是"医治灵魂疾患的良方"，理性能够战胜激情，从而排除灵魂的纷扰，使人最终过上自足的有德性的生活。尤其是，西塞罗在书中倡议发展拉丁哲学，指出"哲学在罗马至今隐而不显，拉丁语尚未为其增光添彩。如果我在忙碌时也曾服务于我们的同胞，那么我在闲暇时也应为了同胞的利益推动并倡议哲学研究"（《图斯库兰辩》1.6）。

《论义务》是西塞罗最后一部著作，借以勉励其子成为有益于社会的品德高尚的人。该书从根本上探究人们如何"正确"处理人与自己、人与他人，以及人与国家之间的关系的问题，主张义务是道德上的"正确"，就是遵从自然的法则，努力工作和生活，力所能及地帮助他人，做有益于国家共同体的事。

西塞罗的哲学研究根植于他本人拳拳的爱国之心，他将希腊哲学引入罗马，开拓了罗马人的眼界，也泽被后世，记述且保存了古希腊罗马哲学的主要观点。就当时而言，他的著作深刻影响了包括塔西佗（Tacitus）和塞涅卡（Seneca）在内的罗马知识分子。后来，他的作品也在基督徒的圈子中广泛流传，斐力克斯（Felix）、拉克坦提乌斯（Lactantius）和奥古斯丁等人都效仿西塞罗的论辩方法与当时流行的宗教进行斗争。在文艺复兴时期，西塞罗著作中传递的爱自然、爱生活、爱自由的精神滋养了当时新生的人文主义者，如彼得拉克（Petrarch）、蒙田（Montaigne）和伊拉斯谟（Erasmus）等。甚至哥白尼的"日心说"也在一定程度得益于西塞罗的著作中所记载的亚历山大天文学家的理论。在启蒙运动中，洛克、休谟、孟德斯鸠和伏尔泰也通过学习西塞罗的著作来探索与其时代相适应的宗教和道德。

此外，西塞罗的哲学著作也通过运用拉丁语让希腊人所讨论的主题更加明晰地表达出来。他对自己的母语深感自信，否认拉丁语不如希腊语，勇于直接用拉丁语表达相应的思想，如"qualitas"（质）、"essentia"（本质）和"officiis"（义务）等。这不仅扩大了拉丁语的适用范围，更让罗马能够用本民族的语言与希腊文明平等对话，由此造就了罗马的民族精神和国家意识。同时，西塞罗的雄辩文风也影响了文艺复兴时期各个民族的文化先驱，因而西方众多方言才逐渐发展为其所属民族的现代语言。

可见，作为哲学家的西塞罗并非试图独创一种新的哲学，而是汲取并融会希腊哲学众家之长以丰富罗马人的精神世界，确立罗马公民的行为准则，塑造罗马社会的道德伦理。正因如此，西塞罗的哲学著作具有极高的文献价值和思想价值，尤其是保存了现今遗失的希腊化各派哲学著作的大量信息，与第欧根尼·拉尔修、塞克斯都·恩披里柯、尤西比乌斯等人的著作构成希腊化哲学史料的最主要来源，因此对西塞罗哲学著作的深入研究和系统翻译具有重要意义。主编带领的希腊罗马哲学研究团队长期致力于希腊化哲学和西塞罗哲学思想的译介工作，现将其主要哲学著作合于"西塞罗哲学文集"，共分六卷，即《论学园派》《论诸神的本性》《论目的》《图斯库兰辩》《论预言》《论义务》。

本文集具有以下特点：第一，坚持将翻译与研究相结合。研究是翻译的前提，翻译是研究的体现。本文集力图在深刻理解西塞罗哲学思想的基础上，推出高质量、高水平的译著，为广大读者和专业人员提供措辞精准、表述通达、评注翔实的研究性译本。

第二，将主文献与相关文献的译注相结合。本文集特别辑录了与主文献相关的古代文本和现代论文，作为附录以供读者对比阅读和研究，以更准确地理解西塞罗的哲学思想。

第三，把拉丁文的直译与现代英译本对比校阅。本文集坚持从西塞罗的拉丁语原文翻译，以保证译文的原汁原味，但同时也不避讳相关的英译本，这有助于查漏补缺，吸收当代国外主流研究成果，形成中外哲学研究的有益互动。

因此，本文集的学术价值在于为研究西塞罗的哲学、古罗马哲学，乃至古典希腊哲学和希腊化时代哲学提供重要的基础性文献。

这是一项艰难的工作，但意义重大，诚如西塞罗所言，"确实再没有其他什么方式能像哲学一样对公民教育有所裨益了"（《论学园派》1.11），也再没有其他什么方式能像翻译一样对学术研究具有奠基作用了。本文集的译文凡数十万言，非一日所能成，其中的艰辛难以言说，但"忽闻八字超诗境，不惜丹躯舍此山"，唯心怀使命，砥砺前行耳！不过，要将西塞罗的著作从拉丁语原文迻译为中文，定然存在诸多困难，或因为两种文化之间本身的隔阂性，或因为我们对其文本和思想的理解尚待深入，故望方家不吝指正，共同推进希腊罗马哲学研究。

崔延强

希腊罗马哲学研究团队

西塞罗有自己的哲学吗？（代序）

——《论目的》的基本取向

一直以来，西塞罗都被视为希腊化时期哲学的重要阐述者，一位向导，但却很少有人将之视为有独立哲学见解的哲学家。我们有理由相信，这种观点即便不是学界的普遍共识，也是一种长期影响着学界的看法。① 本序虽无意全面挑战这种见解，不过依然希望通

① 证明这一点甚至无须引用文献证明，只要看看那些颇具影响力的哲学史作品就可以窥得一二，比如在英语世界颇为流行的撒穆尔·伊诺克·斯通普夫（Samuel Enoch Stumpf）与詹姆斯·菲泽（James Fieser）合写的《西方哲学史》（*Philosophy：A Historical Survey with Essential Readings*，New York：McGraw-Hill Education，2014，该书已有中文译本）就没有将西塞罗视为一位独立的哲学家，其他的著名哲学史也大同小异。西塞罗被当作哲学家重新得到重视，是在 20 世纪最后 20 年的时间内逐渐发生的，详情可以参见 J. G. F. Powell（ed），*Cicero：The Philosopher*. New York：Oxford University Press，1995，p. 1。

过梳理《论目的》的文本内容，对这种成见提出一些怀疑。

一、《论目的》写作背景和结构

公元前 48 年前后，罗马共和国内战以恺撒大获全胜宣告结束，罗马由此进入了恺撒（Gaius Julius Caesar）的独裁时代。而因为西塞罗的政治盟友庞培（Gnaeus Pompeius Magnus）在这场权力角逐中被彻底击溃，他也因此失去了政坛的话语权——虽然手握重权的恺撒并未进一步追究庞培追随者们的罪名，反而就地赦免了他们。约三年后，西塞罗最疼爱的女儿图莉亚（Tullia）去世。正是在这种不得志与悲痛中，西塞罗创作了这部 *De Finibus Bonorum et Malorum*（通常简写为 *De Finibus*）。我们能从这部作品的文本中明显地体察到，西塞罗不仅想要阐述各学派的伦理思想，也试图抒发他郁结的情绪。

在展开阐述之前，必须说明一下书名的翻译问题。"*De Finibus Bonorum et Malorum*"本义并非"论目的"，因为"*Finibus*"除了有"目的"的意思，还有"界限""极限""极致"的意思；"*Bonorum et Malorum*"直译应为"善与恶的"，合在一起译成"善与恶的目的"显然是讲不通的，因为书中所论及的"目的"并不是一般意义上的"行为目的"，而是古希腊伦理学中所说的 *telos*，它是指我们的"终极目的"或者说至善，也就是亚里士多德在《尼各马可伦理学》中所设想的那种只以自身为目的，而其他事物都以它为目的之物。①

① 参见 *Eth. Nic.* 1094a20 - 1094b。

因此"诸善的目的"或许还可通，但"诸恶的目的"就与 telos 这个意义矛盾了。英文世界之所以普遍将之翻译成 On Ends 或者 On Moral Ends，或许是因为书中无论哪一个学派在探讨"至善"时都或多或少地借用了亚里士多德所提供的上述伦理学图景。考虑到英文中既定的通行译名流传已久，同时这部书虽然有提到"最大的恶"或者说"恶之极"，但远不及对"终极目的"的探讨丰富，所以本书依然从旧译，将之译为"论目的"。

从《论目的》第一卷的相关内容看，该书是西塞罗献给同为哲学爱好者的好友布鲁图斯（Brutus）的，所以这部作品在整体上就是一份信件，只是这封信的主要内容不是与通信的对方谈论和探讨问题，而是西塞罗虚构的、与他人的哲学对话。在其中，西塞罗构建起了论战场景和相应的代言人，并把真实的哲学流派引入其中，从而让哲学"活"了起来，创造了一种独特的哲学论证形式，也使文本的内涵变得更为丰富。

全书共分为五卷，其中，第一、二卷主要探讨伊壁鸠鲁学派的伦理学，对话者主要是西塞罗和托尔夸图斯；第三、四卷主要探讨斯多亚派的伦理学，对话者主要是西塞罗和小加图；第五卷则探讨漫步派的，或者说是宣称与漫步派有着同一传统的安提奥库的伦理学，对话者主要是西塞罗和皮索，进一步的详情可以参看下表①：

---

① 类似的表格亦见于本书的另一个译本，参见《论目的》[M]，西塞罗（著），徐学庸（译），台北：联经出版公司，2016，第 11 页。

卷号	I-II	III-IV	V
对话时间	50 BC	52 BC	79 BC
对话地点	西塞罗在库迈（Cumae）的乡村别墅	小卢库鲁斯（Lucullus）在图库兰（Tusculum）的别墅	雅典的学园（Academia）
参与人物	托尔夸图斯（Lucius Torquatus）、盖乌斯·特里阿瑞乌斯（Gaius Triarius）、西塞罗	小加图（Marcus Porcius Cato Uticensis）、西塞罗	皮索（Marcus Pupius Piso Frugi）、卢西乌斯（Lucius Tullius Cicero）、昆图斯（Quintus Cicero）、西塞罗
讨论对象	伊壁鸠鲁学派的伦理学（简单地提及了其物理学）	斯多亚派的伦理学	安提奥库（Antiochus）的伦理学

接下来我们将逐一分析这三组对话并努力表明：西塞罗在三组对话中都试图实现怀疑论的等效论证，想要使各卷所探讨的伦理主张被"悬搁"，而通过各卷想要实现的"悬搁判断"①，他最终又致

---

① "悬搁判断"（希腊语 epochē），原型动词 epechein，指"抓住""阻止""停止"，由此衍生名词 epochē，常见英译为 withholding of assent、suspension of judgement，这里译为"悬搁判断"，亦可译为"存疑"，表达"悬而不决"之意。悬搁判断是怀疑派通过等效论证想要达成的目的，而所谓的等效论证则是指通过构建一系列效力相等的论证，使得任何判断的正反两面具有相等的依据，因而无从做出选择，只能"存疑"或"悬搁判断"。详情可参见《皮浪学说概要》[M]，西塞罗（著），崔延强（译），北京：商务印书馆，2019。

力于实现一种三部对话的整体结构中的"悬搁判断"，正是在这一点上，他有别于一般的学园怀疑派人物。

二、《论目的》各卷内容概要

希腊化时期（约公元前334—前30年）是一个剧变时期：一方面，随着亚历山大帝国的扩张和瓦解、罗马共和国的崛起，社会开始剧烈地动荡起来，此前相对和平与安定的环境一去不复回；另一方面，在希腊文化跟随亚历山大大帝的征服脚步朝着更广的地区传播和扩散的同时，文明和文明、思想和思想也开始剧烈地碰撞起来。正是在这样一个动荡的时代，诞生了以怀疑派（学园怀疑派和皮浪怀疑派）、斯多亚派和伊壁鸠鲁派为代表的希腊化哲学。与其前辈们构建形而上学体系的追求不同的是，希腊化时期的哲人们更多地是以哲学活动或哲学批判为工具，试图治愈随着社会动荡而来的悲观、迷信、恐惧等"病症"，也即心灵的疗救或"宁静"（*ataraxia*）①。"正像不对肉体疾病给予治疗的医学就毫无用处一样，如果哲学不解除灵魂痛苦也百无一用"②，伊壁鸠鲁的此言一语道破了希腊化哲学最强烈也最本质的诉求。

三个学派伦理学的共同之处在于，它们都积极地构建理论来表达心中的智者生活理想，它们也都接受至善是最终目的，它不以其他事物为目的而以自身为目的；而三派的区别也在于它们所赞同的

---

① 本义为"无烦扰"，在斯多亚派那里它就是"生活的波澜不惊"（*euroia biou*），在伊壁鸠鲁那里它是"无痛苦"（*aponia*），在皮浪那里它是"不动心"，参见崔延强：《通向宁静之路——晚期希腊的哲人理想》[J]，《哲学研究》，2000（7）。

② Porphyry, *To Marcella*，31，译文引自前注所引的崔延强所著论文。

至善存在根本的分歧，它们设想的智者生活也并不相同。《论目的》所聚焦的正是这三派各自的主张和相互的区别。下面让我们逐一审视西塞罗所构建的三场对话，以探求他在这些对话中展露的哲学思考。

2.1 快乐是幸福之道吗？

西塞罗的阐述从伊壁鸠鲁的伦理学开始。根据第欧根尼的记载，伊壁鸠鲁生于公元前 341 年的萨摩斯，这一年也是柏拉图死后的第七年。据称他在 14 岁时初次接触哲学，18 岁后开始聚集门生。在他 32 岁时，也就是公元前 309 年时，先在米提林（Mytilene）和拉姆普萨卡斯（Lampsacus）办了五年学校（scholēn），而后迁至雅典并购置了花园，因此其学派也常被称为"花园"。① 而这个学派因为其"快乐是至善"的主张也被人称为享乐主义。

在《论目的》的第一卷中，西塞罗借托尔夸图斯之口阐述了自己所理解的伊壁鸠鲁学派的哲学主张；在第二卷中，他立足于托尔夸图斯的阐述对该学派的体系展开了系统的反驳。可以毫不夸张地说，尽管西塞罗对全书的三个学派基本上都持批判态度，但是对于伊壁鸠鲁学派的批判较之其他两个学派都更激烈，措辞也更为严厉，这一点只要将两卷的内容与其他各卷相比就一目了然，这或多或少源于西塞罗对罗马骄奢淫逸之风的担忧。

从西塞罗所论述的伊壁鸠鲁学派观点来看，其内容大体上没有

---

① 这一段历史可以参见 DL 10.15。

超出《致美诺凯俄斯的信》（*ad Men*）、《主要原理》（*KD*）以及《梵蒂冈语录》（*SV*）的范畴。不过，也有部分内容并不在这三份文献中，比如在拉尔修的记述中也未曾出现的伊壁鸠鲁的物理学主张"原子偏斜"。对这种主张，西塞罗尖锐而又刻薄地批评说："当他改变德谟克利特的学说时他搞得一塌糊涂，当他跟随其学说时则没有任何新东西"①，而这个结论在卡尔·马克思（Karl Marx）以博士论文为其"翻案"之前，一度是对伊壁鸠鲁公认的看法。②虽然这一部分的内容也有许多值得深入探讨的话题，但为了更扼要地阐述前两卷的内容，我们在这里不得不略过这些仅仅是提及但并未详细展开的内容。通过稍后的梳理我们将看到，尽管在一些地方西塞罗确实未能做到同情性地理解伊壁鸠鲁，但他对于伊壁鸠鲁伦理学的核心思想有着充分把握，他在还原伊壁鸠鲁学派思想的过程中并没有任意妄为或不怀好意，也没有犯下不可饶恕的错误。

概而言之，托尔夸图斯所理解的伊壁鸠鲁哲学包括了四个基本结论、三组论证、三组辩护、两组驳论以及由之构成的一幅智者生活的图景。在他们看来，（结论1）快乐就是所有善的至高至极者，因而除了伴随快乐的生活外，再没有别的生活是幸福生活。（论证1）因为所有动物一出生就追寻快乐、逃避坏的东西，这是其自然本性未经扭曲时采取的行动，因此不需要证明和论辩人为什么趋向

---

① 这段批评见于 *Fin.* 1.21。

② 卡尔·马克思，《马克思恩格斯全集》（第一卷）[M]，北京：人民出版社，1995，第2版，第19-20页。

快乐、逃避痛苦，因为这些东西可以被感知到。证明揭示的是隐蔽的事物，而感觉则揭示昭然若揭的东西。（辩护 1）我们必须相信感觉，因为如果人的感觉被剥夺也就不会剩下任何东西，那么自然本性和人只能自己判断什么是合乎自然的，什么是背离自然的。没有快乐和痛苦，自然本性就无以引导行动。①

（结论 2）但是，伊壁鸠鲁学派所说的快乐并不是纵欲或享乐，而是痛苦的解除，且最大的快乐恰恰在于当痛苦完全解除时所感受到的东西。（论证 2）因为当痛苦解除，我们对这种解脱和所有烦扰的缺失感到愉悦。所有让我们感到愉悦的东西都是快乐，正如所有烦扰我们的东西都是痛苦，因此我们可以正确地称所有痛苦的去除为快乐。就像食物和饮料可以解除饥渴，烦扰的解除带来了快乐，因此在各种情况下痛苦的解除导致快乐的结果。（辩护 2）而被一时之快引诱的人没有看到即将到来的痛苦，因此伊壁鸠鲁不是要支持纵欲，恰恰是反对纵欲；而那些主动追求痛苦的人其实是放弃某些快乐以获取更大的快乐，或忍受某些痛苦以避免更大的痛苦。我们或许会认为快乐与痛苦中存在一个中间状态，但是伊壁鸠鲁学派却认为（结论 3）快乐与痛苦之间没有居间者，在一个痛苦解除这个最高限度之下快乐有种类的差异，但它不能再有增强或扩展。②

（结论 4）不过，他们相信所有快乐都源于身体的快乐，而灵魂

---

① 该辩护可参见 *Fin.* 1. 54，30，64。

② 这些内容可参见 *Fin.* 1. 37，33。

上最大的快乐或痛苦比肉体上持续时间相等的快乐或痛苦影响更大。（论证3）因为对于肉体我们只能感知当下影响它的东西，而对于灵魂我们可以感知过去和未来。即使承认肉体的痛苦是同等的痛苦，但如果我们相信有某种永恒的、无限的恶悬在我们头上痛苦就会剧增，因此精神的痛苦仍然强于肉体。①

（驳论1）那些相信德性是至善的人没有看到，德性因为能让我们快乐而被我们追求，智慧使我们区别三种不同的欲望②，驱散荒谬，节制避免招来恶果，勇气使我们免于烦扰，坚持正义是为了避免愧疚与惩罚。③（驳论2）即便是友爱，如果不能使我们免于痛苦，增加快乐，那也不会被我们追求。④（辩护3）他们相信智者不畏神，不惧死，不惧痛。因为至善的神必不为我们所动，人一死便不能也不会有感受，而长痛恒轻，剧痛常徇。如果死亡是最好的选择他也会选择死，感激以往，寄望未来，运气几乎不会影响他，最重要和最严肃的事受他自己的智慧和理性支配。因此生命长度并不会改变生命的快乐与否。⑤

我们可以将这几个部分绘图如下（箭头所指向者代表着被支持

---

① 参见 *Fin.* 1.55。

② 三种欲望则是指伊壁鸠鲁所划分的，既是自然的又是必要的（naturales et necessariae），自然的但不必要的（naturales essent nec tamen necessariae），既不自然也不必要的（nec naturales nec necessariae）三类欲望。最后一类欲望也被称为空洞的欲望（inanium），这类欲望既没有界限也没有尺度。

③ 参见 *Fin.* 1.42 - 50。

④ 参见 *Fin.* 1.68 - 71。

⑤ 参见 *Fin.* 1.62 - 63。

或者受到辩护的结论或论证）：

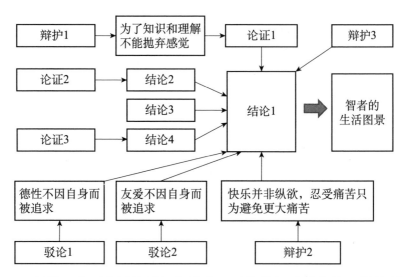

显然，在西塞罗的理解中结论 1 显然是伊壁鸠鲁伦理学的最终结论和主张，因为它直接回答了"至善是什么"这个问题，而结论 2、结论 3、结论 4 则是对这个主张所做的阐释，它解释"什么是快乐"以及"快乐（和痛苦）的性质"等问题。将这些核心主张区别开来将有利于我们更透彻地把握西塞罗所理解的伊壁鸠鲁，因为一切的论证和反驳归根究底都是围绕着这四个结论展开的。

但是，这个图或许会被人认为遗漏了一些重要的内容，可能会有人指出，它没有将托尔夸图斯提到的两组分类——也就是"快乐的动态"（motus voluptatis）和"快乐的静态"（stabilitatem voluptatis)① ——纳入其中。

对于这种指控我们认为，实际上两种快乐分别可以算作"痛苦解除"的过程和结果，因此这里将这一概念分类视为对结论 2 的某种发挥而不是另一个独立的结论。

面对伊壁鸠鲁学派这套结构井然的解释，西塞罗像一位律师面对指控那样无一遗漏地驳斥了托尔夸图斯的阐述，但是驳斥的重点却与托尔夸图斯的论述略有出入。我们可以将它大致分为三个部分：

首先，他用了极大的篇幅驳斥了"快乐是痛苦的解除"，宽泛地说，整个第二卷的前半部分几乎都在做概念考察的工作，尤其是对"快乐"的考察工作（*Fin.* 2.5 - 52），并在其中穿插了一段对于各个学派至善观念的批判性考察。西塞罗在其中对伊壁鸠鲁的批判可以概括为三个层次：第一，这种快乐的定义与我们的日常观念是有出入的，某个不渴的人和某个口渴的人喝水时感觉是不同的，但都被伊壁鸠鲁称为快乐；第二，这种快乐的定义与伊壁鸠鲁的一些表述是无法融贯的，比如伊壁鸠鲁曾说："如果放荡不羁之徒发现快乐的事物使他们免于对神的恐惧，对死亡和痛苦的恐惧，并且教导他们欲望的界限（cupiditatum fines），那么我们对他们无可指摘，毕竟他们会以各种方式让自己塞满快乐（complerentur volup-tatibus），而不受到任何伤害或痛苦，也就是没有恶"，而在这里快乐显然不只是"痛苦的解除"，甚至还包括"空洞的欲望"的满足；

---

① 前者指类似于"喝水解渴"这样的快乐，而后者则类似于"口渴已然解除时"的状态，后者更像是"不处于痛苦中"，参见 *Fin.* 1.38；2.9。

第三，这种定义使得伊壁鸠鲁的学说产生了两种截然不同的至善，鉴于二者是截然不同的事物，伊壁鸠鲁不可能同时融贯地坚持二者。

其次，西塞罗通过大量的案例说明，对愧疚或法律惩罚的恐惧事实上不可能阻止人做错误的事（尤其是当这个人手段极其高明且熟谙法律时），那些古往今来的高尚义举也很难让我们觉得有快乐伴随其中，因此将快乐当作至善并且当作德性的目的显然是荒谬的，这形同于鼓励人们在条件恰当的情况下去犯罪，也形同于将德性建立在水上。而友谊的情况也与此相同。①

最后，西塞罗挑战了托尔夸图斯所勾勒的智者的生活图景，他指出，快乐这种可能失去的事物是无法构成幸福生活的，因为幸福如果是可以失去的，那么人就会活在失去幸福的恐惧中因而不幸；而伊壁鸠鲁对死亡以及痛苦的说法经不起推敲，尤其是当与如下两个事实相结合时更是如此：伊壁鸠鲁一方面要求其徒众纪念自己，另一方面在死前忍受着尿路结石的巨大痛楚很久才去世；至于伊壁鸠鲁所说的"所有快乐都源于身体的快乐，而灵魂的快乐大于身体的快乐"（结论 4），西塞罗一方面指出有些快乐没有身体上的快乐为基础，另一方面指出，如果是这样，那么智者所受到的精神创伤带来的痛苦也要大于肉体痛苦，而这使其智者的生活图景变得可疑。

显然，从这个立论与反驳的图景看，西塞罗对伊壁鸠鲁的考察

---

① 参见 *Fin.* 2.53-85。

和批评大体上是公允的，这可以从以下几点得到彰显：

第一，西塞罗所引用的内容基本上可以在拉尔修的报道和《梵蒂冈语录》里找到相应的证据，换言之，西塞罗在引述时大体上做到了言必有据，而且从他的评论上看，他对伊壁鸠鲁哲学的把握绝不是浅尝辄止，而是像他所说的那样"十分熟悉伊壁鸠鲁的所有观点"。

第二，即便是那些不能在拉尔修的报道和《梵蒂冈语录》中找到相应证据的内容，西塞罗所引述的也都是对伊壁鸠鲁哲学起到强化或者增强说服力作用的观点。比如，论证 2 就并未见于拉尔修的记述中，唯一与之相似的是一则对"自然的欲望"的说明①，因此这则论证可能是西塞罗自己为伊壁鸠鲁学派补充的。虽然这个论证与我们日常观念存在一定冲突，因为"饥饿"不是一种"有"某物"威胁"我们的状态，而是一种"缺少食物"或者说"食物的匮乏"的状态，是"没有"什么而非"有什么"（所以我们摆脱饥饿之后也不会说"我解除了饥饿"而是"我饱了"）。但这个说明至少在形式上为伊壁鸠鲁学派的主张提供了支持，因为我们日常生活中的大多数快乐其实都可以套用"……痛苦解除"这个模式来解读，哪怕是西塞罗在文中为了反驳伊壁鸠鲁提出的一些快乐也如此，比如读文学作品的快乐就可以看作从无聊中解脱。②

第三，西塞罗对于伊壁鸠鲁的指责确实存在一些缺少同情性理

---

① 参见 *KD* 29："伊壁鸠鲁把那些由痛苦解脱出来的欲望归为自然而必需的，如饮之于渴"。

② 西塞罗在 *Fin*. 1. 25 中指出了这种快乐以驳斥伊壁鸠鲁。

解的部分，比如他对原子偏斜的批评就遭到了马克思的讥讽①；又如他对结论 2 的批评其实就不足以驳倒他自己引述的"快乐的两种状态"，伊壁鸠鲁完全可以辩护说：口渴的人喝水和不渴的人喝水感觉是不一样，但也有一样的部分，不一样的地方刚好就是动态与静态的区别。但是，他对伊壁鸠鲁的绝大多数批判是合乎情理的，比如，他批判伊壁鸠鲁立足于快乐的德性论以及他指出的"高尚的人"和"高明的坏人"就直击了伊壁鸠鲁哲学的要害——诚然我们可以将所有高尚的事情都解释成了快乐而做的，但是这样一来就再也没有英雄和圣贤了，因为这样一来一种无私的利他行为就变成了利己行为，但这显然与我们的常识相违背；而且这也变相鼓励人们去高明地犯罪（在一个人缺少良知的情况下这么做快乐大于痛苦），而这种理论对于那些以虐待他人为乐的人也缺少解释力。无论伊壁鸠鲁如何强调德性的作用，西塞罗确实可以根据常理推出这一系列的后果，伊壁鸠鲁哲学在这些问题上确实需要发展更为精致的论证来做出回应，只是去强调"快乐不是纵欲而是痛苦的解除"或强调德性对快乐的重要性是不足以回应西塞罗的批判的。

最后，我们要明白的是，西塞罗并不需要彻底地驳倒伊壁鸠鲁的学说，因为按照怀疑派的一般方法，他其实只要使得与伊壁鸠鲁学派相反的观点看起来也具有相等的效力就行了，因此上述反驳虽然未必能驳倒伊壁鸠鲁，但显然足以构建起一套与伊壁鸠鲁的学说效力相当的反对者。不过，对西塞罗来说，伊壁鸠鲁学派学者并不

---

① 卡尔·马克思，《马克思恩格斯全集》（第一卷）［M］，北京：人民出版社，1995，第 2 版，第 32 页。

精通论证，驳斥他们太过简单。① 于是他转向了以论证严密著称的斯多亚派。

2.2 德性是自足的吗？

比起伊壁鸠鲁学派，斯多亚派的发展进程要复杂得多。

这个学派之所以得名"斯多亚"，是因为其创始人芝诺常常徘徊在"多彩的柱廊"（*en tēi poikilēi stoai*），于是人们称呼其为"柱廊人"或"斯多亚人"（*stōikoi*）。早期斯多亚派有三位重要人物，他们分别是作为学派创始人的芝诺（Zeno），作为学派传播者的克莱安塞（Cleanthes），以及作为学派再造者的克律西波（Chrysippus）。芝诺是塞浦路斯（Cyprus）岛的季蒂昂（Citium）人，约生于公元前336年。先后就教于麦加拉学派和老学园派之间，师从过麦加拉学派的斯提尔波（Stilpo）、狄奥多洛斯（Diodorus）和色诺克拉底（Xenocrates），而后又转向了老学园派以及珀勒蒙（Polemon）和菲洛（Philo）。② 克莱安塞在芝诺之后继承了其衣钵，但此时斯多亚派尚未完全定型，我们也很难辨认出哪些独属于克莱安塞的哲学；随后，克莱安塞的学生克律西波为斯多亚派的学说做出了决定性的贡献，他发展出了"辩证法"（在逻辑学的意义上），使斯多亚派的学说获得了精致严密的形式。

从上述复杂的师承关系看，斯多亚派的理论渊源极为复杂。结合各个学派的理论主张，我们可以推测芝诺的世界主义理想与对传统伦理的激进态度大致形成于其犬儒派时期；其宇宙论则有赫拉克

① 参见 *Fin.* 3.2。
② 这一部分的历史可以参见 DL 7.16。

利特的影响；而其逻辑学尤其是辩证法的主张似乎同时受到了麦加拉学派和学园派的影响。这种多学派背景虽然让斯多亚派的学说更为丰富，但是也使其在原创性上遭受了质疑，除了西塞罗在本书中质疑斯多亚派抄袭漫步派外①，也一直有一种观点认为斯多亚派的学说在抄袭学园派。而柏莱谟（Polemo）还曾经为此抱怨过：

> 噢，芝诺，不要偷偷摸摸，你从花园的窗户溜进，盗走了我的原理，换上了腓尼基的外衣。②

这种理论渊源的复杂性也体现在了早期斯多亚派理论的分歧上，芝诺、克莱安塞和克律西波主张明显存在着不同，很难讲存在一个不变的、统一的、可以作为参照标准的"斯多亚派学说"供我们与西塞罗的记述相比对。③ 但这也不是说斯多亚派内部没有任何共识，我们依然能够识别出一些斯多亚派共识程度比较高的观点。比如斯多亚派通过自然本性寻求至善的方法，以及斯多亚派对德性的崇尚，这些与西塞罗在第三、四卷的报道大体上是吻合的。

如果说伊壁鸠鲁哲学是以自由为宁静，那么斯多亚派的哲学显然就是以融贯性或一致性为宁静。可以说，斯多亚派哲学的最独到之处就体现在那宏大的一致性或融贯性理想上，就此而言，其理论的各个方面其实只是这种一致性或融贯性理想在不同层面的表述，以至于我们很难讲，到底是因为斯多亚派构造的宇宙论图景使其必

---

① 整个第四卷西塞罗几乎都不遗余力地贯彻这种论调。

② DL 7.25.

③ 比如，根据拉尔修的报道，关于德性的种类斯多亚派内部就存在分歧，参见 DL 7.92。

须构建起精致的体系，还是这种一致性理想其实就是一种逻辑要求，因而必须贯彻到斯多亚派理论的每一个部分。

正因如此，所以，相较于伊壁鸠鲁，斯多亚派的论述联系更为紧密。或许得益于克律西波的逻辑学贡献，他们的论证和说明总是伴随着前提与结论之间的连续推理，像一条一条的推理链条一般环环相扣，而西塞罗在借加图之口引述其学派的观点时也较好地还原了这种特征。第三卷的代言人加图（Marcus Cato）曾经自豪地问道：

> 有什么源于自然的事物——虽然没有什么比自然更合适也更精准的安排了——或手工制品能够创造如此有序而又如此牢固且紧密相连的成就？哪个结论不是从前提而来？什么推论没有呼应条件？有任何其他体系像这个体系一样，只要移动其中的任何一个字母，就会使得整个体系崩溃吗？①

不过，即便斯多亚派的学说联系得如此紧密，我们依然可以从中整理出几个彼此有别的要点，它包括了四个基本结论、四组说明、两组论证、三组辩护和一组驳论。

第一个基本的结论是（结论1）：德性是至善也是唯一的至善。总的来说，整个前半卷的内容大体上都在阐明这一点。而为了解释这一点，加图诉诸自然本性对其进行了说明，在他看来，（说明1）自然本性使我们自我保护，选择合乎它的事物并排斥与之相反的事物，一旦我们发现了选择和排斥的原则，那么我们就会形成一套持

---

① *Fin.* 3. 74.

续的行为模式，而最终这套模式将成为稳定的、与自然高度一致的。而到了最后一个阶段，智慧将帮助我们理解这种行为模式或发现它的概念，那就是一种"融贯性"（convenientiam），而它就是德性本身。① 换而言之，（结论2）最高的善在于通过运用关于自然生发之物的知识去生活，选择合乎自然的东西，排斥与之相反的东西，也即与自然和谐一致地生活，但是这种生活有一个从不自觉过渡到自觉的过程。

那么，人是如何获得善的概念的呢？加图借助斯多亚派对概念的说明指出，（说明2）善的概念是通过推理获得的②，而善是本性上完善的东西（natura absolutum），它是一种特殊的价值，与程度无关，只是一种形式（genere）。③ 在斯多亚派看来，善有三类，一些是构成最高目的的善，希腊语是 *telika*；一些是创制性的善，希腊语是 *poiētika*；一些是两者兼有的善。唯一构成性的善是德性活动本身，唯一创制性的善是朋友。智慧则既是构成性的也是创制性的。④ 这两点说明也正好指出了斯多亚派与漫步派的区别，因为它们表明，像健康、财富这样的事物在斯多亚派这里并不能算是一种善。

为了进一步说明德性这种善，加图还引用了斯多亚派的一组论

---

① 这段说明可以参见 *Fin.* 3. 16 - 25。

② 加图提到斯多亚派所说的四种形成概念的方法，概念分别是由认知（cognitum）或由组合（coniunctione），或由类比（similitudine），或由推理（collatione rationis）在灵魂中形成，参见 *Fin.* 3. 33。

③ 这段说明可以参见 *Fin.* 3. 33 - 34。

④ 该说明可参见 *Fin.* 3. 55。

证：（论证1）凡是善的东西是值得称赞的（laudabile）；而凡是值得称赞的东西是高尚的（honestum）；所以，凡是善的东西是高尚的。他相信，这个论证只有第一个前提是有争议的，人们可能会认为并不是所有善的东西都值得称赞。因此，他立刻对此进行了辩护：（辩护1）所有善的事物都是值得追求的（这是对"有某种事物是善的但不值得追求的"的否定），所有值得追求的事物都是令人愉快的，所有令人愉快的都是让人喜爱的，所有让人喜爱的事物都是让人认同的，所有让人认同的事物都是值得称赞的。所以，所有善的事物都是值得称赞的。也许有人认为，人所追求的原初之物与德性不是两种善吗？加图就此解释道，（辩护2）德性活动不是原初自然倾向的一种，它是一种结果和后发性的活动，这种活动也与自然一致，但比早期的所有对象更为强烈地刺激我们的需求。就像射手的目的是要击中目标，但射击目标却并不一定是一开始就在从事的事情。①因此，德性也像是射手的射击一样，虽然后发但比前者更接近目的。而对于德性这样一种无法发生程度改变的事物，加图相信，（结论3）它必然是因自身而被追求，同理，卑劣也必然是因自身而被厌恶的。这不仅仅是因为所有人都天性向善不会有人哪怕不必为恶也要蓄意为之，更因为我们能援引无数经典的案例，比如马克西姆斯（Maximus）和阿非利加努斯（Africanus）家族等表明了这一点。②

　　那么另一种善，友爱，又如何呢？它是如何发乎自然本性的

---

① 这个例子可以参见 *Fin.* 3. 22。
② 该结论参见 *Fin.* 3. 36 - 38。

呢？加图指出，（说明 3）我们从父母对子女的爱中可以看到这种过程。自然本性让我们倾向繁衍生息，爱护后代；而由这种对亲人的爱中发展出了对其他人的友爱，发展出了婚姻、爱情，这种友爱也守护了我们的生活；这种爱继续向外拓展，人们就建立起了共同体、城邦；最终，这种爱将发展为一种对全人类的爱。因此，加图相信，智者愿意参加公共政治事务，并按照自然生活，娶妻生子是合乎其本性的。这种逐级递推的逻辑贯彻下去就推出了斯多亚派独特的宇宙论：宇宙由神的意志统治，像一个神人共享的城邦或国家，我们当中的每一个都是这个宇宙的一部分。因此我们视共同利益（communem utilitatem）高于我们自己的利益。①

但是，像财富、健康、美丽、强壮这些事物又算什么呢？人们不是时常竭尽全力地追求这些事物吗？加图指出，（结论 4）实际上这些事物只是一些"在善恶方面无差别的"（indifferens）事物②，它们处在中间领域（medium），而在这个领域内的合乎自然本性的活动，便是"义务"或者说"应为之举"，而"应为之举"又分为"完善的应为之举"和"不完善的应为之举"，两者都是正确的行为，但前者比后者更完善，比如，如期归还欠物就比单纯的归还更完善。这些事物与德性相比，犹如银烛之火比于日月之明，两者摆到一起时前者的光芒将完全被湮灭。③

这种对待事物的态度和善恶观刚好与斯多亚派对烦恼的态度形

---

① 该说明参见 *Fin*. 3. 62 - 70。
② 对应希腊语 *adiaphora*。
③ 关于应为之举和无差别的事物的说明，参见 *Fin*. 3. 22，23，54，亦可参见 DL 7. 102 - 103。

成呼应。加图说，（说明 4）在斯多亚派那里，正是灵魂的烦扰（perturbationes）使愚者的生活不堪其苦（希腊语 *pathē*），它们分成四类，其下还有若干子类。这四类是：悲哀、恐惧、欲望和愉悦，这些烦扰无一受自然力量的驱动，它们仅仅是一些观念和荒谬的判断。换而言之，我们的痛苦并非来源于外物，而是来源于我们自己，一旦我们克服了这些观念，我们也就摆脱了痛苦。

可是，这样一来，斯多亚派和那些取消事物区别的哲学流派（比如怀疑派），和漫步派又有何区别呢？毕竟前者也认为这些事物没有区别，后者也认为比起德性其他善的光芒也会被湮灭。加图指出，（辩护 3）斯多亚派与它们的区别在于，斯多亚派并不承认这些事物完全没有区别，只是认为这些事物在善恶上没有差别，事实上认为在德性之外的其他事物，一些有价值（aestimabilia），一些没有价值，一些既非有价值也非没有价值（neutrum），那些有价值的事物给我们提供了优先选择（anteponerentur），它们是优先的（praeposita），反之则是被拒斥的（reiectanea）。斯多亚派会说选择（legere）它们而不说追求（expetere）它们，会讲采纳（sumere）它们，但不说不想要（optare）它们，而对于相反的事物，斯多亚派并不躲避，而是与之隔绝（secernere）。①

为了进一步说明三种学说的区别，加图还对两种观点进行了反驳，（驳论 1）那些说万物没有区别的人（在加图看来主要是怀疑派学者），其实废弃了我们所称赞的明智，因为如果万物没有区别，

---

① "优先的"对应的是希腊语 *proêgmena*，"被拒斥的"对应的是 *apoproêgmena*，参见 *Fin.* 3. 15 节注释。

那么我们就无法在合乎自然和违背自然的事物上做出选择；而对于漫步派，他们则认为按照漫步派的做法，一方面会导致德性无法拥有最崇高的地位，另一方面也会导致痛苦成为恶，因为如果没有肉体受益就不会有完全的幸福，那么不难设想智者在痛苦中也是不幸福的，但这显然与"智者始终是幸福的"这种判断是矛盾的。①

最后，（论证2）要想认识上述的真理，辩证法和物理学是必不可少的，只有借助这两者，我们才能祛除谬误，保有我们对善恶的知识，并对善恶做出正确的判断，因此这两者也是德性的一部分。②

西塞罗在第四卷中对斯多亚派伦理学的驳斥大抵包括如下三个部分：

第一部分的驳斥是一种语义上的考察，他认为斯多亚派只是调整了漫步派的措辞但并没有改变其实质。比如，他认为，当我们说"无差别之物"一些比另一些"更值得被采纳的"时，这与说它们是"善的"并无实质区别，因为一方面斯多亚派最终也会承认智者需要并使用这些东西，而另一方面将一个事物说成是"善的"并不比将它说成是"优先的"赋予其更多价值，这两个词所包含的意义实际上是一样的。其他斯多亚派的术语也与此相同。这其实就是在直接批判斯多亚派的辩护3，如果这一点失守，那么斯多亚派就很难说得清楚自己和漫步派的区别。③

---

① 相关观点请参见 *Fin.* 3.11，42，43。

② 参见 *Fin.* 3.71 - 73。

③ 这段驳斥的内容大抵是第四卷前半卷的概要，第二、第三点驳斥则大体对应后半卷。

第二部分的驳斥是对斯多亚派说明 1 的逻辑进程表示怀疑。他指出，既然自然本性让我们自我保护，那么从这种趋势上讲，合乎自然本性的生活必定确立在尽可能获得又多又丰富的依循自然之物上，但是，在斯多亚派的说明 1 中，人在依靠智慧了解了依循自然本性生活的原则之后却抛弃了前面的这些依循自然之物，将之视为无差别之物，这不是很奇怪吗？即便我们寻求的至善不是人类的至善，而是某种没有身体的生物的善（因此它不需要这些事物），那么这种生物也需要健康、免于痛苦和安全感这类被斯多亚派视为无差别之物的东西吧？

西塞罗进一步指出，身体上的诸多好处其实并不是那种小到无法辨认的好处，虽然少了它确实不能让一个幸福的人不再幸福，但拥有它确实为生活增添了某种收益。斯多亚派不能仅仅将至善建立在灵魂这个部分之上而非整体之上。斯多亚派担心一旦其他事物也构成至善，那么德性的地位就确立不了了，但西塞罗却相信，一旦将这些事物视为与善恶无关的，那么德性也会无法立足。因为德性是在选择中产生的，比如，明智正是通过不同事物的选择而发挥作用并得以彰显的，抛弃这些事物，明智要怎么选择又选择什么呢？①

关于第三部分的驳斥，西塞罗引述了一个前文并未详细阐述的斯多亚派的两个观点——"愚者都是同等悲惨的，而一切的恶都是相等的"（其实这个观点是说明 2 的必然结果，驳斥这一点就是在

---

① 参见 *Fin.* 4. 46 - 48。

驳斥说明 2)。他认为，一方面，这种观点有悖于我们的经验，这方面例子并不少，比如老格拉古（Gracchus）和他的儿子相比就不是如此；另一方面，斯多亚派允许我们向着德性迈进，但是又否认恶会在进步的过程中减少，这显然是自相矛盾的。

概而言之，西塞罗对斯多亚派的驳斥可以简化为两个点：非原创（与漫步派只有措辞不同）、不融贯（从自然本性出发又抛弃自然本性，承认我们能向德性迈进又否认恶会在进步的过程中减少）。但显而易见的是，西塞罗的批判没有做到同情性的理解，两项主要的指控实际上都没有真正触碰到斯多亚派的问题。第一项指控明显没有注意到，虽然斯多亚派也采纳或选择有价值的"无差别之物"，但是加图其实强调的是斯多亚派并不会"主动追求"这些事物，可见"接不接受这些事物"并不是斯多亚派与漫步派的区别，"是否主动追求"才是两者的区别，因此西塞罗为说明两派的主张相同所举的例子基本全部落空，是一种"稻草人谬误"；第二项指控在第一项指控落空的情况下就明显力量不足了，因为如果斯多亚派只是"不主动追寻""优先的"事物，那么实际上并未完全抛弃自然本性的起点，这就谈不上不融贯了。当然，这两项指控的密切关联也说明，西塞罗的批判确实是煞费了一番苦心的，他并非任意地在组织自己的批驳，两者显然有逻辑上的递进关系。

虽然从我们的观点看，西塞罗在这一卷中的任务并未很好地完成，但我们依然不难识别出他的批判其实也是在构造一个等效论证，只是在第二卷中他利用的是斯多亚派（或者说给予德性足够重视的学派）来对伊壁鸠鲁的学说构成"等效"，在第四卷批判斯多亚派时他又利用了漫步派的理由（或者说重视外在善和身体善的其他学派）来对斯多亚派构成"等效"，接下来我们将看到，西塞罗在最后一卷又反过来用斯多亚派对安提奥库构成等效。

2.3　德性不是自足的吗？

最后一卷探讨安提奥库的伦理学，但在分析之前或许有必要简单交代一下老学园派和安提奥库。

按照塞克斯都·恩披里柯（Sextus Epiricus）在《皮浪学说概要》（*Pyrrhoniae Hypotyposes*）中的记述，存在三个时期的学园，第一个和最老的是柏拉图的学园，第二个和中间的是珀勒蒙①的学生阿尔克西劳（Arcesilas）② 的学园，第三个是卡尔涅亚德（Carneades）和克雷托马科（Cleitomachus）③ 的学园。但有人把菲洛

---

① 珀勒蒙（约公元前 350—前 270/269 年），雅典人，老学园派哲学家，色诺克拉底的学生，后继任学园主持。安提奥库认为，珀勒蒙是老学园时代对柏拉图伦理学和物理学进行系统化、理论化阐释的代表人物。

② 阿尔克西劳（公元前 316/315—前 241/240 年），皮坦（Pitane）人，于公元前 268/267 年接任学园主持。他延续了苏格拉底传统，提出了存疑的方法，揭露对手的信念的不确定性，主张知识的不可把握性，使学园派的哲学彻底转向怀疑论。

③ 卡尔涅亚德（公元前 214/213—前 129/128 年），昔兰尼人，第三代学园派领袖。复兴第二代学园派领袖阿尔克西劳的怀疑论，主张"可信性"学说。公元前 155 年代表雅典出使罗马，展示赞同自然正义和反驳自然正义的正反论证。他追随阿尔克西劳和苏格拉底之风，没有留下任何著述。参见 *PH* 1. 220, 230。克雷托马科（公元前 187/186—前 110/109 年），迦太基人，第三代学园派代表，卡尔涅亚德的学生，于公元前 129/128 年主持学园。写有 400 卷著述，阐发卡尔涅亚德的怀疑论，这些观点为西塞罗、普鲁塔克和塞克斯都所引用。迦太基被罗马攻陷后，写有告慰同胞书。参见 *PH* 1. 220, 230。

和卡尔米达（Charmidas）[①] 的学园列为第四个，还有人把安提奥库的学园算作第五个。而安提奥库因为把斯多亚派的学说带进学园，因此也被人说成是在学园里做着斯多亚派的哲学。[②] 所以，按照这种划分，其实学园派至少存在三个时期，如果把比较边缘的意见算上，那么它或许存在五个时期。

但在西塞罗的划分中，老学园派是指柏拉图后继者斯彪西波（Seusippus）及其后的色诺克拉底为首的学园派，这一代学园派的基本立场是独断论的；而以阿尔克西劳、卡尔涅亚德为首的学园派则被他称为"新学园派"。之所以"新"，是因为他们用"怀疑论"改造了柏拉图主义，使其走向了不可知论。这是新旧两个学园派分别的大体缘由。

安提奥库生活在公元前 130 年到前 68 年，他是阿斯卡罗（Ascalon）人，曾师从于新学园派的菲洛，持怀疑论的主张，在公元前 88 年前后，他在追随菲洛去往罗马后不久立场发生了改变并与其师决裂，此后便转向了老学园派和漫步派的传统。在这种转向的同时，他吸收了大量的斯多亚派的认识论和伦理学思想以改造旧的传统，后来他到了雅典从事教学。虽然吸收学习了各家观点，但安提奥库对学园传统的看法是独树一帜的。在他看来，柏拉图的学园和亚里士多德的漫步派秉承了相同的传统，老学园派与漫步派之间并无实质的不同，而新旧学园派之间反倒是存在着重大区别。[③] 因

---

　① 卡尔米达，生平不详，怀疑论学园派的最后一代，对修辞学有较大兴趣。

　② 参见 *PH* 1. 235。

　③ 参见 *Fin.* 5. 7，新老学园派的观点及其分歧亦可参见 *M* 7. 141 - 189，以及 *Acad* 1. 17 - 18。

此，最后一卷实质上是一种对学园派、漫步派和斯多亚派伦理思想的一套整合式伦理学说。

正因如此，安提奥库的代言人皮索的论述与加图的论述在思路上大体是相当的，甚至可以说他几乎可以同意斯多亚派的内容，他们不同的地方仅仅在于两个方面：首先，安提奥库在同样的结论上采取了与斯多亚派不太相同的论证，做出了一些更精致地说明。比如，安提奥库也是从人的自我保护和自爱出发的，但对于这条自爱原则，安提奥库增加了一组证明，他指出，自恨的人是难以设想的，因为这种人若出于自恨而折磨自己，反而满足了自己的需要，这同样也是一种自爱；而即便是一无所有的小孩子，在受到生命威胁时也会感到害怕。① 又如，他们也认为灵魂比身体更有价值，因为它拥有德性并帮助我们感受万物，而德性分为两种，一种是自主的（voluntarias），一种是非自主的（non voluntariae），前者指勇敢、节制等与人意志相关的德性，后者则指才智、天赋等与人意志无关的德性。德性是因自身而被追求的，因此灵魂是比身体更有价值的。②

其次，皮索强调了身体等其他善的价值，他认为这些事物虽然与德性相比微不足道，但它们也是重要的，它们与德性结合构成了"最幸福的生活"，但即便没有这些东西，人们也可以"幸福"，只是与前者相比有所逊色而已。这种将幸福划分程度的做法与斯多亚

---

① 参见 *Fin.* 5. 28 - 32。
② 参见 *Fin.* 5. 32 - 42。

派构成了根本的区别。①

西塞罗的驳斥非常简单，这种观点最大的问题就是不融贯，因为如果将非德性的事物也算作善，那么运气就能够影响到一个人的生活状态，若是如此，那么哪怕是智者也有可能不幸。至于所谓的"最幸福的生活"与"幸福"的区分在西塞罗看来是可笑的，因为幸福就意味着"充分"，而在充分之上再增加任何东西，都将变成"过度"，"过度幸福"这个说法显然是有问题，怎么会有人过度幸福呢？西塞罗这里没说出的话是，过度常常意味着恶，比如过度饮食。② 而这种不融贯也刚好和斯多亚派的理论形成对比，斯多亚派的观点且不论对错，好歹是融贯的；而这种观点显然是不融贯。因此，西塞罗最后在老学园派这里也实现了对其理论的存疑。

三、对话结构中的存疑

现在我们将三组对话的内容做一个整合统观，立刻就能发现西塞罗的意图：在第一组对话中，西塞罗试图使得快乐和其他外在事物作为至善的资格成疑；在第二组对话中，西塞罗试图使得德性单独作为至善的资格成疑；在第三组对话中，西塞罗试图让德性与其他善组合构成至善的资格成疑。如果这些意图全部实现，那么在这整个论证结构中，西塞罗就会使得已知的所有至善备选者在备选资格上成疑了。而这将推出的是至善的存疑。另外，在最后一卷中，虽然皮索没能回应西塞罗的问题，但是卢西乌斯依然被皮索折服，

---

① 参见 *Fin.* 5.72 - 73。
② 参见 *Fin.* 5.76 - 86。

这说明西塞罗多少认可了安提奥库理论的说服力。

因此，西塞罗在《论目的》中依然秉持了其新学园派的立场：没有什么是可以理解的，但是我们可以根据有说服力的表象去生活。但是这种立场并不完全是通过论述表现出来的，他诉诸了一种整体结构，同时也诉诸了对话中人物的选择（也即最后一卷中卢西乌斯的选择）来表明这一点，从这种全新的呈现方式和表达方式看，他在贯彻新学园派观点的方法上显然有别于曾经的新学园派。①

四、结语

上述梳理和判断更多地聚焦了伦理学的内容，但实际上《论目的》中所包括的内容远不止于此，它其实还直接或间接地提及了许多古希腊和希腊化时期其他学派的各个方面的观点，是我们研究古希腊和希腊化哲学的必读之作。本书在翻译时主要参考了以下三个外文本：

Moreschini（edn.）（2005）. *De finibus bonorum et malorum*, Leipzig：Die Deutsche Bibliothek.

Rackham，H.（ed. and trans.）（1914）. *Cicero：On Ends*, Cambridge Mass.：Harvard University Press.

Woolf，R.（trans.）（2001）. *Cicero：On Moral Ends*, Cambridge：Cambridge University Press.

---

① 类似地，利用整体结构的存疑与通过人物选择表达观点这种做法在以往的新学园派那里并没有被我们观察到。

其中，拉克汉姆（Rackham）的译本是基础，另外两个外文本作为辅助参考使用。相较而言，拉克汉姆的译本虽年代较为久远，但附有拉丁文的对照，且翻译更贴合拉丁文本；伍尔夫（Woolf）的译本虽然言辞表达更为简练易懂，但部分内容与拉丁文本有所出入。

本书的翻译过程可以说颇费了些周折，这一方面是因为西塞罗雄辩而又旁征博引的书写风格，极大地考验着译者的历史功底，另一方面则是因为译者的外文与中文功底尚不够纯熟。好在，译事虽艰，却总能得到许多同道好友的支持。本书的翻译得到了何彦霄和顾枝鹰两位同志的鼎力支持和帮助，在此特表感谢！

本译作共计约25万字，其中约19万字由蒋学孝同学完成，6万字由崔延强教授承担，并由崔延强教授完成统校。限于译者水平，本书难免存在错漏之处。但译者相信，好的译本不是一次性的，它需要读者与作者有"主体间相互性"的对话，因此本书的不足之处，愿就教于各位读者、方家。

翻译说明

　　为方便研究者查找原文出处，注释中涉及的主要古代文献、近现代学者编辑的残篇以及工具书全部使用业界通用缩写。缩写文献名称后面的页码一般用阿拉伯数字（除非因卷、章、段数字过多而使用大写和小写罗马数字以便识别）。例如，Esebius, *PE* 14. 18. 11 - 12，即尤西比乌斯：《福音的准备》第 14 卷，第 18 章，第 11 - 12 段。另同卷之间用英文逗号，不同卷之间用分号，不同文献之间用句号。例如，*PH* 2. 32，58，70 - 71；3. 169，188. *M* 7. 313；9. 119。又如，·*M* 11. 162 - 166. DL 9. 104 - 105. *PE* 14. 18. 25 - 26。

　　缩写说明如下：

M　Sextus Epiricus，*Adversus Mathematicos*（塞克斯都·恩

披里柯：《反学问家》）

PH Sextus Epiricus, *Pyrrhoniae Hypotyposes*（塞克斯都·恩披里柯：《皮浪学说概要》）

DL Diogenes Laertius, *Vitae Philosophorum*（第欧根尼·拉尔修：《名哲言行录》）

Acad. 或 *Ac.* Cicero, *Academica*（西塞罗：《论学园派》）

Fin. Cicero, *De Finibus*（西塞罗：《论目的》）

Leg. Cicero, *De Legibus*（西塞罗：《论法律》）

Inv. Cicero, *De Inventione*（西塞罗：《论取材》）

Or. Cicero, *De Oratore*（西塞罗：《论演说家》）

DND. Cicero, *De natura deorum*（西塞罗：《论诸神的本性》）

Tusc. Cicero, *Disputationes Tusculanae*（西塞罗：《图斯库兰辩》）

Top Cicero, *Topics*（西塞罗：《论题篇》）

Eth. Nic. Aristotle, *Ethica Nicomachea*（亚里士多德：《尼各马可伦理学》）

Ti. Plato, *Timaeus*（柏拉图：《蒂迈欧篇》）

Phdr. Plato, *Phaedrus*（柏拉图：《斐德罗篇》）

Grg. Plato, *Gorgias*（柏拉图：《高尔吉亚篇》）

KD Epicurus, *Kyriai doxai*（伊壁鸠鲁：《主要原理》）

SV Epicurus, *Sententiae Vaticanae*（伊壁鸠鲁：《梵蒂冈语录》）

ad Hdt　Epicurus，*Epistula ad Herodotum*（伊壁鸠鲁：《致希罗多德的信》）

ad Men　Epicurus，*Epistula ad Menoeceum*（伊壁鸠鲁：《致美诺凯俄斯的信》）

Stoic Rep　Plutarch，*De stoicorum Repugnantiis*（普鲁塔克：《论斯多亚的自我矛盾》）

符号说明：

［Ⅰ］［1］　此内的数字为文内段落标号，前一罗马数字代表"章"，后一阿拉伯数字表示"段"，段落序号依据当前通行编号。

〔〕　此内的文本疑为他人窜写的内容。

（）　此内的外文字符表示相应的外语词。其中，希腊语用拉丁化写法，用斜体。

〈〉　此内的文本表示为了理解进行的必要补充。

目　录

第一卷

[Ⅰ][1]布鲁图斯（Brutus），我不是不知道①，一旦我把天赋最高和学说最受人追捧的哲学家们曾以希腊文进行讨论的议题，置于拉丁文本中，那么我的这部作品便会招来各式各样的批评。其中一些人绝非无知之辈（non admodum indoctis），却完全不喜欢哲学。其他人呢，只要你漫不经心地（remissius）研究哲学就不会来批评它，但他们认为一个人不应该对此投入热情与精力。还有另一些人，精通希腊文而蔑视拉丁文，他们声称更愿意花时间阅读希腊文著作。最后，我猜会有某些人要让我转向别的书面创作，并声称这类哲学写作无论写得多雅致（elegans），都与我的身份与地位不

---

① 马库斯·朱尼乌斯·布鲁图斯（Marcus Junius Brutus，公元前85—前42年），公元前44年刺杀恺撒的领袖之一并因此而闻名。虽然他有时被当作一个斯多亚主义者，证据就是他曾经自己确证自己是柏拉图的追随者，属于安提奥库一派，学说混杂诸家内容的老学园派（参见 *Fin.* 5.8）。

相符。[2] 我想简单地反驳所有这些批评。

我在那本书中对所有诋毁哲学的人做了充足的回应，在那里我捍卫并赞美了哲学，进而驳斥了霍腾西乌斯（Hortensius）① 的指控和批评。它看起来会让你和其他我觉得有判断力的人接受吧。我已经着手写更多了，因为，若非如此，我担心也许大家觉得我只会空吊人胃口（movere hominum studia）而不能遂人之愿。

至于那些无论哲学带来多么极致的快乐，都只想有限度地从事哲学的人，他们在哲学上要求节制是困难的，因为它一旦开始，就不可能限制和约束。我不禁觉得那些要我远离哲学的人，比这些想要约束无限并在越努力收获越多的事上设限的人更厚道。

[3] 如果可以获得智慧（sapientiam），那么一个人就不仅要获取它，还要尽情地享受它。而如果这有困难，那就要无止境地寻求真理直到发现它。因为所寻求者如此瑰丽（pulcherrimum），所以疲于寻求就是可耻的。事实上，如果我们在哲学写作时感到愉悦，谁会如此心怀愤恨让我们远离哲学呢？即便哲学是种吃力的活儿，谁又会为别人的勤勉设限呢？虽然特伦恩提乌斯（Terentius）笔下的克瑞梅斯②（Chremes）不希望新邻居"掘土、耕地或承受任何

----

① 霍腾西乌斯，著名的演说家，此处的"那本书"正是西塞罗最后的著作《霍腾西乌斯》（Hortensius）（该书与《论目的》，也即本书，同年创作），在该书中霍腾西乌斯反对研究哲学，另一位发言人是卡塔鲁斯（Catulus）。

② 原文直译应为"特伦恩提乌斯的克瑞梅斯"，但考虑到这种说法对于缺少背景的读者来说容易产生歧义，故据其意义改为现译，后文中所有类似的文本均做同样的处理，不再注出。——译者注

艰辛"（但其实他不是劝邻人莫要勤勉，而是劝他远离卑贱的体力活儿）。① 因此，那些我们的工作所冒犯到的好事者，<u>丝毫未使我们感到不快</u>。

[II][4]让那些自称鄙视所有拉丁文写作的人满意就更难了。这些人最让我感到讶异的是，在最有意义的事情上，母语（sermo patrius）② 总是给不了他们快乐，但是对同一部戏剧（fabellas）他们却反而要读从希腊文逐字译为拉丁文的。实际上有谁会对"罗马"（Roman）之名抱如此之大的敌意呢？他会说"因为我喜欢欧里庇得斯（Euripides）的相同剧作而讨厌拉丁文学，所以我蔑视并拒绝恩尼乌斯（Ennius）的《美狄亚》（Medea）或帕库维乌斯（Pacuvius）的《安提奥帕》（Antiope）"吗？难道他会说，"我不读凯奇利乌斯（Caecilius）的《青年同伴》（Synephebos ego）和特伦恩提乌斯的《安德罗斯女子》（Andria）而宁愿读梅南德（Menander）的这两部作品之一"吗？[5]我非常不同意如下这种观点：无论索福克勒斯的《厄勒克特拉》（Electra）写得多么精彩，我仍然认为自己应该读阿提利乌斯（Atilius）的糟糕的译文，对于此人，利奇努斯（Licinus）形容说：

　　"一个呆板的作家"（ferreum scriptorem），但我相信他仍

---

① 　选自特伦恩提乌斯的戏剧《自责者》（Heauton Timoroumenos）（特伦恩提乌斯的生平见下注）。

② 　直译为"父语"或"祖先的语言"，此处依文义译为"母语"。——译者注

然是一位作家，所以是值得一读的。

而在我们的诗作中，"死板"（rudem）要么意味着极其懒惰，要么意味着吹毛求疵（fastidi delicatissimi）。在我看来，一个对我们的文学一无所知之人不算是受过良好教育的人。既然从"希望这不是在林间……"这句话中读出的东西并不比从同样的希腊文中读出的少，那我们用拉丁语反对柏拉图（Plato），驳斥他对良善而幸福之生活（bene beateque vivendo）的论述又为何不可呢？①

[6] 要是我们不扮演翻译者，而是捍卫那些我们认可的观点，同时贡献我们的判断和行文规范（scribendi ordinem），那用拉丁文表达又有何不可？比起那些表述精彩却并非由希腊文翻译过来的作品，他们有什么理由将希腊文的作品置于更高地位呢？如果有人要说这些议题都已为希腊人们所处理，那么任何人都没有理由哪怕只是读够他该读的希腊文作品。斯多亚派（Stoici）的克律西波

---

① 索福克勒斯（公元前 495—前 406 年）和欧里庇得斯（公元前 480—前 407/406 年）是公元前 5 世纪的希腊悲剧作家，其剧作成为"经典"并且在古代一直演出。西塞罗提及的是他们被昆图斯·恩尼乌斯（Quintus Ennius，公元前 239—前 169 年）和马库斯·帕库维乌斯（Marcus Pacuvius，公元前 220—前 130 年）翻译并改编为拉丁文的作品，恩尼乌斯同时也是将荷马（Homer）作品译为拉丁语的人。这句话引自恩尼乌斯《美狄亚》的开篇首句。波尔奇乌斯·利奇努斯（Porcius Licinus）是一个诗人和批评家，大约活跃在公元前 2 世纪末。梅南德（Menander，公元前 344/343—前 292/291 年）是最著名的希腊"新喜剧"作者，这类剧作被提图斯·马奇乌斯·普劳图斯（Titus Maccius Plautus，活跃于公元前 205—前 184 年）以及特伦恩提乌斯（活跃于公元前 160 年）大量改编为拉丁剧作。我们只有凯奇利乌斯·斯塔提乌斯（Caecilius Statius，活跃于公元前 179—前 168 年）的一些残篇，其剧名仍保留在希腊。这里作为索福克勒斯翻译者提到的阿提利乌斯也许同时是一位早于西塞罗的喜剧作家。这里提及柏拉图只是以此为例进行说明。

（Chrysippus）遗漏了什么议题吗？① 我们读第欧根尼（Diogenes）、安提帕特（Antipater）、穆涅萨库斯（Mnesarchus）、帕奈提乌（Panaetius）以及许多其他人，尤其是读我们的朋友波西多纽（Posidonius）② 时不也是这样吗？当第奥弗拉斯特（Theophrastus）处理亚里士多德（Aristotle）③ 早就处理过的议题时，他只给我们提供了有限的（mediocriteme）快乐吗？伊壁鸠鲁学派（Epicurei）在伊壁鸠鲁（Epicurus）以及其他前辈已有著述的地方停笔了吗？④ 在相同的议题被以不同的方式讨论时，如果希腊文作品被希腊人阅读，为什么我们的作品不是以我们的文字被阅读呢？

[Ⅲ][7] 然而，即使我照字面意思这么直译柏拉图或者亚里

---

① 这里的意思是，"希腊人已经处理过这些议题"，并不能成为"拒绝再以拉丁文处理同样的问题"的理由，因为很多议题在希腊被许多哲学家共同探讨。索里（Soli）的克律西波，斯多亚派的第三代领袖，季蒂昂的芝诺（Zeno，公元前 336—前 264 年）是其创始人，而阿索斯（Assos）的克莱安塞（Cleanthes，公元前 331/330—前 230/229 年）在古代则被视为其第二位创始人。克律西波围绕斯多亚主义的各个部分著述极丰（我们知道 705 个著作的标题），他以一种严格，敏锐而有力的方式发展并且捍卫了芝诺的观点，并同时确立了斯多亚派学说的基本传统。

② 巴比伦（Babylon）的第欧根尼（公元前 228—前 140 年），塔苏斯（Tarsus）的安提帕特（公元前 200—前 130 年）是斯多亚派的领袖，雅典（Athens）的穆涅萨库斯（公元前 170—前 88 年）是该学派的主要人物。罗兹岛（Rhodes）的帕奈提乌（公元前 185—前 109 年）和阿帕米亚（Apamea）的波西多纽（公元前 135—前 51 年）是更具世界影响力的斯多亚主义者，他们参与了对罗马人的领导，并向罗马人介绍了斯多亚派思想。

③ 埃雷苏斯（Eresus）的第奥弗拉斯特（公元前 372/371—前 288/287 年）是亚里士多德（公元前 384—前 322 年）的学生。第奥弗拉斯特只有少量著作留存下来；在古代世界它因其风格而受到欢迎和认真对待。西塞罗意识到亚里士多德更为严肃的哲学著作不同于他更通俗的著作。

④ 雅典的伊壁鸠鲁（公元前 341—前 270 年）曾鼓励他的追随者研究和记录他的话。

士多德的作品，〈哪怕〉像我们的诗人们翻译戏剧那样糟糕，我相信自己也服务了我的公民同胞们（meis civibus），只要我把那些天才神圣的学识（cognitionem divina）带给他们。虽然我从未这么做过，但是也不认为被禁止这么做。如果时机合适，那么当有机会能这么做的时候，我就会翻译某些章节，尤其是我刚才提到的那些作者的作品，就像恩尼乌斯经常翻译荷马（Homer），或者阿弗拉尼乌斯（Afranius）经常翻译梅南德。① 我肯定不会像路西律斯（Lucilius）② 那样拒绝任何人读我的作品。要是那位佩尔西乌斯（Persius）还在多好！更希望西庇阿（Scipio）或者鲁提里乌斯（Rutilius）真的还活着。③ 路西律斯害怕这些人的批评，他说自己是为塔伦特姆（Tarentum）、康森提亚（Consentia）和西西里岛（Sicilia）的人而写作。这话就如同他其余作品一样聪明；但其实并没有那么博学的人能让他卖力迎合其批评，他的创作笔触轻盈，虽然学识一般（doctrina mediocris）却写出了极致的优雅（urbanitas summa appareat）。

---

① 阿弗拉尼乌斯，公元前 2 世纪中叶的剧作家，其作品常改编自梅南德（希腊剧作家）。

② 盖乌斯·路西律斯（Gaius Lucilius，公元前 180—前 102/101 年），罗马剧作家，以辛辣的讽喻著称。

③ 路西律斯曾说，既不希望自己的作品被无知者阅读，也不希望非常有才学的人读它（参见 *De Oratore*）。这里西塞罗以佩尔西乌斯为例，表达了对一位博学而又富有同情心的读者的渴望。小西庇阿（Publius Cornelius Scipio Aemilianus Africanus，公元前 185/184—前 129 年），著名的罗马将军，迦太基的毁灭者。他对有学识的人非常友好，也对希腊文化很感兴趣，一直是贵族阶层中有智识兴趣者的核心。鲁提里乌斯（Publius Rutilius Rufus，公元前 160—前 80 年），西庇阿的好友，但却没他成功，公元前 92 年因贪污而被流亡，他随即写了一部有影响力的史书。

[8] 然而，当我已经勇敢到献书给你，而你又是一个不亚于希腊人的哲学家，我还〈需要〉害怕什么样的读者呢？的确，就是你寄给我那精彩的作品《论德性》（De Virtute）激励了我来做这件事的。

然而，我相信某些人之所以反对拉丁文著作，是因为他们有可能会遇到某些毫无文采（inculta）而又粗糙的（horrida）作品，这类作品从糟糕的希腊文翻译成了更糟糕的拉丁文。我支持这些人，只要他们也觉得同样的希腊文本不值得读就行。然而，真正的好作品措辞庄重而论述雄辩，会有谁不想读呢？可能唯一例外的，就是某些想被称为希腊人的家伙，就如阿尔布奇乌斯（Albucius）被身为雅典裁判官（praetor）的斯凯沃拉（Scaevola）问候时那样。[9] 路西律斯以全部的才智和极具魅力的笔调〈描绘了〉这一幕，〈在其中〉斯凯沃拉愉快地说：

> 你更喜欢被称为希腊人，阿尔布奇乌斯，比起罗马人或者萨宾人（Sabine），
>
> 比起百夫长（centurionum）彭提乌斯（Pontius）以及特里塔尼乌斯（Tritanius）的同乡，
>
> 杰出人士（praeclarorum hominum）和先锋旗手（primorum signiferumque）。
>
> 作为雅典的裁判官，
>
> 当你到我这里时，我以你更喜欢的方式迎接你，我行礼：
>
> "你好！提图斯（Chaire，Titus）！"我高喊，侍从们，还有我的整个骑兵团和步兵团也都高喊：

"你好！提图斯"（*Chaire*，Titus）！而你因此敌视我，阿尔布奇乌斯，因此你视我为敌。①

[10] 穆奇乌斯（Mucius）② 是对的。然而我〈一直〉好奇这种对本土作品的如斯轻蔑究竟从何而来。虽然这里绝不是讨论这个议题的地方，但是我经常这么想并这么说：拉丁语不仅不像大众认为的那样比希腊语贫乏，反倒比其更丰富。毕竟，自从有了作品可以模仿，我们优秀的演说家们和诗人们何曾缺少过任何雄辩的、有说服力的或者说优雅的表达工具？

[Ⅳ] 考虑到〈哪怕在〉公共事务（forensibus operis）和随之而来的艰难险阻上，我都自认为从未荒怠罗马人民赋予我的职责；那么同样地，我当然也该竭尽所能，凭借自己的精力、热忱和劳苦来提高同胞们的学识。因此，只要那些更喜欢希腊文本的人是真的在读而不是装作在读，那就没必要用如此之多的精力与之争论，而是为那些对两种语言的作品都能沉浸其中的人服务，或是为那些只要有母语作品就不那么想看原著的人服务。

[11] 此外，那些希望我们去写作其他题材的人应该公正些，因为我所写过的题材很多，而且事实上比我们中任何一个更多，而如果活得久一点或许我会写得更多。无论怎样，所有已经习惯细致阅读我们所交出的这些哲学作品的人，都会认为没有任何别的作品比这部著作更值得读。生活中还有什么比哲学中的一切，也就是这

---

① *Chaire* 是希腊语问候词。通过让他的罗马官方随从问候罗马的阿尔布奇乌斯，斯凯沃拉的诗暗指阿尔布奇乌斯酷爱所有的希腊事物已经让他丧失了在其罗马人身份中的自豪。

② 也即前文中的斯凯沃拉。——译者注

卷书中所探索的内容更值得追求呢：什么是目的（qui sit finis）？什么是终极目的（quid extremum）？我们对"良善生活"（bene vivendi）与"正确行为"（recte faciendi）的慎思（consilia）所依归的终极目的（quid ultimum），它是什么？自然本性所寻求者（quid sequatur natura），也就是那作为终极之物（summum ex rebus）而被欲求者为何物？而她要避免的恶之极（extremum malorum）又是什么？既然最博学的人们在这些问题上也有最激烈的争论，那么谁还会认为探求"在生活的所有方面何为最好而何为最真"——所有人或许都会将这一点归于我——是有失身份的呢？[12] 在公民的领袖们（principes civitatis）辩论是否应该将女奴（partus ancillae）的孩子视为获利时，帕布利乌斯·斯凯沃拉（Publius Scaevola）以及马尼乌斯·马尼利乌斯（Manius Manilius）持一种观点，而马库斯·布鲁图斯（Marcus Brutus）则持相反的意见。①（这类问题是尖锐的，而且对公民的利益也并非无益，而我们很乐意读这样的著作以及其他同类作品，也会继续这样读下去。）但是，难道关乎整个生活的这些问题竟然要被忽视吗？那些问题或许是"紧俏的"（vendibiliora），但是后者则肯定更丰富。不过，这一点应该交给读者裁决。我相信这部作品几乎阐释了所有关于善之至者与恶之极者的（finibus bonorum et malorum）问题，在

---

① 这场法律辩论是这样的：如果女奴是被 B 从其主人 A 那里雇佣，那么一个她在这段时间内生的孩子是属于 A 还是属于 B？帕布利乌斯·穆奇乌斯·斯凯沃拉，公元前 133 年的执政官，马尼乌斯·马尼利乌斯，公元前 149 年的执政官，而马库斯·朱尼乌斯·布鲁图斯（Marcus Junius Brutus），活跃于公元前 1 世纪，是恺撒刺杀者马库斯·朱尼乌斯·布鲁图斯的远亲，曾经是著名的法学家和法律理论家。

此书中，我们不仅将尽力考察自己所赞同的观点，也将探求〈各学派〉各自的哲学学说讲了什么。

[V]［13］就从最简单的开始吧，伊壁鸠鲁的学说首先进入公众视野，是最广为人知的学说。虽然它自身通常不能被这个学说的拥趸们精确解释，不过你会理解由我们给出的说明。因为我们所求者为真理，而非要反驳所有敌对的人。然而，对伊壁鸠鲁关于快乐的论述（sententia de voluptate），由卢西乌斯·托尔夸图斯（Lucius Torquatus），一个了解所有哲学学说的人，给出了一种精心的辩护，而回应已经由我给出，当时盖乌斯·特里阿瑞乌斯（Gaius Triarius），一个极其严肃而博学的年轻人，也在那场辩论中。①［14］当他们因为想要拜访我而来到我在库迈的住所时，我们先就文学谈了一会儿，而这两人都对之有极大的兴致，然后托尔夸图斯说："既然我们难得撞上你有空，我必须听听，你对我们的导师伊壁鸠鲁，为什么不像不同意他观点的人那样讨厌他，但又必然不会赞同他。我自己视他为一位看见真理（verum）并从荒谬绝伦的错误中拯救了人们灵魂的人，还传下了一切能够通达'良善生活'（bene beateque vivendum）②的知识。我觉得你就像我们的特里阿瑞乌斯一样，甚至〈比特里阿瑞乌斯〉更不喜欢他，因为他无视柏拉图、亚里士多德或第奥弗拉斯特式的华丽言辞（orationis ornamenta）。因为我几乎无法被这种事说服：他之所想在你看来并不

---

① 对话发生于公元前 50 年西塞罗在库迈（Cumae）的乡村别墅，它位于那不勒斯（Naple）的北部海岸。

② 直译是"良善而幸福的生活"，为句子通顺改译为"良善生活"。——译者注

正确。"

[15]"你看，你错得有多离谱！"我回应道，"托尔夸图斯，不是你所说的哲学文风冒犯了我，相反，他既能以词汇达我所想，又能清楚地述我所知——只是，如果一位哲学家有滔滔雄辩（eloquentiam），我不会蔑视他；若他没有，我也肯定不会苛刻地要求他。的确是他未能令我满意，而且在几个领域中均是如此，我才不认同他的。然而'有多少人就有多少种意见'（quot homines tot sententiae），也许是我错了。"

"那为什么他不能让您满意呢？"托尔夸图斯问我。"我相信你是个公正的裁决者，只要你很好地理解了他所言。"

[16]"我十分熟悉伊壁鸠鲁的所有观点，"我答道，"除非你认为斐德罗（Phaedrus）和芝诺对我撒谎，这两位的发言我都听过①——虽然他们除了勤奋之外确实没有向我证明什么。而且我曾频繁地与我们的阿蒂库斯（Atticus）去听这两个我提到的人，他崇拜这两人，实际上尤爱斐德罗，而且我们每天都会讨论自己听到的内容，但我对这些观点的理解从无异议，而是争议我会赞同谁。"②

———————

① 斐德罗（可能是雅典人，公元前138—前70年），西塞罗曾在罗马听过他的演讲；西塞罗敬佩他的性格以及优雅文风。西顿（Sidon）的芝诺（公元前150—前79年或78年之后）是雅典伊壁鸠鲁学派的领袖，而西塞罗听其演讲是在公元前79—前78年。西塞罗不喜欢他口不择言的风格，比如他称苏格拉底为"雅典来的小丑"。芝诺的作品已然全部佚失，但是他某些演讲与上课的残篇保存在加达拉（Gadara）的斐罗德穆（Philodemus）的作品中，此人是他的一个学生。

② 提图斯·庞波尼乌斯·阿蒂库斯（Titus Pomponius Atticus，公元前111—前32年），西塞罗一生挚友，也是西塞罗许多信件的写信对象。虽然西塞罗并不喜欢他对伊壁鸠鲁学派的同情。他因对阿提卡（Attica）的热爱而获得阿蒂库斯这个昵称，而阿提卡地区有雅典及其自身文化。

[Ⅵ] [17] 托尔夸图斯说："那就谈谈，我非常想听听你不同意的究竟是什么。"

我回答道："首先其物理学原理，他尤为得意的东西，完全是别人的二手货（alienus）。他重复德谟克利特（Democritus），几乎一成不变①，而他试图改进的东西在我看来仅仅是歪曲（depravare）。德谟克利特相信，他称之为原子（atomus）的东西，即因其坚实性（soliditatem）而不可分割的物体在无限的虚空（inani）中运动，虚空没有上、下或中间，也没有最内和最外。它们以这种方式运动，以至于通过碰撞（concursionibus）而相互结合（cohaerescant），由之生成我们所看到的每种东西。原子运动不能被设想成由一个起点开始，而是永恒的。"

[18] "伊壁鸠鲁在他追随德谟克利特学说的地方并没有离经叛道（labitur）得太远，但对他们两人我仍有许多不同意的地方，尤其是下面这些观点：在自然研究方面有两个问题必须要问，首先每种东西由什么质料（materia）生成，其次由什么动力（causam）使这种东西生成（efficiendi），伊壁鸠鲁和德谟克利特都谈到了质料问题，但却忽视了力量或动力因，这是他们两者共同的缺点。我特别要指出伊壁鸠鲁的错误之处。他相信这些同样不可分割的（individua）、坚实的（solida）物体以自身的重量做直线下落运动，而这是所有物体的自然运动。[19] 但这个聪明人遇到了一个问题，就是如果原子都做垂直运动，即我所说的直线运动，那么一个原子

---

① 西塞罗多次指责伊壁鸠鲁的哲学从阿布德拉（Abdera）的德谟克利特（公元前460—前350年）那里拿了太多东西，并认为他是原子论的主要辩护人。这项指控会再提及，见 *Fin.* 2. 102，*Fin.* 4. 13。

就不可能与其他原子发生撞击（attingere），于是他引入自己的一种想象（commenticiam），声称原子以尽可能最小的程度，发生轻微偏斜（declinare perpaulum），这就导致了原子相互之间的组合（complexiones）、结合（copulationes）和黏合（adhaesiones），由之生成了宇宙及其所有部分以及所有其中的事物。然而这不仅完全是孩子般的异想天开，而且也不会产生他们想要的结果。偏斜（declinatio）本身是一种主观武断的想象，因为他声称原子在没有原因的情况下发生偏斜，然而声称有物无因而生乃物理学家之大忌，这就无理由地剥夺了他自己所宣称的、作为有重量的物体的原子运动，也即垂直下落运动，也就达不到他所虚构的这种想象的目的。[20] 如果所有原子偏斜，那就没有原子会结合（cohaerescent）；如果一些偏斜，一些按其本性直线下落，那么首先，这就等于把原子分成两个独立的类，一些直线运行，一些斜线（oblique）运行；其次，原子的这种杂乱无章地碰撞纠缠（turbulenta concursio）将不可能产生这个世界的秩序之美（这也是德谟克利特迷茫困惑之处）。①

再者，相信有不可分割的最小物质，对于自然哲学家是相当荒谬的。如果伊壁鸠鲁让他的朋友波利艾努斯（Polyaenus）教给他几何学②，而不是让波利艾努斯本人放弃所学，他一定会避免这个

---

① 西塞罗描述"原子偏斜"时似乎有失公允，参见 W. Englert, *Epicurus on the Swerve and Voluntary Action*, Atlanta, Ga. 1987。

② 兰普萨库斯（Lampsacus）的波利艾努斯（Polyaenus，公元前 340—前 278/277 年）是伊壁鸠鲁主义的早期追随者并且成为该学派四位主要创始人之一。根据西塞罗的说法（*Varro* 106），起初他是一位杰出的数学家，后被伊壁鸠鲁劝说之后认为几何学全是荒谬的，因为原子主义拒斥无限可分。

错误。德谟克利特，一个饱学之士和深谙几何学的人，认为太阳的尺寸巨大，而伊壁鸠鲁则认为它或许有一只脚那么大。他声称太阳似乎或多或少就像它看上去那么大。① [21] 因此，当他改变德谟克利特的学说时他搞得一塌糊涂，当他跟随其学说时则没有任何新东西，诸如原子、虚空、映象，即他们称之为 *eidōla*②，其作用构成视觉和思想的原因。其'无限'这一概念，他们称之为 *apeiria*（无限）则完全是德谟克利特的，诸如每天有无数个世界生成和毁灭这种观点也是如此。尽管我自己并不同意这些原理，但也不愿让人人赞扬的德谟克利特被以他为唯一向导的伊壁鸠鲁来损毁。"

[Ⅶ] [22] "来看看哲学的第二个部分吧，它研究的是追问（quaerendi）与论证（disserendi），被称为逻辑（*logikē*）。③ 据我所知，你的导师是无助的（inermis）甚至赤裸的（nudus）④。他放弃了定义（definitiones），也不教人分门（dividendo）别类（partiendo）。他没有阐明证明和推论的方法，也没有给出任何方法用以处理诡辩（captiosa）或者区分歧义（ambigua）；他将对事物的判断立足于各种感觉（sensibus）之上，并认为一旦任何假的东西被

---

① 伊壁鸠鲁主义的观点可能比西塞罗在这里表述的复杂得多。参见 J. Barnes, "The size of the sun in antiquity", *Acta Classica Universitatis Scientiarum Debreceniensis* 15 (1989), 29 - 41。

② *eidōla* 是从事物表面持续流出的原子薄膜，而它对我们感觉器官的影响被用来解释我们在知觉和思维中表述事物的方式。

③ 伊壁鸠鲁通过放弃定义来拒斥关于事物本性的传统哲学论证，转而依靠从感官获得的直接证据；这个主题出现在下文的 29 段（另见 31 段）以及第四卷第 6 段，相关内容亦可参见 *DL* 10.31 - 32。

④ 这里的两个词直译应为"无武装的"和"赤裸的"，比喻伊壁鸠鲁放弃定义和分类的方法形同放弃衣甲。

当作了真的，那么所有对真和假的论断就都被摧毁了［……］①"

[23]"另一方面，他甚至坚称最重要的是自然本性自身所规定和赞同的快乐与痛苦（如他所说的那样）。对这两者的解释关乎我们全部所追求者与所逃避者。这是阿里斯底波（Aristippus）的观点，得到了来自昔兰尼学派（Cyrenaici）更坦诚也更直率的辩护；不过我仍然断定，没有人会认为它是一种有价值的理论。在我看来，自然本性已经朝着〈比快乐〉更伟大的方向（maiora）创造并形塑（conformavit）了我们。当然，可能是我错了。但我非常确定那个首次赢得'托尔夸图斯'之名的人不是为了身体的快乐而扯下那条著名的项链，他在第三次担任执政官时于维赛里斯（Veseris）发动反对拉丁人（Latins）的战争也不是因为快乐。实际上，他以斧头击杀了自己的儿子，而这似乎剥夺了自己的许多快乐。因为他将国法和自己命令的权威置于本性和父爱之上。②"

[24]"接下来呢？再看看另一位提图斯·托尔夸图斯（Titus Torquatus）吧，他与格涅乌斯·奥克塔维乌斯（Gnaeus Octavius）同时担任执政官（consul）。想一想他对待自己过继给德西乌斯·希拉努斯（Decius Silanus）的儿子有多严格。当这孩子被马其顿

---

① 此处某些文本佚失了。
② 提图斯·曼利乌斯·伊姆皮尔瑞欧斯·托尔夸图斯（Titus Manlius Imperiosus Torquatus），公元前4世纪的罗马英雄，三次担任罗马执政官，以严苛和一丝不苟地照章办事而闻名，在许多故事中均有案例。他虽然遭到自己父亲的残酷对待，但在有人针对这一点指控其父时，仍然忠诚地保下了他。他获得"托尔夸图斯"这个称号，是因为在决斗中从杀死的高卢人那里得来的一条项链（公元前361年）。这之后，当他自己的儿子在臣属于他期间不听命令，进行了一场相似的决斗时，托尔夸图斯把他的儿子当场处死。

（Macedones）的军团指挥官控诉，指控他在担任那个行省的裁判官（praetor）期间收受贿赂时，他被要求说明理由。而根据提图斯听到的双方陈述，他宣布自己儿子的履职表现配不上其如此优秀的先祖，然后禁止他再进入自己的视野中①，难道你觉得他这么做的时候心里想的是自己的快乐吗？"

"我甚至不必再提那些英杰为了自己的国家和家族所经受的危险、劳苦还有痛苦了，他们这样做不仅远谈不上在追求快乐，甚至完全摒弃了快乐。简而言之，他们宁愿选择去忍受任何形式的痛苦也不玩忽职守。"

"让我们转向那些虽然更微不足道但却仍然有意义的案例吧！[25]文学给你带来快乐吗？托尔夸图斯？或者你呢，特里阿瑞乌斯？从历史，探究事物，阅读诗篇，记住那么多诗句，这些给你带来了什么快乐？别告诉我：'这些事对我来说本身就是快乐的，对托尔夸图斯也是。'伊壁鸠鲁和梅特罗多洛（Metrodorus）都没那么辩解过，而任何理解或熟悉伊壁鸠鲁的人也不会采取这种辩护。② 常有人问为什么有那么多伊壁鸠鲁派的人，这有许多不同的原因，但是对大多数人来说最有吸引力的是，他说正确与高尚的（honesta）③ 行动本身就是愉悦的，也就是快乐的。这些卓越的人们没能意识到，若这么理解，则整个理论的基础就被瓦解了。因为一旦承认这样的活动能即刻从其自身获得快乐而不用涉及肉体，那

---

① 此事发生于公元前 114 年，这位人子随即自杀；他的父亲拒绝出席葬礼。

② 这种理由无法说服西塞罗，或许是因为在西塞罗那里，伊壁鸠鲁承诺了所有快乐都有身体的来源这一点，参见本段下文。

③ 关于这个词的翻译参见 *Fin.* 3.19 的注释。

么德性（virtus）和知识（cognitio）就会转而因其自身变得可取，但伊壁鸠鲁绝对不会想要这一点。"

[26]"因此，我不赞成伊壁鸠鲁的这些观点，"我总结道，"其余的部分，我其实希望他再多学点儿东西（你肯定也同意，他缺少那些有教养的人才会接受过的良好教育），或者不要妨碍别人学习。虽然我看得出来至少他没有妨碍你学习。"①

[VIII] 我说这些内容与其说是在表达自己，不如说是要刺激托尔夸图斯。之后特里阿瑞乌斯礼貌地微笑道："你几乎已经把伊壁鸠鲁完全排除在哲学家群体之外了。且不论他表达的方式如何，除了你所理解的那些内容之外，你给他留了什么呢？在物理学上他说着别人的话而你并不同意，若他想要改进就做得更糟。他没有任何论证的方法。而当他说快乐是至善时，首先在这一点上他洞见不多，其次它还是别人的东西：因为之前阿里斯底波说过，而且更好。还有你最后补充说他没有教养。"

[27]"特里阿瑞乌斯，"我回应道，"如果你不说明对哪里不赞同，那么就不可能达成任何共识。要是我同意伊壁鸠鲁所说，那么就没有什么可以阻止我成为伊壁鸠鲁学派的一员——尤其是完全掌握他的学说像游戏（ludus）般容易。因此，相互批评是无可厚非的：虽然在辩论中有辱骂、侮辱、激烈的争吵，还有固执的针锋相对，在我看来是配不上哲学的。"

[28]"我完全同意，"托尔夸图斯突然插嘴道，"人不可能在没

---

① 或许西塞罗要让我们去思考伊壁鸠鲁对其青年追随者毕多克勒斯（Pythocles）所说的一句臭名昭著的话："扬帆远航吧，幸运儿啊，远离所有的文化。"（DL 10.6）

有批评的情况下辩论，但气急败坏（iracundia）且冥顽不灵（per-tinacia）也不可能正确地辩论。但我要说点什么以回应你的批评，如果你不介意的话。"

"你觉得，"我回答道，"我刚刚说这些是我不想听你回应吗？"

"那你是希望我们快速过一遍伊壁鸠鲁所有的学说，还是只讨论一下快乐这个议题，我们该把我们辩论的全部重点放在哪里呢？"

"其实那真的取决于你。"我说。

"那么我就这么做，"他答复道，"我将阐述一个观点，最重要的一个观点。物理学其他时候再探讨，并且我将向你证明原子偏斜和太阳大小，并证明伊壁鸠鲁批判和纠正的德谟克利特的错误。但是现在我要谈谈快乐。我当然一无所知，但是我对这些你会赞成的观点有信心。"

"放心，"我答道，"如果你以自己的主张说服我，我就不会固执己见并会欣然赞同。"

[29]"我会说服你的，"他回应道，"只要你像自己所说的那样公平就行。不过，我更想连贯地表达而非以一问一答的方式进行阐述。"

"那如你所愿。"我答复道。于是他开始了自己的论述。①

[Ⅸ]"那么，首先我将以该学说的创始人乐于接受的方式着手这个话题。我将确立我们谈论的是什么，具有怎样的性质。不是因

---

① *Fin.* 29-42 托尔夸图斯都在捍卫伊壁鸠鲁的"至善""快乐"的概念，以消除误解；*Fin.* 42-54 他试图论证"德性"其实也是因其所能带来的快乐而受到称赞，并主要探讨了"四枢德"：勇气、节制、明智、正义；*Fin.* 55-65 驳斥斯多亚派以捍卫伊壁鸠鲁的"目的"；*Fin.* 65-70 探讨了"友谊"与快乐的关系；*Fin.* 71-72 给出结论。

为我觉得你不知道，而是为了讨论可以向前推进。① 我们将追问什么是终极和至高的善，在每位哲学家看来这应当是一种一切诉诸它而它不会诉诸任何事物的东西。伊壁鸠鲁认为这种东西是快乐。他认为快乐是最高的善，痛苦是最大的恶。他是这样开始论证的：[30] 每种动物一出生就把快乐作为最高的善来寻求和享受，把痛苦作为最大的恶来排斥，尽可能地逃避。这种行为，是在它还没有被扭曲（depravatum）、自然本性的判断还没有被败坏（incorrupte）、纯洁如一（integre）的情况下做出的。② 因此伊壁鸠鲁声称不需要证明和论辩为什么趋向快乐、逃避痛苦。他认为这些东西是可以被感知到的，正如火被感知成热的，雪被感知成冷的，蜂蜜被感知成甜的。这些东西不需要通过精细的证明来确证，仅仅做出提示（admonere）已经足够。因为在论证的理性结论（argumentum conclusionem）和简单的注意（animadversionem）或提示之间存在着差异。前者揭示（aperiri）隐蔽之物（occulta）或某种复杂之物（involuta），后者则指示（indicari）显而易见（promta）和昭然若揭的东西（aperta）。如果人的感觉被剥夺也就不会剩下任何东西，那么自然本性只能自己判断什么是合乎自然的，什么是背离自然的。但是，若是没有快乐和痛苦，自然本性还能感知什么、判断

---

① 托尔夸图斯通过考察我们对快乐的 *prolêpsis*（前识）开始其发言。该概念是指一种先于我们认知的某种前知识或前理解，类似于一种普遍观念。或者按照伊壁鸠鲁自己的说法，它是一种"储存于灵魂中的（*enapokeimenen*）普遍思想"（参见 DL 10.33）。比如，一旦说出"人"字，人们马上就会根据"前识"，随着感觉的引导，想象出人的形状。

② 这就是在 *Fin.* 5.55 中提及的，安提奥库（Antiochus）"考察幼儿"的主张；小孩子和动物幼崽，因为没有任何信念，其习惯中也没有任何错误信念的影响，因此反映了自然本性的目的。

什么以引导行为的趋避呢？［31］但我们学派的一些人想使这些原理精细化，声称让感觉来判断何为善恶是不够的，灵魂和理性也能理解快乐本身是值得寻求的，痛苦本身是应当规避的。① 因此他们声称有一种好像自然嵌入我们灵魂的概念，由之，我们意识到哪个应当寻求，哪个应当规避。还有一些我们学派的人，我是同意他们的观点的，他们认为我们不应对自己过于自信，因为许多哲学家谈到了大量关于为何不应把快乐视为善、把痛苦当成恶的观点，因此他们认为我们必须严格地进行证明和论辩，在讨论快乐与痛苦时运用一系列细致的推论。"

［Ⅹ］［32］"为了让你看清那些抨击快乐、赞扬痛苦的错误是如何产生的，我将清楚地揭示整个主题，准确地解释这位真理的发现者（inventore veritatis）、幸福生活的缔造者（architecto heatae vitae）所传授的东西。没有人因为快乐自身而排斥、厌恶、躲避快乐，〈有人抨击快乐〉是因为不知道如何合理追求快乐的人遭受了极度痛苦的结果；也没有任何人因痛苦本身而喜欢、渴求、需要得到痛苦，〈人会选择痛苦〉是因为有时存在着这样一种情况，在此情况下通过艰难困苦可以获得某种极大的快乐。例如，我们当中，如果不是想从中受益，谁会从事严酷的身体训练？再者，一个人若是希望享受某种无烦扰相随的快乐，或是试图规避某种不会带来任何快乐的痛苦，谁会苛责他呢？②

---

① 在 DL 10.137 中有一段相似的表述。

② 托尔夸图斯在此重申了 *ad Men* 中的话，参见 DL 10.129："我们认为许多痛苦比快乐好，如果长时间的忍受这些痛苦可以给我们带来较大的快乐的话。"

[33]另一方面，我们义愤填膺地指责和厌恶那些被一时之快所引诱和败坏的人，他们受欲望如斯蒙蔽，以至于不能预见注定会到来的痛苦和烦扰。同样，我们鄙视的是那些因精神的软弱（mollitia animi）而抛下义务的人（qui officia deserunt）①，也即逃避艰难困苦的人。这些情况十分简明易辨。在自由宽松的时候，当我们的选择不受限制，没有任何东西阻碍我们做自己最喜欢做的事情，那么每一种快乐都会被我们接受，每一种痛苦也都会被排斥。但在某些时候，由于义务的要求（officiis debitis）或事物所赋予的责任，我们通常也会遇到拒绝快乐、接受烦扰这种情况。因此智者（sapiens）会坚持这种选择的原则：放弃某些快乐以获取更大的快乐，或忍受某些痛苦以避免更大的痛苦。"②

[34]"这就是我的看法，我有什么理由害怕自己不能用它来解释我们的托尔夸图斯们〈那些光辉事迹〉呢？你之前细致地重温了这些案例，释出了对我们的极大尊重和善意，但是您对我祖先的褒奖并不能哄骗我，或者使我的回应变慢。您是以什么方式解读他们的行为的？您能想象他们奋臂抗敌时，以及对待自己的血亲时，那么残酷（crudelis）而又不带任何对利益或自身好处的考量吗？就算是野兽，也不会以如此横冲直撞而又狂躁的方式行事，以至于我们不能从其行为和倾向中觉察其意图吧：所以您真觉得卓越如斯的人会没有任何理由那么做吗？"

---

① "义务"（officia）一词相当于希腊语 *kathēkon*，原指"落在某人身上"，引申为"义务""恰当之举"。芝诺被普遍认为是第一个使用这一概念的人。

② 关于这一点可与 DL 10.132 做对照；这里的智者并不是古希腊哲学中的智者学派，而是希腊化时期各学派的哲人理想。

[35]"他们的理由是什么稍后再考虑。而此刻，我坚定地认为如果他们是因为某个理由而做出了那些无可置疑的光辉事迹，那么他们的理由不是德性本身。'他从敌人那儿拽下了项链'——而这才让他保存自己免于死亡；'但是他遭遇了很多危险'——这是在其三军眼前；'他从中得到了什么?'——光荣和尊重，这也是没有恐惧地度过一生最坚实的保障；'他判自己的儿子死刑'——如果他毫无理由地那么做，那我宁愿不是出身于这么严厉而残忍的人；但是如果他痛苦加身是为了要维护他军令的威严，为了在战争的关键时期靠杀一儆百（animadversionis metu contineret）维护军纪，那么他就不仅是在维护他同胞的安全——正如他也很清楚的那样——也是在维护他自己的安全。现在这一原则已经被广泛应用。[36]实际上你们自己的演说（oratio）极其频繁地论及它，尤其是你的演说，热衷于追寻典故（antiqua），重提勇敢而闻名遐迩的英雄们，说他们不为自利所驱，只为高尚的荣光所动。然而，若是我刚才所说的那种选择方式得以确立①，那么这种看法就完全不成立了。换句话说，放下快乐只因为这意味着获得更大的快乐，忍耐痛苦只为避免更大的痛苦。"

[Ⅺ][37]"不过名人们的光辉事迹已经谈得够多了。至于所有德性都导向快乐这一点，稍后会有空来探讨。现在我将阐述快乐的本质和特征，竭力打消那些无知者的误解，帮助他们理解我们的学派是如何的庄重（gravis）、节制（continens）和朴实（severa），尽管通常被误认为是享乐的（voluptaria）、奢侈的（delicata）和软弱的（mollis）。我们并非只是追求那种以愉悦（suavitate）刺激我

---

① 也就是"为了获取更大的快乐而忍受痛苦"。

们的本性（naturam）并产生舒适感觉的事物。相反，我们认为最大的快乐（maximam voluptatem）在于当痛苦完全解除（omni dolore detracto）时所感受到的东西。因为当痛苦解除，我们会为这种解脱、为所有烦扰的缺失感到愉悦。所有让我们感到愉悦的东西都是快乐，正如所有烦扰我们的东西都是痛苦，因此我们可以正确地称所有痛苦的去除（privatio）为快乐。就像食物和饮料可以解除饥渴，烦扰的解除带来了快乐，因此在各种情况下痛苦的解除导致快乐的结果。[38] 伊壁鸠鲁并不认为在快乐与痛苦之间存在着居间者（medium）。相反，某些人所认为的居间者，也即所有痛苦的缺失，不仅是真正的快乐，而且是最大的快乐。① 不管谁意识到自己处于某种状态，他一定要么是快乐的，要么是痛苦的。而伊壁鸠鲁认为痛苦尽除构成了快乐的最高限度（terminari summam）。然后在这个限度之下快乐有种类的差异，但它不能再有增强或扩展（augeri amplificarique）。[39] 然而，我曾听父亲诙谐而优雅地嘲笑斯多亚派时说，在雅典的凯拉米库斯（Ceramicus），有一尊克律西波的雕像，伸出手伫立在那里，那手象征着克律西波从下面这组问题中得到的快乐：'你的手像现在这样的姿势，是想要什么吗?' '完全不想。''但是如果快乐是善，它就会想要它。''我相信是这样。''因此快乐不是善。'② 我的父亲评论说，即便是一尊雕像——假如它会说话——也不会说这样的话。其实这理由足以犀利地驳斥昔兰尼学派，但反驳伊壁鸠鲁却不够。因为如果只有刺激感官并向其

---

① 托尔夸图斯在这里引入了伊壁鸠鲁对"动态"快乐和"静态"快乐的区别，后者包括灵魂的无烦扰和肉体的无痛苦。后者才是我们的最终目的。

② 该论证是一个常见的"否定后件式"：如果快乐是善，那么就想要；不想要；所以，快乐不是善。

中倾注愉悦的那种快乐，如我所说的那样，那么确实无论是手还是身体的其他部分，都不能在没有动态快乐的情况下仅仅满足于'免于痛苦'（vacuitate doloris）；但是，如果正如伊壁鸠鲁所主张的那样，最高的快乐就是感觉不到痛苦，那么你克律西波的第一个回答，也即'手伸出来并无所求'〈虽然〉是对的，但是随后的回答，也即'如果快乐是善，那么手就会想要它'，就是不正确的：因为没有痛苦恰恰已经是一种快乐状态了，所以才什么都不想要。"

[ⅩⅡ]［40］"然而从这些事情中可以轻易观察到快乐是至善。让我们想象一下，某人沉浸在巨大而连续的各种快乐中，既有灵魂（animo）的又有肉体（corpora）的，同时没有任何潜在的或正在经历的痛苦：除了这种状态，还有什么可以被称为更卓越且更值得追求的呢？在这样的状态中，人必然会有一颗强大的灵魂（firmitatem animi），既不害怕死亡，也不恐惧痛苦，因为死亡伴随着全无感觉，而长痛恒轻，剧痛常倏（dolor in longinquitate levis, in gravitate brevis soleat esse），因为剧烈的疼痛由于短促而弱化，持久的疼痛因其微弱而得以缓和。［41］再加上他并不恐惧神圣的力量，也不用忍受往日快乐的消逝，并经常享受着过去的回忆，我们还能再增加点什么让这种状态变得更好吗？"①

---

① 托尔夸图斯正在解释伊壁鸠鲁《主要原理》（KD）的内容：（1）神，或者不朽者既不会自陷困境亦不会为别的事物而生，因此它既不为愤怒所动，亦不为感激所动。因为任何那类特征都会有弱点。（2）死亡对我们来说什么都不是；消散者无意识，而无意于我们而言就什么都不是。（3）快乐程度的上限就是"摆脱痛苦"。有快乐的地方，只要快乐存在，那痛苦或者烦扰就都不存在。（4）痛苦之状不会一直在肉体上。极端型痛苦时间最短，而只是超过快乐的痛苦在肉体上持续不了许多天。持续很久的小病痛则与超越疼痛的快乐并存。这些内容通常被简化为"四重治疗"（Fourfold Remedy）："神不可畏；死无可忧；无痛即极乐；痛苦可忍受。"

"再设想一下相反的情况，某人若是被人类所能承受的最大的精神和肉体创伤折磨，并对〈痛苦〉缓和不抱任何希望，而且也没有什么当下的快乐和预期的快乐，我们能说出或者想象出比这更悲惨的人吗？但是如果生活充满痛苦是最该避免的，那么最大的恶就是生活在痛苦中，由此推出'至善是快乐的生活'这个判断的融贯性。实际上我们的心智（mens）〈除了痛苦〉没有任何其他止步的界限（extremo）①，所有的恐惧和悲伤都能追溯到痛苦，而且也没有什么因其本性而比痛苦更有能力让我们陷入麻烦和困扰的了。"

[42]"此外，寻求〈某物〉和躲避〈某物〉的倾向或行动通常要么源于快乐，要么源于痛苦。因此，所有'正当'（rectas）和'值得赞美'（laudabiles）的事物都以活得快乐为依归，这一点是显而易见的。既然至高的、至伟的或者终极的善（希腊人称之为 telos）其自身不以任何其他事物为目的，而是所有其他事物之依归，那么我们必须承认至善就是快乐的生活。"

[XIII]"那些将至善仅仅归于德性（virtute）的人，被德性的显赫之名所欺，而不能理解自然本性的要求。如果他们愿意听从伊壁鸠鲁之言，那么这些人本可从极大的错误中解脱出来。你们那些非凡而美丽的德性——若是它们不能带来快乐，谁又会觉得它们值得赞美或令人神往呢？我们重视医疗知识（medicorum scientiam），不是因为它本身是一门技艺（artis），而是因为好的身体而肯定它；同时航海术（gubernatoris ars）也是因好的航行知识——也就是效用——而非因为它本身是一门技艺而被赞美。智慧（sapientia）也

---

① 这里的意思是，心灵不会将痛苦以外的任何事物视为边界。

一样，它该被视为生活的技艺，若是它没有任何效果（efficeret）那就不会被追寻：这个眼下我们所探寻的事物①，正是寻求和创造快乐的大师。（［43］我所说的'快乐'是什么意思你现在已经理解了，所以我的阐述可以不再遭受字面的恶意解读之苦。）人的生活会被对善与恶的无知所扰，而由这种无知导致的错误通常夺走我们最大的快乐并导致最严酷的精神折磨。这正是运用智慧（sapientia）的时刻，欲望（cupiditatibus）和恐惧（terroribus）被驱散的同时荒谬信念导致的鲁莽也被它拿走，它是指引着我们朝向快乐最可靠的向导。因此，只有智慧能够从我们心中驱散痛苦，只有智慧能够止住我们对恐惧的战栗，也只有在它的指导下才能有生活的宁静，所有的欲望之火才会被平息。实际上，欲望是永不知足的：它不仅摧毁一个人，也摧毁整个家庭；甚至时常能让整个共和国摇摇欲坠。［44］敌意（odia）、分裂（discidia）、纷争（discordiae）、暴动（seditiones）和战争（bella）自欲望而生。欲望外露时，〈人〉会举止招摇（iactant）还盲目地攻击别人，即便当各种欲望还关押在人灵魂自身中时，它们也分裂与争斗，从中不可避免地产生了最悲惨的生活。所以，只有智者通过裁剪并切除（amputata circumcisaque）所有错误的欲望歪枝，〈实现了〉在自然本性自身的约束中过着没有痛苦和恐惧的生活。"

［45］"还有比伊壁鸠鲁对欲望的分类更有用的，或者说更合适的，对良善生活的向导吗？他将第一类欲望归为既是自然的又是必要的（naturales et necessariae）；第二类是自然的但不必要的

---

① 眼下追寻的正是智慧。

(naturales essent nec tamen necessariae)；第三类是既不自然也不必要的（nec naturales nec necessariae）。其理由是，必要的欲望不需要过多努力也不需要过度追求；自然的欲望也不会索求太多，因为自然本身的财富是容易获得而有限的。然而对于剩下的那类欲望，也即空洞的（inanium）欲望，既不可能找到任何尺度（modus）也不可能找到任何界限（finis）。"①

［ⅩⅣ］［46］"然而如果我们看到所有的生活都为错误与无知所扰，而只有智慧能够让我们免于来自欲望的、免于来自恐惧的惩罚。智慧教我们温和地忍受命运的不公，展现给我们通向平和与宁静的各条道路，那么为什么我们还犹犹豫豫不肯说寻求智慧是为了快乐，而避免无知是为了免于痛苦呢？"

［47］"同理，我们也会说节制（temperantia）不是因其自身而被寻求的，而是因为它将平和与快乐带给灵魂，并将灵魂抚慰（leniat）至某种和谐〈状态〉。在'我们应该追寻什么同时避免什么'这一点上，正是节制提醒我们追随理性。但是，决断什么该做什么不该做是不够的，除此之外，〈人〉还应该坚持已经决定的事。然而，大多数不能坚持并捍卫自己决定的人，会被快乐的表象打败并变得软弱，然后向自身的欲望投降，〈最后〉被其束缚而不能预见会发生什么；但为了某些微不足道而无必要的快乐这样做——某种完全可以用其他方法获得的快乐，或者说某种甚至可以完全没有痛

---

① 参见 *KD* 29："欲望中一些是自然而必需的，一些是自然但并非必需的，一些是既非自然又非必需的，而是由空洞的观念生成的。"最后这种欲望也即本节的"空洞的欲望"。

苦地将之无视的快乐——他们最终招来了重病、财产损失、污名，甚至常常招来法律的审判与惩处。"

[48]"相反，那些想要享受快乐又不会因为快乐而惹来痛苦的人，还有那些坚持自己判断，不为快乐所征服去做违心事的人，他们通过忽略快乐而得到了最大的快乐。在不忍受痛苦就会遭遇更大痛苦的时候，他们也经常忍受痛苦。那么很明显，放纵（intemperantiam）并非因其自身而被人逃避，而节制也非因其消除快乐而为人所求，恰恰相反，节制因带来更大的快乐而为人所求。"

[XV][49]"属于勇气的（fortitudinis）依据会以同样的方式被发现。无论是辛苦的劳动还是对痛苦的忍耐都不是本身就具有吸引力；耐心（patientia）、专注（assiduitas）、警觉性（vigiliae），还有被称赞的勤勉（industria）也皆非如此；甚至勇气也不是这样，我们寻求这些德性，因为它们不仅让我们无恐惧地活着，而且尽我们所能地让我们的灵魂和身体免于纷扰。对死亡的恐惧能够扰乱宁静生活的状态，使人屈服于痛苦并以卑微而虚弱的灵魂忍受它，这是多么不幸，而因为这种灵魂的软弱，许多人已经失去他们的父母，失去他们的朋友，在某些情形下甚至失去他们的国家；而大多数人彻底地失去他们自己。因此，一个强大而高尚的灵魂是免于所有烦恼和忧虑的，它蔑视死亡，因为任何为死亡所影响的人不过就是到了与出生前一样的状态；它对痛苦的准备充分，因为最严重的痛苦终归至死，轻微的痛苦会有很长的缓解间隔，而适中的痛苦是处于我们的控制之下的，因此，如果痛苦可以忍受，那么我们就能忍受，而如果痛苦不能忍受，当生活不再让我们开心，那么我们就

带着平静的灵魂离开生活，宛如从剧场离开。所以，很明显，胆怯和软弱不是因为其自身而被责备，勇气和忍耐也不是因其自身而被赞扬；前者被拒斥因为它们造成痛苦；后者被选择因为它们产生快乐。"［XVI］［50］"只差正义（iustitia）我们就讨论完所有德性了。但是这里要讲的也是完全相同的东西。我已经论述过了智慧、节制还有勇气，与快乐是紧密相连的，以至于完全没办法将这种联系切断，也不能将之分离，因此对于正义也是同样的判断。正义不仅从未伤害任何人，相反它还常常通过自身的力量与本性〈带来〉某些〈好处〉，比如使灵魂宁静（tranquillet animos），给人希望，使任何未被扭曲的自然本性所需的资源不至匮乏。〈同时〉蛮勇、贪婪还有怯懦总是折磨灵魂并且常常不受控制惹出麻烦。因此〈若欺诈〉在心里扎根，它的出现本身就是纷扰。而事实上一旦它活跃起来，无论多么秘密地行动，都没办法保证它将来一直是个秘密。通常首先伴随着欺诈行动（improborum facta）出现的是怀疑（suspicio），然后是流言蜚语（sermo）和谣言（fama），接着出现控告（accusator），最后有了判决（iudex）。许多人甚至控告自己，就像你担任执政官期间发生的那样。"①

　　［51］"但就算某些自身违背人类良知的人看起来充分地构建了围城而且加强了防备，他们仍然害怕神祇（deorum），与此同时他们相信那在灵魂中日夜侵蚀着他们的焦虑是不朽的神明派来惩罚他们的。然而从欺诈的行为中能给减轻生活的焦虑带来什么呢？它足

---

　　① 公元前63年西塞罗担任执政官期间，他揭发了一起由叛乱贵族卢西乌斯·塞尔吉乌斯·喀提林（Lucius Sergius Catilina）发起的政变，政变未遂。

以与良心的愧疚、法律的惩罚还有同胞的憎恶所增加的生活忧虑相提并论吗？可惜在某些人那里仍然既没有对财富（pecuniae）的限制，也没有对荣誉、权力、欲望、食物或其他欲望的限制，似乎获得这些不义之财不仅未曾减少这些欲望反而点燃了它们，以至于它们看起来更应该受到限制而非被改善。[52] 这就是为什么真正的理性会真诚地呼唤健全的灵魂向着正义、公平（aequitatem）和诚实（fidem）去。对于口齿不清或能力不足的人来说，他们不会采取不义之举，因为这样的人无法轻易得其所求，即便能得到也不能守；而天生的权力或财富更适合慷慨（liberalitati），任何享有它的人总是赢得其他人的仁慈（benivolentiam）和支持（caritatem），这是最适合宁静生活的，尤其是在完全没有理由犯错的情况下。[53] 源于自然的欲望容易通过正当的行为满足，然而，空洞的欲望是不能被放纵的。因为它们不欲求任何可取的事物，在不义之举中的损失总比其中的利益更大。因此，即便是正义，任何人说它因其自身而被欲求也是不对的，相反它被欲求是因为它实际上为我们带来了极大的愉悦。被爱戴和支持是愉快的，因为它带来更安全的且充满快乐的生活。因此，我们认为要避免欺诈不仅仅是因为欺诈会导致损失，更是因为它一旦存在于灵魂中，就绝难喘息也绝难轻松。"

[54] "所以，即便是被其他学派哲学家的雄词极力赞扬的德性荣光也不是德性自身的，它们也要指向快乐才能发现〈获得荣光的〉途径；而且只有快乐高于一切并总是凭其自身的本性呼唤并吸引我们，那么，毫无疑问，快乐就是所有善的至高至极者，因而除了伴随快乐的生活外，再没有别的生活是幸福生活。"

[ⅩⅦ][55]"既然这个论点已经牢固而坚实地构建起来了，那么我将对下面这种确凿可靠的观点进行简要解释。善与恶之极本身，也即快乐与痛苦，这是不可能有错误的。人们之所以犯错在于对产生善恶者的无知。再者，我们说灵魂的快乐与痛苦来自肉体的快乐与痛苦（我承认，你先前所说的某些持另外说法的伊壁鸠鲁派不值一辩，我知道不少人的确如此，但他们完全是没有任何经验的人）。尽管灵魂的快乐带来愉悦，灵魂的痛苦带来烦扰，但两种感受源于肉体，依归于肉体。无论如何，灵魂的快乐与痛苦远远大于肉体，因为对于肉体我们只能感知当下影响它的东西，而对于灵魂我们可以感知过去和未来。事实上，即使在肉体遭受痛苦时，精神也同等地承受痛苦，而如果我们相信有某种永恒的、无限的恶悬在我们头上，痛苦就会剧增。这点同样可以适用于快乐：如果我们对这种恶无所畏惧，快乐就会增大。[56]这点十分明显，对我们的幸福与不幸而言，灵魂上最大的快乐或痛苦比肉体上持续时间相等的快乐或痛苦影响更大。但我们并不认为一旦快乐消除痛苦便接踵而至，除非痛苦碰巧取代了快乐。然而，一旦痛苦消除我们就会愉悦，即使没有某种作用于感官的快乐随之而来。由之，我们可以明白，痛苦的解除是何等的快乐。[57]正如我们为美好之物的期待而欢欣，同样也为美好之物的追忆而愉悦。只有愚人为以往坏事的回忆而烦恼，智者则愉快地享受储存于鲜活记忆中的美好之物。我们有一种内在的能力，以完全遗忘的方式埋葬我们的不幸，保存我们过得好的愉快、惬意的记忆。但当我们以敏感专注的目光审视整个以往，如果我们回忆不好的东西就会悲伤，回忆好的东西则会高兴。"

　　[XⅧ]"通向幸福生活的大道多么宽广，如此开阔、简单和直接！显然，对于一个人来说没有什么比解除一切痛苦和烦扰、享受肉体和灵魂最大的快乐更好的了。你看到这个原理是如何周全地考虑了方方面面了吗？这些方面都有助于获得被确立为至善之物。伊壁鸠鲁，你们斥责为骄奢淫逸（voluptatibus）的那个人，大声疾呼：没有人能快乐地活着，除非他智慧地、尊严地、公正地活着；没有人能智慧地、尊严地、公正地活着，除非他快乐地活着。① [58] 一个城市陷入纷争不会兴旺，一个家庭主人们不合也会如此，更不必说，一个自我分歧、自我冲突的灵魂〈还有什么机会〉尝到纯净如水（liquidae）、自由自在（liberae）的快乐的滋味了。一个不断地被相互排斥、互不一致的倾向和主意所动摇的人不可能知道平静（quieti）或宁静（tranquilli）。 [59] 如果生活的快乐〈会〉为比较严重的肉体疾病所磨灭，那么该有多少快乐为灵魂的疾病所磨灭！对财富、荣誉、权力乃至对感官之乐的过度而虚幻的欲念，这就是灵魂的疾患。再者，如果不明白'除非与当下或将来肉体的痛苦有关，否则根本不需要有任何灵魂的痛苦'，那么忧伤、烦恼、悲哀将焦躁不安地撕咬着、消磨着人们的心。没有〈哪个〉愚人不患有某种这样的疾病，因此没有愚人是不悲惨的。[60] 另外还有死亡，那块悬在人们头顶上的坦塔罗斯（Tantalus）之石②；还有迷信（superstitio），那种凡涉足其中者无一能够平静的东西。此

---

　　① 参见 *KD* 5，其中有一个相似的表述。
　　② 来自希腊神话，坦塔罗斯，因为冒犯诸神（有许多不同的故事版本）在冥界被惩罚，宙斯将食物和水放在他刚好够不到的一个地方，并让他一直处在被头顶上所悬巨石砸死的恐惧中。

外，他们既记不住过去的幸事，也不享受当下的福分，而是仅仅翘首以待未来的好运，由于这些必然是不确定的，所以他们为烦恼和恐惧所折磨。其烦扰的顶点是，当他们太迟地意识到对财富、权力、占有、名誉的梦想不仅归于破灭，也没能让他们获得任何快乐时，〈虽然〉对这种快乐的期待曾激励他们经受千辛万苦。"

[61]"看看他们吧！有些人小气狭隘（minuti et angusti），总是感到失望；另外一批人心怀恶意（malivoli）或嫉妒（invidi），粗鲁无礼（difficiles）或孤僻（lucifugi），说话下流（maledici）或喜怒无常（monstrositas）。还有一些人醉心于恋情的轻浮（levitatibus）；还有的鲁莽、冒进、不计后果，既不能自控又懒惰，从不坚持决断，因为这些原因，在他们的生活中麻烦从未间断过。所以，没有哪个愚人是幸福的，但没有哪个智者不快乐。这一点我们比斯多亚派好得多、真得多：因为他们否认在那个我们并不熟悉而他们称为高尚（honestum）的幻影（umbram）之外还有善（bonum）的存在，他们也否认有赖于这些高尚的德性需要快乐，并且认为德性对于幸福生活是自足的。"

[XIX][62]"但是存在一种阐述这种理论的方法，可以让我们不但不会反对它，反而会赞同它。伊壁鸠鲁把他的永远幸福的智者这样呈现出来：他把欲望控制在一定的限度；他漠视死亡；他对不朽的（immortalibus）神明具有真正的知识从而无所畏惧；如果放弃生命是最好的选择，他从不迟疑；由于具备了这些原则，他总是处于快乐状态，因为他的快乐无时无刻不大于痛苦；他心存感激地追忆以往，充满快乐地把握当下；他寄希望于未来，但并不依靠未来，因为他享受当下真正的快乐。他完全从我刚刚提到的那些恶中

解脱出来，他自己的状态相较于愚者的生活可谓无比快乐。如果智者遭受痛苦，那么其痛苦将永远不会有足够的力量阻碍他获得远大于悲哀的愉悦。[63] 伊壁鸠鲁有句黄金格言：'运气（fortunam）几乎不会影响智者。最重要、最严肃的事受他自己的智慧和理性支配。来自无限延长的生命之乐不会比我们所知道的有限的生命之乐更大。'① 他认为你们的辩证法无助于增进人们的生活和思想，但认为物理学是最为重要的。② 首先，正是通过这种知识，语词的意义、表达的本质、同一（consequentium）与对立的（repugnanti-umve）规律得以理解；其次，通过认识一切事物的本性，我们摆脱了迷信，从死亡的恐惧中解放出来，不再因无知，因为由无知而来的极度恐惧陷入困境（conturbamur）；最后，一旦我们知道了自然的需求还会增进德性。再者，如果我们牢牢把握这种可靠的知识，遵循那种宛如从天而降（delapsa de caelo）以便让我们认识一切的准则（regula），并把我们的所有判断诉诸这种准则，那么我们将永远不会被他人的雄辩（oratione）动摇我们自己的观点。[64] 但如果我们不能清楚地理解世界的本性，那就无法为感官的判断进行辩护。在灵魂面前呈现的所有东西都源于感觉。如伊壁鸠鲁原理所教导的那样，只有一切感觉为真，那么认知和理解最终才是可能的。③ 那些否认感觉的有效性、声称无物可知的人，一旦排除了感

---

① 参见 KD 16，19。

② 西塞罗这里并没有正确地阐述哲学各个部分的关系，他似乎将属于物理学的和属于逻辑学的内容都归于了物理学。

③ 伊壁鸠鲁主张所有的知觉都是真的，这一点尤其为西塞罗所嘲笑，虽然这个理论没有这里所表现的那么天真。可参见 S. Everson, "Epicurus on the truth of the senses", in S. Everson (ed.), *Epistemology*, Cambridge, 1900, pp. 161 - 183。

知，他甚至连自己的证明都无法表达。此外，一旦抛弃认知和知识，引导生活和行动的理性原则也就随之而去。因此，物理学给了我们面对死亡恐惧的勇气（fortitudo），抗拒宗教恐惧（metum religionis）的决心（constantia）；给了我们灵魂的安宁，揭开了挡在万物面前的无知〈面纱〉；给了我们自制，因为它解释了欲望的本性，区分了不同类别；最后如我所述，它给了我们伊壁鸠鲁建立的认知准则（cognitionis regula），一种区分真假的方法。"

［XX］［65］"还剩下一个对于讨论至关重要的话题，这就是友爱（amicitia）。你们学派认为如果快乐是最高的善，友爱将没有存在的余地。而伊壁鸠鲁的观点在于，对于智慧所确保的，我们能够幸福生活的所有东西，没有任何一种比友爱更博大、更丰富、更愉快。他不仅通过言论，而且更多通过他的生活、行动和品性（moribus）来确证这一原理。古代的传说表明友爱是何等重要的一件事情，但纵观远古以来的传说，尽管丰富多彩，但从忒修斯（Theseus）开始到俄瑞斯忒斯（Orestes）为止，从中你连三对朋友都凑不齐。而伊壁鸠鲁在一间矮小狭窄的屋子里面，竟然维系着一大群靠亲密无间的爱团结在一起的朋友。时至今日伊壁鸠鲁派依然如故。① 让我们回到主题，我们不必谈论个案。［66］我注意到，我们伊壁鸠鲁派以三种方式处理友爱问题。有些人否认与朋友相处的快乐像我们自己的快乐那样值得追求；这一立场被认为破坏了友爱

---

① 伊壁鸠鲁派因其亲密和相互支持而闻名，但是也许是西塞罗恶意让托尔夸图斯用这种友谊和那些著名的友谊相比较，比如忒修斯，神话中雅典的国王，庇里托俄斯（Pirithous）的伙伴，而俄瑞斯忒斯，阿伽门农（Agamemnon）的儿子，皮拉德斯（Pylades）的朋友，因为这些特别个体之间强烈的亲密关系经常导致焦虑和命运的捉弄，这使得伊壁鸠鲁派的友谊似乎存在遗憾的风险。

的稳定性。在我看来，伊壁鸠鲁派捍卫了这个立场，并轻易地使自己'脱罪'了（expediunt），因为他们否认友爱能够与快乐分离，正如我们前面谈到的那些德性一样。既然没有朋友的孤立生活充满了危险的陷阱和恐惧，那么理性本身就会告诫我们去找些朋友。有朋友便会坚定信心，随之带来获得快乐的希望。［67］正如憎恨、嫉妒和蔑视是快乐的敌人，因此友爱不仅是快乐最值得信任的保护者，也是快乐的制造者，于友于己同样如此。友爱之乐不仅乐在当下，而且乐在对不久之后或遥远未来的满怀希望。没有友爱我们不可能确保生活中稳定而长期持续的快乐，而除非我们爱友如爱己，否则也不可能维系友爱本身。因此，正是在友爱中产生了这种〈对朋友的〉态度，而与此同时友爱也与快乐紧密相连了。因为我们以朋友之乐为乐，同样也会以朋友之悲为悲。［68］因此智者对待朋友如同对待自己，为朋友的快乐所付出的努力和为自己所付出的一样。所有我们谈到的有关德性与快乐的本质关系也同样适应于友爱与快乐。伊壁鸠鲁以下面这些很确切的文字展开了一段非常精彩的表述：'同一个原则既赋予我们信心从而无畏地面对永续的或长久持续的恶，同时也让我们看到友爱是我们短暂一生最有力的保护。'①［69］有些伊壁鸠鲁主义者面对你们的肆意抨击有些胆怯，然而反应却相当灵敏。他们担心如果我们相信友爱是因为我们自己的快乐而被追求的，那么所有的友爱似乎会受到损害（claudicare）。所以他们说人们起初为了快乐而结交、熟悉，欲求建立某种关系。但当交往进展到一定的亲密度时，爱之花竞相开放（amorem efflorescere）以

---

① 这段话可以参见 KD 28。

至可以达到这种程度：即便从友爱中无好处可得，朋友们也会因自身的原因而相互爱慕。如果仅仅因为熟悉或习惯（consuetudine）我们便会喜欢上某些地方，如神庙、城市、体育场、娱乐场地、马、狗、角斗士或斗兽表演，那么在与我们人类同胞的交往中，日久生情岂不更加容易也更加合理？［70］第三种观点是说，在智者当中有个爱朋友不亚于爱自己的约定（foedus）。我们理解这种事情能够发生（也经常看到它的确发生）。显然，我们找不到任何一种比这种智者的契约（coniunctione）方式更为合适的通向幸福生活的手段。所有这些思考表明，不仅友爱的理据不会因为把最高的善建立在快乐之上而不能成立，而且没有这一点友爱的坚实的基础就无从寻找。"

　　［XXI］［71］"所以，如果我刚才阐述的内容比太阳还要清晰明了，如果一切皆来自自然本性的源头，如果我全部的论述基于未堕落（incorruptis）和未受污染（integris）的诸感觉因而更可信；如果口齿不清的孩子，甚至不会说话的野兽都可以在自然的指导和引领之下仿佛主张：快乐之外再无荣景，痛苦之外再无困境——他们对这个问题的判断既不被歪曲也不受污染；那么这位听到了自然本性的声音并如此有力而深入地把握了它的人，这位带领所有健全的人走上了一种和平、宁静、平和而幸福的生活之路的人，我们不是欠他极多的感谢吗？"

　　"在你看来他似乎缺乏教养：理由是他认为除非有助于幸福生活的研究，否则所有的教育都没有价值。［72］他该花时间读诗吗？就像我和特里阿瑞乌斯都把你当作鼓励者一样，并没有什么实在的作用且尽是些幼稚的愉悦。或者他会像柏拉图那样，浪费时间研究音乐（musicis）、几何学（geometria）、数学（numeris）和天文学（astris）吗？那些学科从错误的起点出发所以不可能是真的，而即便它们是真的，也不会带来更快乐的——也就是更好的——生活。他真的应该追求那些技艺，同时放弃最伟大而最困难的，因此也是所有技艺中最有价值的技艺：生活的技艺吗？不是伊壁鸠鲁无知，而是那些认为该把孩子都羞于不会的把戏学到老的人无知。"①

托尔夸图斯然后总结道："我已经阐明自己的观点了，目的其实是了解你对此的意见。我以前从来没有得到过这样一个令我满意的机会。"

---

① 这里托尔夸图斯其实完全没必要指责柏拉图对这些学问的追寻，因为这种追寻与伊壁鸠鲁的主张并不矛盾。——译者注

第二卷

[Ⅰ] [1] 此刻，他们俩都看着我并暗示自己已经准备好了听我发言。我于是说道："首先，你们别指望我像一个哲学家一样为你们展开这个主题。这种阐述方式就算是哲学家本人使用我也很不赞成。哲学之父（qui parens philosophiae）苏格拉底何曾这么做过呢？那种方式是所谓的智者派的（sophistae）做法。莱昂蒂尼（Leontini）的高尔吉亚（Gorgias）是他们中最大胆的一个，他在宴会上'邀请提问'（poscere quaestionem），也即请人就任何想听的内容发问，然后对其进行阐述。① 简直胆大妄为——要不是我们后来的哲学家们从未继承这种方法，我会称其为无耻。"

---

① 莱昂蒂尼的高尔吉亚（公元前 485—公元前 4 世纪早期）是最著名的"智者"之一，他们在公元前 4 世纪巡游于诸城邦之间贩卖修辞术和论证的使用方法。高尔吉亚因精心创作演讲而闻名，其演讲留有两个残篇，除此处所提者外，另见于柏拉图的《高尔吉亚篇》，*Grg.* 447c‑d。

[2]"但是我从柏拉图那里知道高尔吉亚和其他的智者们被苏格拉底嘲笑。实际上，他常常通过质询与提问来引出对话者的观点，一旦对话者说完而他又有回应的观点，他就会阐述出来。① 这种方法未能为他的追随者所留传，但是阿尔克西劳复兴了它并且定下规矩，任何想听他论述的人不能向他提问，反而要向他陈述自己的观点，待其说完他才会回应。② 不过听阿尔克西劳发言的人也会尽可能地为自己的观点辩护。其他哲学家们则与此相反，听的人提完问之后就不再说话了。而学园现在仍然保留着阿尔克西劳的这种做法。比如，一个想要聆听哲学家观点的人会说：'在我看来快乐是至善'，而哲学家随后拿出相反的立场然后发表一段连贯的论述。事实上，这么说的那个人自己并不是真的持有那种观点，只是想要听到相反的论证。"

[3]"不过，我们的方法更恰当一些。虽然托尔夸图斯不只陈述了他对此的想法，也陈述了他的理由，而我也曾着迷于托尔夸图斯那种不间断的演说，但我还是相信这样更合适些：一个人在每一个单独的论点停顿一下，并向听众确认是否乐于接受或有什么要反对。然后人们可以从自己承认的观点中提取出自己的推论并得出结论。相反，若论述滔滔不绝（torrens oratio），裹挟着各

① 西塞罗将自己视为柏拉图学园的追随者之一，反对高尔吉亚在与柏拉图笔下的苏格拉底对话时就自身立场滔滔不绝的方法，而柏拉图笔下的苏格拉底则通过研究其他人的主张来寻找真相，并在其他人接受的前提下展开论证。

② 皮塔涅（Pitane）的阿尔克西劳（公元前 316/315—公元前 241/240 年），柏拉图学园的领袖，将学园的立场从积极建立学说转变为怀疑论式的辩论实践，只反驳其他人的观点，因此开创了学园怀疑论的传统，西塞罗也将学园怀疑论视为自己的智识传统。

种推理方式，那么实际上对听众来说就没有什么能够理解和把握的东西了。毕竟，没有什么办法考察（coerceas）滔滔不绝的陈词（orationem rapidam）。"

"但每一场有条理的讨论中都应该安排一段开场白，就像法律程序中说'议题如下（ea res agetur）'这才能使辩论各方就实际上要辩论什么达成共识。［Ⅱ］［4］柏拉图在《斐德罗篇》（*Phaedrus*）中开创了这种方法①，而伊壁鸠鲁赞同这种方法并认为应该在所有讨论中遵循它②，只是他没能明白这样做最明显的好处。他说没兴趣定义自己的词语；但是若不这么做，争论者便没办法就他们在讨论什么达成共识。考虑一下我们正在辩论的内容，也就是我们正在探究的至善问题，除非我们与他人相互达成一致（contulerimus），否则我们要如何在不明白'善之至'（finem bonorum）意指什么，以及'至'（quid finis）'善'（bonum）本身言说什么的情况下理解这到底是什么？"

［5］"然而这种将被遮蔽的事物（rerum opertarum）揭示出来，使事物之所是得以敞开（aperitur）③的做法，就是定义。就算是你，也无法不诉诸定义，尽管是不自觉地（imprudens）〈这么

---

① *Phdr.* 237b.

② 伊壁鸠鲁强调，在讨论一个议题之前，我们必须清楚了解概念或者说 *prolêpsis*（前识，直观，见前注），它是我们在学习语词的用法时从经验中获得的（见前注）。然而，他放弃了对词语的"定义"，并将定义视为琐碎的，仅仅是语言的东西，相反，定义是其他哲学家们靠论证建立起来的。参见 *ad Hdt* 37—38。也即 DL 10.31。

③ 该词译为"解释"或许更容易理解，但却少了"去蔽""揭示"这个意味，考虑到上一句已经使用了"揭示"，为了避免重复还是译为"敞开"更为贴切。——译者注

做〉。你定义了'至'（finem）、'最大的'（extremum）和'终极的'（ultimum）善，认为所有正确的行为是实现它们的手段，同时它们自身又不是其他任何事物的手段。做得好（praeclare hoc quidem）！如果有必要，或许你本来要把善本身定义成'天然具有吸引力者'（quod natura adpetendum），或者定义为'有益者'（quod prodesset），要么是'有助益者'（quod iuvaret），又或者是'令人愉悦的事物'（quod liberet）。所以，鉴于你并不总是拒绝下定义，而且事实上当你需要的时候依然会这么做，那么如果方便的话，我希望你现在能给快乐下个定义，因为那是我们全部探究之所向。"

[6] 托尔夸图斯说："谁会不知道快乐是什么？或者谁还需要定义来更好地理解快乐呢？"

"我会说〈这个人〉就是我自己，除非我更好地认识了快乐，并在心里对快乐有足够牢靠的理解和把握（comprehensam），"我回答道，"但现在我会主张伊壁鸠鲁自己就不知道快乐是什么而且还摇摆不定，他一再要求小心处理措辞的潜在意义（quae vis subiecta sit vocibus）①，但他自己有时就没能做到理解'快乐'一词的意义，也没有理解这个词的潜在内容（quae res huic voci subiciatur）。"

[Ⅲ] 托尔夸图斯笑着说："这还真是极好的观点——一个人宣称快乐是所有值得追求之物中的至善者，是最大的善和终极的善，但是这人居然对快乐本身及其性质一无所知？"

"好吧，"我回答说，"要么伊壁鸠鲁不知道什么是善，要么其

---

① 参见 DL 10.37 - 38，这里的说法与拉尔修的记述有些许出入。

余的人不知道什么是善。"

"怎么会这样呢?"他问道。

"因为对所有人来说,快乐就是感官受到触动并伴随着愉悦感灌注(perfunditur)其中。"我回答道。

[7]"'那又如何?'他回应道,'你是在说伊壁鸠鲁忽略了那种快乐吗?'

'并非总是如此,'我说,'相反,某些时候他其实也明白这一点,如你所见,他发誓除了通过美食、佳酿、妙音①并沉溺(capiatur)在放荡的快乐中获得的善之外,他自己甚至不能理解哪里有任何的善或者善是什么。② 你莫非否认他说过这些吗?'

'好像我要为那一切感到羞耻似的,'他答道,'或者说就好像我没能准确解释清楚他说了什么似的!'

'我毫不怀疑,'我说,'你或许能轻易地做到这一点,而同意智者也没什么好羞耻的。据我所知,只有伊壁鸠鲁,有胆量声称自己是智者。我认为梅特罗多洛自己不会这么说,虽然我相信当梅特罗多洛被伊壁鸠鲁这么称赞时他也没有拒绝这荣耀。相比之下,过去的七贤并不是通过自封而得到这个头衔,而是被所有人共同认可。'③"

---

① 此处直译为"吃好、喝好、听好"可能更准确,但不是很通畅,因此根据上下文改译为"美食、佳酿、妙音"。——译者注

② 参见 fragment 67 Usener,伊壁鸠鲁说,如果离开口腹之乐,男女之乐还有声色之乐,他不知道怎么去设想善。

③ 西塞罗常常嘲笑伊壁鸠鲁的傲慢,在他看来,伊壁鸠鲁认为他自己(还有某些其他的创始人)实际上早已成为 sophos(智慧的)(或者说具有理论智慧的)而高尚的人。不过伊壁鸠鲁确实曾以各种方式将自己树立为自己学派的一个典范。

[8]"然而，我仍然认为伊壁鸠鲁的'快乐'与我们的'快乐'有相同的意义。事实上，每个人都同意希腊语词汇 *hêdonê*（快乐）以及拉丁语词汇 voluptas（快乐）指涉一种愉悦的刺激，它使得诸感官感到舒适。"

"那你还想要增加什么意味呢？"他问道。

"我会告诉你的，"我回答道，"不过，我这么说是为了探寻真相不是想批评你或者批评伊壁鸠鲁。"

"我也是，"他说，"我也是要向你所能提出的东西学习而不是要批评你。"

"那么，你记得罗兹岛（Rhodes）的希罗尼穆斯（Hierony-mus）常说至高的善（summum bonum）是什么吗？也就是那个，他所认为的，所有其他事物都要受其评判者，它是什么？"我问道。

"我记得，"他回复我说，"他说一个人的终极目标是无痛苦。"①

"很好！"我说，"那么，这位哲学家对快乐的观点是什么呢？"

[9]"他认为不该因快乐本身而追寻快乐。"

"所以在他看来，快乐是一回事，无痛苦（non dolere）又是另一回事，对吧？"我问道。

"是的，而很遗憾，他错了。正如我刚才所论述的那样，快乐

---

① 罗兹岛的希罗尼穆斯（公元前 3 世纪中叶），亚里士多德的追随者。只有少数残篇存留下来，而对于他说"我们的最终目的是免于痛苦"，我们几乎没有任何背景资料，而仅有的一点资料对于一个亚里士多德主义者来说又太奇怪了。（参见 *Fin.* 5. 14）

的上限就是摆脱所有的痛苦。"他如此答道。

"我一会儿再考虑'免于痛苦'的意思,"我说,"但是除非你固执己见,否则你肯定会承认'快乐'有不同于'不处于痛苦中'的意义。"

"没错,在这个问题上你会发现我就是固执己见,"他回答道,"因为我的观点已经无限接近事实了。"

"那么告诉我,"我说,"对一个口渴的人来说,喝水(bibendo)是快乐的吗?"

"谁会否认这一点呢?"

"它与口渴得解(restincta siti)是一样的快乐吗?"

"不,它是完全不同的一种快乐。口渴得解是'快乐的静态'(stabilitatem voluptatis),然而'解〈渴〉'(restinctionis)则是其'动态'(motu)。"

"那么,"我问道,"为什么你用相同的词汇①描述如此不同的状态呢?"

[10]"你难道不记得我刚才说了什么吗?"② 他反问道,"一旦摆脱所有的痛苦,虽然快乐的种类多样(variari),但是不能增加。"

"我确实记得,"我说,"但是纵然你的语言组织精妙,可它的意思却不够清楚。"

---

① 这里的意思是,无论是口渴得解(restincta siti)还是"解〈渴〉"(restinctionis)都来自同一个词汇 restinguo。

② 参见 *Fin.* 1. 38。

"'多样'（varietas）确实是我们拉丁语的一个语词，而狭义的'多样'是指颜色的不同，虽然它可以引申为许多不同的意思。多样的诗歌或演讲，多样的习惯（mores）和命运（fortuna），而我们也惯于在多样的意义上说'快乐'，许多不同的事物产生不同的快乐。如果那就是你所说的'多样'，我原本会理解它——即便你不说出来，我也能理解它。但你所说的'多样'是相当不清楚的；你说快乐的上限是免于痛苦，而当我们品尝到那些给诸感官带来甜蜜感的快乐时，我们体验到的是快乐的'动态'。你声称就是这种快乐，带来多样的，但是却不能在无痛苦状态之上增加的快乐，虽然不知道为什么你把无痛苦也称为快乐。"

［Ⅳ］［11］"还有什么能比无痛苦更快乐吗?"他问。

"姑且算是没有吧，"我回答他说，"就算没有什么比无痛苦更快乐好了（我暂时不会追问这一点）。然而，那并不表明无痛苦状态——如果我可以那么称呼它的话——是与快乐相同的状态吧?"

"当然是相同的状态，"他说，"是最大的快乐，也最有可能是。"

"那么，"我说，"如果你完全靠'免于痛苦'来定义'至善'，为什么你又在主张、坚持和捍卫这个观点的时候暧昧不明（dubitas)？［12］为什么你要把快乐硬扯到德性里，就像让一个寻常的娼妓（meretricem）参与妇人们的（matronarum）社交（coetum）？'快乐'一词是可恨的（invidiosum），声名狼藉（infame）而又可疑的（suspectum），因此你们伊壁鸠鲁学派才总是频繁地诉诸那个你们用'快乐'表达的意义，尽管其他人不明所以。虽然我或许在辩论时是宽容的，但无论这主张在什么时候被人提出来，总让人怒上心头（而偏偏它被频繁地拿出来），就像我不知道希腊语中 *hêdonê* 是什么意思，拉丁语中 voluptas 是什么意思似的。这两种语言哪一种我不懂？而且，为什么我不懂，反倒是所有加入伊壁鸠鲁学派的人（无论他是谁）懂呢？"

"你们的证明很出色，你们确实证明了想当哲学家的人根本没有必要识字。① 我们的祖先曾因将辛辛那图斯（Cincinnatus）从农夫擢为独裁官（dictator）而闻名②，而现在你要搜刮每一个小村子来凑够有价值的例证，而里面肯定不包括饱学之士（pereruditos）。[13] 真是那些伊壁鸠鲁学派的人理解了而我没有吗？让我证明给你看我理解了。首先，我用 voluptas 所表达的，正是他用 *hêdonê* 所要表达的东西。我们经常不得不找一个与希腊语词汇意义相当的词，但是在这个词汇上用不着这么找。没有哪个拉丁语词汇比 voluptas 更准确地对应了相应的希腊文词汇。世界上所有懂拉丁文的人都会用这个词来传达两个意思：灵魂的欣喜（laetitiam in animo），还有身体受到宜人的刺激所产生的愉悦感。"

"前者被特拉比亚（Trabea）笔下的一个角色描述为'灵魂的

---

① 西塞罗认为伊壁鸠鲁学派玩弄语言游戏，言辞闪烁，因此出言讥讽。

② 独裁官，罗马共和国非常时期的职务，当国家处于紧急状态时，由元老院提名任命，手握凌驾于一切之上的大权。公元前 458 年，卢西乌斯·昆克提乌斯·辛辛那图斯（Lucius Quinctius Cincinnatus），被从农夫擢为战事独裁官，以抵抗埃魁人（Aequi）的进犯；在十五天内完成任务后他就回去继续当农夫了。西塞罗用这个故事嘲笑伊壁鸠鲁学派智识水平很低。

极度快乐'(voluptatem animi nimiam），也被凯奇利乌斯笔下的另一个角色用来说自己'以所有欢喜之事为喜'(omnibus laetitiis laetum)。① 但是这里还存在分歧：'快乐'这个词不仅适用于身体，也适用于灵魂，后者在斯多亚看来是一种邪恶②，他们将其定义为'一种灵魂不理性的兴奋，以为自己正享受着某种大善'③，然而'欣喜'(laetitia) 和'乐趣'(gaudium) 不适用于身体。[14] 在知觉到某些刺激并感到愉快时，每一个说拉丁语的人都会用'快乐'一词。'愉快'(iucunditatem) 这个词，如果你愿意，也可以移用于灵魂；事实上，'使人高兴'(iuvare) 既适用于身体也适用于灵魂，而从中同样延伸出'令人高兴的'(iucundum) 一词。但只要理解如下情况〈就够了〉：说'我如此欣喜，以至于快站不稳了'(tanta laetitia auctus sum，ut nihil constet)，与说'此刻，只有我的灵魂在燃烧'(nunc demum mihi animus ardet) 不同，前者以体态表达欣喜，而后者则被痛苦折磨，而在两者之间的人会说：

> 虽然我们认识，但是我们最近才认识。（quamquam haec inter nos nuper notitia admodum est)④

---

① 凯奇利乌斯参见第一卷注释；特拉比亚是稍早一些的喜剧作家。凯奇利乌斯是 *Fin.* 2.14 第二个引证的证据来源；第一个引证的证据来源已不得而知。

② 斯多亚认为快乐是糟糕的因为它裹挟着错误的信念，这种信念认为德性之外的东西是善的。在他们看来只有德性是善的。

③ 原文为：sublationem animi sine ratione，opnantis se magno bono frui.

④ 这一段的第一处引文来自一位不知名的剧作家，第二处引文来自凯奇利乌斯·斯塔提乌，第三处来自特伦恩提乌斯的《自责者》（两位剧作家生平参见 *Fin.* 1.6 注释)，这句台词在剧中表现的是克瑞梅（Chremes）对其邻居——也即自责者——冷淡的兴趣，用这种兴趣的冷淡来说明介于快乐与痛苦之间的状态确实显得很奇怪。

这是既非愉悦也非痛苦的状态。同样地，对于身体而言，在享受最值得追求的快乐和忍耐最强烈的痛苦之间也有免于两者任何一者的状态。"

［V］［15］"所以，我有没有充分把握这些词语的意思，或者说我是否仍然有必要学习希腊文或者拉丁文呢？然而，就算我并不理解伊壁鸠鲁所说，但我仍然觉得自己有非常好的希腊文知识。所以，也许是伊壁鸠鲁错用了这么一套莫名其妙的话语。那么以下两种情况或许是可以被原谅的：第一，他故意这么做，就像赫拉克利特一样'因其在论及自然时的所有晦涩叙述而被和晦涩联系在一起'①。第二，困难是由论述对象的模糊不清引起的而非语词的使用，就像柏拉图的《蒂迈欧篇》（Timaeus）一样。在我看来，伊壁鸠鲁并非有意避免说得清楚、直接，也不是他论述的对象有多难，比如像物理学家的对象或者是技师的对象那样，抑或数学的对象那样，相反，这个议题很清楚也很简单，并被公众广泛谈论。

然而你们不否认我们理解'快乐'的内涵，却否认我们理解伊壁鸠鲁使用它时所表达的意思。这表明，并不是我们对'快乐'一词的意义还不够理解，而是伊壁鸠鲁按自己的习惯使用语言而忽略了我们的习惯。"

［16］"如果他的意思与希罗尼穆斯相同，也就是他也认为至善是没有任何烦恼的生活（sine ulla molestia vivere），那为什么他坚

---

① 爱非斯（Ephesus）的赫拉克利特（Heraclitus，公元前 6 世纪晚期）以诫命式的格言式风格创作，因这种风格而成为故意表述晦涩的典型。（文中该句的 de natura 暂译为"论及自然"，一说赫拉克利特有一部著作名为《论自然》。——译者注）

持用'快乐',而不是像希罗尼穆斯那样用'免于痛苦'（vacuitatern doloris）呢？谁能懂他的说法呢？此外，如果他将快乐的动态也算作目的（他声称愉悦是'动态'；免于痛苦是'静态'），那么他会倾向于何者呢？他不能说服那些'自知的人'（qui ipse sibi notus sit）——也就是洞察到（perspexerit）自己自然本性和感觉的人——相信免于痛苦正与快乐相同。托尔夸图斯，这是扭曲（extorquere）感官，也是在扭曲人们灵魂中对这个词根深蒂固的理解。谁不明白有三种自发的状态：首先，处于快乐中；其次，处于痛苦中；再次，也就是我目前的状态，也是你的状态，既非快乐也非痛苦。某个吃得好的人（qui epuletur）处于快乐中，而受到折磨的人（qui torqueatur）处于痛苦中。你确定在这两极之间你观察不到许多人是既不快乐也不痛苦的吗？"

[17]"当然没有，"他回答道，"所有免于痛苦的人拥有快乐，而我认为这是快乐的上限。"

"所以，你觉得，当我们为另一个人调制饮品（miseeat rnul-sum）时，某个不渴的人和某个口渴的人喝它会产生同样的快乐？"

[VI] 到这里，托尔夸图斯说："如果你愿意的话，就问到这里吧。我从一开始就告诉你我自己喜欢哪种论述了，正因为我预见到了这种辩证法式的诡计（dialecticas captiones）。"

"所以你更喜欢修辞术（rhetorice）而非辩证法式的辩论？"我问。

"说得好像连续陈词只适合演说家而非哲学家一样！"他答道。

"芝诺和斯多亚派也像你这样认为，"我说，"和亚里士多德的一样，芝诺宣称所有演说的技艺可以分为两类：修辞术像是一个打开的手掌；辩证法像是拳头（pugni），因为演说家会以一种铺排的（latius）方式演讲，辩证法的风格则是紧凑的（compressius）。那么，按你的要求，如果我能的话，就用修辞术的风格吧，但是它将是哲学家们的修辞术而非辩护人们的修辞术。① 后者是为一般观众设计的，因此有时必须省略一些精致之处。"

[18]"托尔夸图斯，你一直都知道，伊壁鸠鲁看不起辩证法。然而包含在其中的，是一套完整的辨别事物本质、鉴定其性质、关于理性和论证方法的知识。伊壁鸠鲁错在阐述方式，他在论述自己想要解释清楚的各个观点时缺乏技巧和耐心。就以我们正在讨论的这个话题为例吧。你声称快乐是至善，因此某个人在开始研究时应该先解释什么是快乐，否则研究的对象就始终不清晰。如果伊壁鸠鲁弄清楚了它，他本来不会陷入这种困境中。他会要么替阿里斯底波的观点辩护：快乐是感官受到惬意而愉悦的刺激——如果动物会说话，那么它们也会称之为快乐；要么，他会宁愿用他自己的语言也不用'所有的达那安斯人（Danai）和迈锡尼人（Mycenenses），阿提卡的子孙们（Attica pubes）'的语言②，也不使用在这抑抑扬格的（anapaesto）③ 诗句中提及的其他希腊人们的语言，如此一来他就能以快乐之名称呼'免于痛苦'而因此瞧不起阿里斯底波的观

---

① 西塞罗能毫无障碍地将修辞术转换到哲学用法，虽然某些哲学家，像是《高尔吉亚篇》中的柏拉图，曾经声称修辞术和哲学在目标上有重大分歧。这里西塞罗将斯多亚派看成一个群体。然而，斯多亚派的修辞术不同于真正的演讲，这是出了名的，在 *Fin.* 4.7 中，西塞罗严词批评了这一点。

② 也即希腊语，这句对白来自一出未知的罗马悲剧。

③ 抑抑扬格，一种音步类型。

点了。或者，如果他要同时支持这两种观点——事实上他就是这么干的——那么他应该结合免于痛苦的状态和快乐，并解释两种至善。"①

[19]"许多伟大的哲学家事实上也构建过类似的终极善之间的联系：亚里士多德将德性的践行与一生的完满繁盛（perfectae prosperitate）联系起来。卡利丰（Callipho）将快乐和高尚（honestatem）②结合在一起，狄奥多罗（Diodorus）将高尚和免于痛苦结合在一起。③如果伊壁鸠鲁把希罗尼穆斯和阿里斯底波的观点结合起来，他也会得到类似的结果。这两个人互不同意对方的观点，所以每个人都只采用他自己独特的至善。因为他们的希腊语用得完全正确，当阿里斯底波将快乐视为至善时，他就从未将免于痛苦当作快乐；而当希

① 西塞罗的意思是，一旦要同时支持这两种互相矛盾的观点，那么伊壁鸠鲁就必须解释为什么两种彼此有别的状态却使用同一个名称，以及随之而来的两种至善。

② "高尚的"（honestum）一词对应的是希腊语词"美的"（kalon），它被西塞罗用来指涉因自身而受称赞的品质或行为，在斯多亚派的语境中等价于德性，这里的 honestatem 是其宾格。在伍尔夫的英文译本中，他认为该词应该译为 moral（道德），这或许是在类似于"绝对律令"意义上的"道德"来考虑的。参见 Woolf, R.（trans.），Cicero: On Moral Ends, Cambridge: Cambridge University Press, 2001, p. xxxix；但汉语中的"道德"一词通常也有"日常行为规范"这个意谓，而根据拉尔修在 DL 7.130 中的报道，芝诺对当时雅典的道德并不是完全赞同的，比如他认为"在哲人社会中禁止建立神庙、法庭和体育场这些标记文明的东西，甚至连货币都毫无存在的必要；男女应着同一样式的衣服，不应把肉体完全遮掩起来"，所以如果将这个词直接翻译成"道德"，芝诺的看法就有些矛盾了；但这个词译成"高尚的"便无此顾虑，因此在本书中将该词统一翻译成"高尚的"。——译者注

③ 这里三种"结合最终善"的方式来自卡尔涅亚德划分的结构；亚里士多德认为德性和外在善对幸福生活来说都是必要的，这众所周知，但是，关于另外的两个理论，我们却几乎没有什么材料，只知道他们立足于卡尔涅亚德的划分。卡利丰可能是公元前2世纪的人；至于此人属于哪个哲学流派，我们看不到任何蛛丝马迹。狄奥多罗是漫步派的人，但是除此之外我们几乎一无所知（参见 Fin. 5.14）。

罗尼穆斯主张免于痛苦是至善时，他从不使用'快乐'一词来指涉'不在痛苦中'。实际上，快乐根本就不在可取事物之列。"

[Ⅶ][20]"就算你觉得这种不同只是语词上的，但这仍然是两种有区别的状态。一种是没有痛苦，另一种是有快乐。然而你们不仅是想将这两种不同的状态统一在一个名称之下——这种情况我还更容易忍受一些——而实际上是努力将之合成同一回事，而那显然是不可能的。既然伊壁鸠鲁同时信奉这两者，那么他应该把这两者同时付诸实践——事实上他就是那么做的，但同时他也没能用论说把两者区别开。因此他频频赞美我们都称为'快乐'的事物，还足够英勇地声称自己无法想象任何与阿里斯底波主义的快乐无关的善。这就是他在对至善的阐述中所说的内容。"

"确实在其他的著作中，也就是包含着他精华观点的著作中，我们看到他仿佛说出智慧的神谕，他写下了下面这些话——当然，这些话对你们来说是很熟悉的，托尔夸图斯。[难道不是每一个伊壁鸠鲁主义者都已然学习了伟大导师的《主要原理》（*kuriai doxai*），而这些精辟的说法被认为对幸福生活至关重要吗？]那么仔细考虑一下，我是否准确地翻译了这些断言：[21]如果放荡不羁之徒发现快乐的事物使他们免于对神的恐惧，对死亡和痛苦的恐惧，并且教给他们欲望的界限（cupiditatum fines），那么我们对他们无可指摘，毕竟他们会以各种方式让自己充满快乐（complerentur voluptatibus），而不受到任何伤害或痛苦，也就是没有恶。"①

就在此时，特里阿瑞乌斯再也忍不住了，他喊道："托尔夸图

_____

① 关于这些观点亦可参见 KD 10。

斯，我问你，伊壁鸠鲁真的那么说了吗？"我觉得他也很清楚，只是想听到托尔夸图斯承认而已。然而，托尔夸图斯很勇敢，他十分肯定地回答说："虽然你没能理解他的意思，但就是那些内容。"

"如果他意指一个事物却说另一个事物，我将永远没办法理解他的意思，"我说道，"但是他把自己所理解的内容表达得很清楚了。如果他是说只要放纵的人是智慧的，就不应该被责备，那么他的论述就是荒谬的。因为他这就像是在说谋杀犯们只要不贪婪，不害怕神，不害怕死亡和痛苦就不该受到责备。即便如此，这种对放荡不羁之徒的宽容有什么可取之处呢？为什么要构想这样一群人呢？这样一群虽然生活放纵，但只要避免了别的错误，就能免受最智慧的哲学家责备的人。"

[22]"但是伊壁鸠鲁为什么不根据这么恰当的理由——他们的生活将所有种类的快乐当作目标——指责这些放纵的人呢？毕竟，根据你自己的说法，最大的快乐恰恰就是免于痛苦。事实上，我们会发现对诸神缺少尊重的纵情享乐之辈会'吃祭盘里的东西'（edint de patella）而且还如此不惧死亡，并常常把哈蒙尼斯（Hymnis）的话挂在嘴边：

> 我活六月已然知足，待到七月我发誓自投冥府。（Mihi sex menses satis sunt vitae ; septimum Orco spondeo. ）①

至于痛苦呢，他们会喝下伊壁鸠鲁派的妙药（medicamenta），毕竟'剧痛必然短暂，长痛必然轻微'。只剩下一件事我无法理解了，那就是放纵的人们怎么可能把握他们欲望的界限呢？"

---

① *Hymnis* 是路西律斯改变自梅南德的戏剧（参见第一卷注释）。

［Ⅷ］［23］"那么'教给他们欲望的界限，那么我们对他们无可指摘'是什么意思呢？这等于是说'只要他们不是纵情享乐之辈我就不会批评纵情享乐之辈'①。他也许还会说只要这些人是善良的，就不会指责他们是邪恶之辈。这位严格的人，居然认为感官欲望的放纵不因其本身而该受到谴责，托尔夸图斯，要是快乐真是至善，那么，以赫拉克勒斯（Hercules）之名②，他的观点就完全错了。"

"但是对我来说，我其实不愿像你们那样惯于想象这类纵情享乐之人，这类人在吐了一桌（mensam vomant）后被人从宴会上带回家，而在接下来的几天里，他们还没恢复就再次暴饮暴食（ingurgitent）。这样的人，如常言所道，从未见过日落日出，最终将遗产（patrimoniis）挥霍一空：我们不会有人认为这些纵情享乐者过着一种快乐的生活。但是我们会认为他们是讲究的（mundos）和精致的（elegantis）人，他们有最好的膳食和面包师（pistoribus），有最好的鱼和鸟，还玩着最好的游戏（aucupio）和狩猎（venatione），以及所有这类被追求的东西，这样的人不会消化不良（vitantis cruditatem）；因为他们'从新瓶子里倒出金色的葡萄酒'，像路西律斯所说的那样：

> 连酒的毛边（situlus）都被滤酒器（sacculus）磨光滑了。③

---

① 西塞罗的意思是，如果他们明白了欲望的界限，就不会是纵情享乐之辈了，当然就无法批评了。

② 赫拉克勒斯（Hercule），古希腊英雄，通过十二种考验的半神。

③ 此处还有之后的引文都来自路西律斯。帕布利乌斯·加洛尼乌斯（Publius Gallonius）是同期的美食家。

　　在他们吃饭的时候还要歌舞相伴，这歌舞就像伊壁鸠鲁所说的了解善的先决条件一样，没有就不行。再加上华服，银器，科林斯铜器（Corinthium），所有这些都与房间的氛围完美匹配。想象一下这类纵情享乐之人，我便会坚定地拒绝承认他们活得好、活得幸福。"

　　[24]"所以，结论就是，并非快乐不是快乐，而是说快乐不是至善。① 著名的雷利亚乌斯（Laelius），年轻时师从斯多亚派第欧根尼，后来则追随帕奈提乌。人们夸他有智慧不是因为他不知道好的滋味是哪些（然而也不能就此推出若灵魂敏锐则味觉就不灵敏），而是因为他并不重视好的滋味②：

> 三叶草③啊，人们嘲讽你，却对你无甚所知，
>
> 然而，智慧的雷利亚乌斯曾常常唱着你的颂歌，
>
> 并挨个儿指责美食家。

精彩啊，雷利亚乌斯，实在是有智慧。接下来的诗句也很对：

> 帕布利乌斯·加洛尼乌斯，

------

　　① 也就是说伊壁鸠鲁的快乐其实也包括这种享乐式的快乐，而这种享乐式的快乐不是至善。

　　② 盖乌斯·雷利亚乌斯（Gaius Laelius，公元前190—前129年），罗马的政治家，在公元前145年担任副执政官，而在公元前140年担任执政官。他曾是西庇阿·伊密连阿努斯（Scipio Aemilianus）的密友，两人在哲学和知识偏好上颇为一致，因此被人戏称 *Sapiens*（意为"智者"或者说"圣贤"）。西塞罗让他在 *De re publica*（《论共和国》）中担任了一个角色，而在 *De Amicitia*（《论友谊》）中是主要角色。关于巴比伦（Baabylon）的第欧根尼和帕奈提乌参见第一卷注释。

　　③ 三叶草也即酢浆草，但是在诗歌中学名可能太过古板故译为三叶草。——译者注

就凭你那深渊般的胃，

你是多么不幸啊！

在你一生当中肯定从来没有吃得好（bene）过。①

虽然你耗费一切在明虾（squilla），

还有巨大的鲟鱼（acupensere）上。

这位诗人在这里没赋予快乐任何价值，同时断定那些将快乐视为一切来追求的人也不会吃得好。然而，他不是否认加洛尼乌斯曾吃得开心（libenter）（那是荒谬的），而是否认他吃得好。他对'开心'和'好'的区别非常精确而严格。从这里我们可以得出结论：所有吃得好的人都吃得开心，但是吃得开心的人未必吃得好。[25] 雷利亚乌斯总是吃得好。那么'好'（bene）是什么意思呢？路西律斯告诉我们：

精心烹制和调味的菜肴，

不如此刻这道主菜（caput cenae）：

诚恳相谈（sermone bono）

若问结果怎么样？真是惬意一餐。

这是因为他吃饭时灵魂宁静（animo quieto），目的不过是满足自然的需求（desideria naturae）。因此，哪怕加洛尼乌斯为此费尽了全部精力，我们认为他没有吃好，觉得他可怜也是恰当的。而

---

① 此处翻译极为让人犯难，bene 可以直译为"好"，但是汉语中"吃得好"一般表示一顿饭营养丰富、味道不错，但从下文看，此处的"好"可能更侧重就餐的心态和氛围。——译者注

且，他也没有否认加洛尼乌斯吃得开心。那么，为什么不'好'？因为'好'意味着吃得恰当（recte）、节俭（frugaliter）、体面（honeste），加洛尼乌斯则刚好相反，吃得丑陋（prave）、放肆（nequiter）而不体面（turpiter）。他因此吃得不好。雷利亚乌斯并没有把三叶草的滋味排在加洛尼乌斯的鲟鱼之上，相反，他对滋味好坏全不关心。若是他将快乐当作至善，那么他就做不到这一点。"

［IX］"因此，快乐必须被抛弃，这不仅是为了正确地得出结论，实际上也有利于严肃的探讨。［26］所以，快乐看起来甚至不是一餐中的至善，那么我们也不能奉快乐是生活中的至善。但是我们的哲学家说什么？'有三种欲望：自然的和必要的，自然但是不必要的，既不自然也不必要的。'① 首先，这个划分并不恰当（inel-eganter）：事实上只有两类的东西给分成了三类。这不是分类而是破坏（frangere）。那些学习了伊壁鸠鲁所鄙夷的分类技术的人常常这样分类：'有两种欲望，自然的和空洞的；自然的欲望可以进一步划分为必要的和不必要的。'这才是完善的分类，因为在分类时把种（pattem）算作属（genere）是错误的。"

［27］"但是让我们在这一点上让步吧：伊壁鸠鲁瞧不起辩证法的精妙也论述得糊涂，但只要他的想法是正确的，我们也该忍受他的方法。虽然我很难真心地赞成（但勉强能忍受）一位宣称要给欲望设限的哲学家。欲望可能被设限吗？它需要被摧毁（tollenda）和根治（extrahenda radicitus）。事实上若按你们所说，无论形态如

---

① 参见 *Fin.* 1.45 注释。

何，还有什么欲望不能被称为正当的欲望？因此我们会允许贪婪，只要它是有限的贪婪；允许通奸（adulter），只要它以正确的方式；甚至奢侈也是如此。什么样的哲学会提供这么一种方案：它不除去弱点反而满足于适度的恶（vitiorum）？就这种划分而言，我完全赞同其中的内容本身，虽然我希望它再精致一点。他或许该称其为自然的需求（desideria naturae），而把欲望之名（cupiditatis nomen）留到其他事情上，比如在探讨贪婪、纵欲（intemperantia）以及最大的恶（maximis vitiis）时，仿佛控告首恶（capitis accuset）那样。"

[28]"但他毫无负担又频繁地谈到这个分类。我对此事没什么意见：毕竟是一位如此伟大又如此有名的哲学家在为自己的学说勇敢辩护。然而，他似乎常常更为热烈地（vehementius）拥抱那个各民族以'快乐'称呼的事物，而这有时置他于极其尴尬的境地，例如：当人类没有了良心（conscientia），只要是为了快乐同时又没人看见的行动，就没什么可耻的。在此基础上，可能是羞于这结论——事实上自然本性的力量总是非常强大①——使得他逃向这个主张：没有什么可以让一个人在无痛苦之上再增加任何快乐了。但是那种'不处在痛苦中'的静态状况不会被〈我们〉称为快乐。他也许会说'我不关心名称'。但这完全不一样！他也许还会说'我可以发现许多人，事实上他们不计其数，没有你那么好奇和恼人

---

① 西塞罗的意思是，伊壁鸠鲁也许是在自然本性的作用下也觉得"快乐是唯一的善"这种主张带来的推论（只要为了快乐而又没有人看见的活动就没有什么可耻的）让人难以接受。

（molestos），我想用任何办法说服他们都很轻松'。如果是这样，还有任何理由去怀疑'如果最大的快乐是无痛苦构成的，那么最大的痛苦就是无快乐的感觉'这一点吗？为什么不是如此呢？他也许会说'因为痛苦的对立面不是快乐，而是没有痛苦'。"

[Ⅹ][29]"这里他没有看到这些事实会推出一个最强的论证来反对那类快乐，也就是那种一旦没有伊壁鸠鲁就完全不能理解善的快乐。但这种善被描述成了下面这些东西：享用美味（percipiatur），体验妙音，以及其余的快乐，而这些东西哪怕只是说出来都要事先道歉。我们这位严格而庄重的哲学家认作唯一善的这类活动，事实上却不值得追求，因为按同一位作者的说法，只要我们免于痛苦就不需要那种快乐！[30]这是多么自相矛盾的说法！如果他曾学过定义和分类，如果他了解过言说的方法，或是坚持措辞的习惯（consuetudinem verborum），那么他绝不会陷入这么大的困境之中。① 你现在能明白他在干什么了吧：没有人会用'快乐'去称呼的事物而他会；同时他把两种东西塞到同一种事物里；他有时将这些处在'动态'的快乐（他以此称呼那些带来甜蜜或仿佛甜蜜感觉的快乐）贬低到如同马尼乌斯·库瑞乌斯（Manius Curius）所说的那种程度。② 然而在之后又会赞美它，认为没办法设想任何没有它的善。这种话不该由任何一位哲学家来回应，应该由一位监察官（censore）来推翻。这不单纯是措辞上的错误，也是道德上的

---

① 伊壁鸠鲁对逻辑学的方法大不以为然，这一点可以参见 DL 10.87, 95 以及 *DND* 1.25。

② 马尼乌斯·库瑞乌斯·丹塔图斯（Manius Curius Dentatus），公元前 290 年担任执政官，死于公元前 260 年，成功的罗马将军，节俭和清廉的传奇政治家。

错误。仿佛只要免于无穷的欲望和恐惧，他就不谴责放纵。他这么做像是在招揽学生：欲为放纵之人，先当一位哲学家吧！"

[31]"我相信，他把至善的起源追溯到每一种生物的诞生。'生物一出生就喜欢快乐，并把它当作善来寻求，同时如同躲避恶那样躲避痛苦。'此外，他还说，对于什么是恶、什么是善这种问题，尚未扭曲的动物有最好的判断。这既是你所阐述的观点，也是你们学派的格言。非常荒谬！哪一种快乐会被哭喊的（vagiens）婴儿当作至善或者至恶，静态的还是动态的快乐？（如果众神高兴的话，那让我们学习一下伊壁鸠鲁的措辞吧！）如果是静态的，那么很明显其自然本能是为了自保，这我承认。如果是动态的——就像你事实上宣称的那样——那么就不会有任何快乐过于邪恶以至于不能被体验。而且，刚出生的动物就不会有最高的快乐，也就是你们说的无痛苦。"

[32]"然而，伊壁鸠鲁既不能从小孩子也不能从动物身上找到这种证明，虽然他将之视为自然的瞭望塔（specula），他也不能断言是自然本性导致它们寻求这种免于痛苦的快乐。因为免于痛苦这种静态状况既不是那种能刺激灵魂欲望的东西，也不具有任何驱动灵魂的冲击力。（在这个意义上，希罗尼穆斯也错了。）相反，那种冲击力只有触动感官快乐的事物才有。因此，伊壁鸠鲁常常论及的是这种快乐，而他建议我们追寻的合乎自然本性的快乐也是这种快乐，而恰恰是这种处于动态中的快乐在吸引幼儿们和动物们，而非那种处于静态中的快乐，也就是仅仅由免于痛苦构成的快乐。然而，若说自然本性源于一种快乐，但是至善却基于另一种快乐，这融贯吗？"

[XI][33]"其实动物的判断并不纯粹。事实上，它们可能未

经败坏而败坏。一根棍子可能被故意弄弯、弄扭曲，而别的棍子可能长出来就是弯的。所以，原生的（ferarum）本性也可能不是经受糟糕的规训（mala disciplina）被扭曲而是其本来如此。事实上，不是自然本性驱使小孩子去寻求快乐，他们是单纯地想要自爱，或者自保和自利。事实上，所有生物从其一出生直到长大，总是爱着其本身和自己的所有部分。其中，它最珍视自己的两个首要部分，也就是灵魂和身体，然后才是其他的部分。灵魂和身体都确有其独一无二之处。这些一开始已经被朦胧地感知到，然后幼儿开始区别它们，最终，由自然给予的原初之物（quae prima data）被寻求而相反的东西被拒斥。[34] 自然的原初之物中是否有快乐，这是个困难的问题。但是〈一个人〉要是认为除了快乐之外，连四肢或感官，心智活动（ingeni motum），身体的完整（integritatem）或健康（valitudinem）都不在其列，在我看来是愚蠢之极的。"

"这一点悄然成为所有善恶理论的源流（capite fluere）。珀勒蒙以及先于他的亚里士多德称原初之物就是我刚才提到的那些。① 因此产生了老学园派和漫步派的观点，主张至善是为了依循（secundum）自然而生活，也即在践行德性的过程中享受源于自然的原初之物（primis a natura datis）。卡利丰只在德性之上增加了快乐，狄奥多罗只增加了免于痛苦。[……]② 我所提到的所有这些至善会推导出以下内

---

① 珀勒蒙（生于公元前 350 年，公元前 315/314—前 266/265 年柏拉图学园的领袖）曾是学园派的领袖，当时学园的旨趣从形而上学转移到伦理学；珀勒蒙似乎使得自然本性成为伦理学的基础，之后被视为斯多亚派芝诺的老师。这里我们能看到安提奥库观点的痕迹，他认为老学园派在伦理学上是赞成亚里士多德主义者的。

② 这里的文本显然有空白，根据下文，此处西塞罗至少会提及阿里斯底波和斯多亚派。

容：对阿里斯底波来说，至善就是单纯的（simplex）快乐；对于斯多亚派来说，至善就是与自然本性和谐相处（consentire naturae），他们通过基于德性的生活，也就是一种高尚的生活来阐述这一点：'带着对自然事物生成方式的理解生活，并且选择那些依循自然本性的事物，拒斥那些与此相反的事物。'"

[35]"因此，有三种不涉及高尚的至善①：首先是阿里斯底波或者伊壁鸠鲁，其次是希罗尼穆斯，而最后是卡尔涅亚德。② 另外还有三种至善是带着附加物的高尚：分别属于珀勒蒙、卡利丰，还有狄奥多罗。然后还有一种至善是纯粹的，其创始人为芝诺，它完全被置于光鲜的位置，也就是说它完全由高尚构成。至于皮浪（Pyrrho）、阿里斯同（Aristo），还有埃里鲁斯（Erillus），他们的理论这么久以来一直被忽视。③ 除了伊壁鸠鲁其余的这些思想家都自圆其说，他们的结论与其出发点一致。如此一来，对阿里斯底波来说快乐是至善，对希罗尼穆斯来说，免于痛苦是至善，而对卡尔

① 也就是不涉及德性的至善，从此段到 *Fin.* 2. 44，西塞罗考察不涉及德性的诸善。

② 卡尔涅亚德作为一位怀疑论者坚称他没有自己的理论；这是他为了证明自己分类的完整性而提出的一个理论（参见下文，*Fin.* 2. 42）。

③ 按照卡尔涅亚德的分类，因为这些理论没有对生活提供指导，所以总是被排除在外。他们基于这个理由总是被安排在一起，如 *Fin.* 2. 43；4. 43，49，60；5. 23。伊利斯（Elis）的皮浪（公元前 365—前 275 年）是皮浪主义怀疑论的创始人。他坚称当追问者明白争论双方的主张是等效时，此时这种状态即是后来被称为"存疑"的状态。一种批评意见是这会让人在行动时失去指导。西塞罗将皮浪的观点与早期斯多亚派的阿里斯同和埃里鲁斯放在一起，后面两位是公元前 3 世纪中叶芝诺的学生，他们也都否认系统的学说能够为道德行为和道德进步制定规则。埃里鲁斯或许强调斯多亚派的德性学说中的智识部分，而不是独立地将知识当作我们的最终目的。他们的理论在克律西波建立斯多亚的正统学说之后式微。

涅亚德来说，享有自然的原初之物（principills naturalibus）才是至善。[XII]但现在伊壁鸠鲁说自然最初为我们推荐了快乐。如果他的'快乐'意思与阿里斯底波相同，那么他也必须坚持阿里斯底波的至善。但是若是他的'快乐'与希罗尼穆斯相同，那么他应该将同样的快乐视为自然最初为我们推荐的事物。"①

[36]"另一方面，他声称各个感官自身总是判定快乐是善而痛苦是恶，这形同于我们在一场私人诉讼中担任法官时，给予了诸感官高于我们法律所赋予的权力。事实上，〈一件事〉若不在我们的权限之内，那么我们便不能做出判决。比如，法官们在宣布判决时常常毫无意义地加上这么一句：'如果这在我权限内'——废话，如果是不在他们权限的案子，加上这一句也不能让判决更有力。那么，感觉有能力裁定出什么呢？甜与苦，滑与糙，近与远，静与动，方与圆。[37]因此，公平的裁决将由理性宣告，并首先诉诸神圣事物和人类事物的知识，这种知识可以被恰当地称为智慧；然后诉诸德性，理智让德性统摄一切，而你却希望它们成为快乐的侍从和奴仆。在诉诸这些建议者后，理性会宣布第一个关于快乐的判决：快乐不仅没有位置，也没有被置于我们所寻求的至善这个独一无二位置的可能，而且也没有可能与德性有所关联。[38]它对免于痛苦的判决也一样。卡尔涅亚德同样会被拒斥，进一步说，如果任何一种至善理论中有快乐和免于痛苦参与，或者其中未曾赞同德性，那么它也同样会遭到拒斥。"

---

① 简而言之，西塞罗认为，使用了一种快乐的定义，就必须论证与之相应的至善。

"因此，还剩下两种观点，而关于它们理性会再三考虑。要么，唯有德性者才是善的，而除了卑劣（turpe）没有什么是恶的，其他的事物不是无足轻重（nihil habere momenti），就是其重要性不至于让人寻求或者躲避，只要选择或者拒绝就行；要么，理性会更偏爱这样的理论：它不仅带着德性的盛装（ornatissimam）、充溢着原初自然物，还包括一种完满的人生。如果理性首先能确认这两种理论的不同是实质性的（rerum）还是单纯的措辞不同，那么判决显然就会更清楚。"

[XIII][39]"现在，追随理性的力量我将做同样的事：事实上，我会尽我所能减少争议，而对于所有并未结合德性助力的各种简单型理论，我会认为它们应该彻底地从哲学中清除出去。先来看阿里斯底波和昔兰尼学派的所有观点，他们将至善建立在快乐之上且毫不退缩——我指的是那种感官刺激带来的强烈舒适感，也完全没有考虑过免于痛苦。[40]这些思想家没有明白，就像马儿要奔跑，牛儿要犁地，猎犬要追猎一样，人类也要做两件事，正如亚里士多德所说：生而便求知（intellegendum）和行动（agendum），像一位有死的神。① 相反，他们的观点则是这种带有神性的生物天生为了成为缓慢而懒惰的绵羊，适于放牧和享受繁殖之乐，我没有见过比这更荒谬的观点了。"

[41]"说这么多都是对阿里斯底波的回应，他认为快乐不仅是至善而且是唯一的善，所有人都会称这独一份的（unam）事物为

---

① 参见 *Eth. Nic.* 1177b27—1178a2，这里的引文与亚氏的说法似有出入。

快乐。你们学派持不同的观点。但是像我说的那样，阿里斯底波大错特错（vitiose）！无论是人类身体的形貌，还是人类天生独一无二的理性思维都未表明人类生来只是为了享乐。"

"我们也一定不能听希罗尼穆斯。他的至善是免于痛苦，实际上你们有时候（准确地说是更频繁地）说着相同的东西。即便痛苦是一种邪恶，没有痛苦对善的生活来说也是不够的。恩尼乌斯反而有可能说：

> 一个人没有恶的人，有过多的善。①

让我们仍然用获取了多少善来评判一段生活是否幸福，而不用避免了多少恶来做判断；让我们在寻求这种幸福的时候既不要向阿里斯底波那样向快乐投降，也不要像希罗尼穆斯那样向免于痛苦投降。让我们在行动或者沉思中寻找它。"

[42]"同样的观点也足以反驳卡尔涅亚德的至善，尽管这种至善理论与其说是要赞同什么，还不如说是一种对抗斯多亚派时携带的武器。虽然如此，但它是这样的，当我们把它附加到德性上，或许还会被认为有某种重要性（auetoritatem）并使幸福生活足够完满（也就是我们在研究的整个主题）。相反，那些人将德性与快乐结合——也就是德性唯一蔑视（minimi facit）的东西；或者将德性与免于痛苦相结合——就算不是邪恶但也仍算不上是至善的东西，他们在提出一种如此不可能的组合（accessione），我也不能理解为

---

① 来自恩尼乌斯的 *Hecuba*。

什么他们会使用这么吝啬且小气的方式，就像给德性附加的东西必须一起买下（emendum）一样，他们首先选择了最廉价的附加品，然后每个分配一次①，而不是将所有自然本会认可的最初之物与高尚结合起来。"

[43]"阿里斯同和皮浪认为所有这类东西都没有价值，他们说即便极佳的健康状况和病情垂危（gravissime aegrotare）之间也完全没有区别。对此，人们早就已经不再提出反对意见〈与之〉争论了，这是对的。事实上，他们的理论想要以这种方式让德性成为所有事物中唯一要紧的事：他们要剥夺（expoliarent）我们对事物的选择，也没有给予德性赖以生长的起点（unde oriretur）或者说立足点（ubi niteretur）。结果就是，他们所坚守（amplexabantur）的德性本身被摧毁（sustulerunt）了。② 埃里鲁斯，让一切都以知识为依归，并将某个事物视为善，但是它既不是最好的事物，生活也不能靠它引导（gubernari）。③ 所以，在很长一段时间里埃里鲁斯也被人所拒斥，事实上自克律西波以来就没有被讨论过。"

[XIV]"那么，只剩下你们了。去和学园派争论是毫无结果的，毕竟他们从不断言什么而且他们好像对确定的知识感到绝望，只想

————————

① 西塞罗的意思是，上述分别将快乐和免于痛苦与德性相结合的做法，就像分别将两个廉价的附加品与货物逐一分在一起。

② 西塞罗的意思是，如果除了德性之外再无任何有价值的事，或者说如果取消了事物之间的这种差异，我们也就无须在事物之间做出选择，因此德性也就无法彰显。比如，在战场上，如果生存和死亡没有差别，那么勇气就无法彰显。

③ 埃里鲁斯并不认为存在一个绝对不变的目的，相反，他认为目的本身会随着环境的改变而改变，参见 DL 7.165。

遵循任何看起来为真的事物。① ［44］然而，伊壁鸠鲁是个更麻烦的对手。他将两种类型的快乐混合了起来，而他本人和他的朋友们以及许多之后为他观点辩护的人，却不知以何种方式赢得了最不权威但是影响力最强的普罗大众。除非我们成功地反驳这些观点，否则所有的德性，所有真正有价值的事物必将被抛弃。既然我们已经排除了所有其他的观点，剩下的就不是我与托尔夸图斯之间的竞争，而是快乐和德性之间的竞争。一个像克律西波这样敏锐（acutus）而又勤勉的（diligens）哲学家不会小看这争论，而他认为，至善问题的全部分歧都取决于如何安排两者的较量。但在我看来，如果我能证明有某种高尚的事物因其自身的力量及其自身而被追求，那么你们整套学说就倒塌了。所以我将首先（根据条件的需要）简单地确立这种高尚的事物。那么，托尔夸图斯，除非我的记忆碰巧失灵，不然我将着手处理你的所有论点。"

［45］"因此，对于'高尚的'（honestum）一词，我的理解是那种仅因其自身而正当地受人称赞的事物，它摒弃效用（utilitate），并与报酬（praemiis）或利益（fructibusve）的获得无关。② 但对于它的实质是什么这个问题却不能诉诸这个定义来较好地理解（虽然它在一定程度上也提供了帮助），而是要诉诸大众通常

---

① 这里所说的"看起来为真的东西"可能是指学园派的"有说服力的表象"，参见 Acad 2.32。西塞在这里强调，作为一名学园成员他对伊壁鸠鲁的批判并不是基于他自己的立场，而是基于任何合理的伦理探讨都会承认的前提。

② Fin. 45-77，西塞罗批评了托尔夸图斯在 Fin. 1.42-54 当中对德性的阐释；Fin. 2.78-84 批评了 Fin. 1.65-70 中对友谊的阐释；Fin. 2.84 结束对伊壁鸠鲁幸福理论的批判，该理论在 Fin. 1.55-65，71-72 中受到批评。

的判断还有杰出〈人物〉的奉献和行动，这么多事例的原因只有一个，就是这些事是恰当的（decet）、正确的（rectum）以及高尚的（honestum），而非看到了这么做有利益随之而来。人类与动物尽管有许多的不同，但是唯一的、最大的不同在于：自然让他们拥有理性和敏锐而充满活力的（acrem et vigentern）灵魂（mentem），它能够同时快速地（celerrime）处理许多事。可以说，人类有敏锐的嗅觉发现事物的原因和效果，转移（transferat）相同者，结合（coniungat）不同者，将当下和未来联系起来，把握余生的全部处境。同样的力量会使得人对人产生欲求，并使语言和习惯自然而然变得一致（congruentem）。从他与家庭成员、与其朋友们的感情（caritate）开始，我们逐渐走到更外面的圈子，首先影响公民同胞们，继而是整个人类群体。就像柏拉图在给阿基塔斯（Archytas）的信中所写的那样，我们要牢记，一个人不仅为自己而生，更多的是为他的祖国和人民而生，只有一小部分为他自己。"①

[46]"同样的本性也根植（ingenuit）于我们求真的欲望之中，它容易在我们闲暇时体现出来。即便事情发生在天体上（in caelo），我们也想要去了解。一开始，我们被这种欲望引导着去爱所有的真，也就是所有值得信赖的（fidelia）、简洁（simplicia）和融贯的（constantia）东西；同时，去厌恶空洞的（vana）、错误的（falsa）和欺诈的（fallentia）东西，诸如欺骗（fraudem）、背信（periuri-

---

① 参见 Pseudo‐Platonic letter 9，358a。

um）、怨恨（malitiam）和不公（iniuriam）。我们的理性自身有一种高贵（amplum）而杰出的（magnificum）成分，它更适合下命令而非接受命令。它认为所有人类的不幸不仅可以忍受而且很轻微。同时，它具有某种卓越的（excelsum）品质，无所畏惧（nihil timens），从不退缩，永不被征服。"

［47］"评判了这三种高尚的事物之后，从其中随之而来的便是第四种，它具有同样的美且在其中包含着秩序和节制。当我们了解到它与前三者相似的外观形态及价值后，就会将它转化在高尚的言行中。并且，从我适才提出的三种高尚中产生了作用：既使得第四种高尚害怕鲁莽（temeritatem），又使得它不敢说粗鲁的（protervo）话或者做粗鲁的事来伤害别人，还让它担忧说出或做出看起来不够男子气概（parum virile）的事。"

［XV］［48］"这就有了对高尚从所有方面看都丰富而全面的刻画，托尔夸图斯，其整体由你刚才所提及的四种德性组成，然而你的伊壁鸠鲁说，他完全不明白这种刻画，也不明白想要凭德性来估量的至善的本质是什么。在他看来，如果要让德性成为所有事物唯一的依归并将快乐排除在外，那么他们就只是在制造空洞的噪音（这是他的原话）①，他无法理解也无法看出来，到底能赋予这些关于高尚的噪音什么样的意义：在日常习惯中，说'高尚的'不过就是意指某种在大众看法中赢得了尊重的东西。'而这种东西，'他说，'虽然经常比快乐更让人舒适（iucundius），但仍然是为了快乐

----

① 伊壁鸠鲁经常声称，对德性讨论若是脱离了快乐就是"空洞的"或者说毫无意义的，因为快乐是我们的最终目的，就是为了它，其他事物才会被寻求。参见 *Fin.* 1. 61。

才被追寻的。'"

[49] "你见过这么大的分歧吗？除非伊壁鸠鲁只是在哗众取宠，否则，这么一个著名的，影响力不仅限于希腊和意大利，更大大影响所有蛮族（omnis barbaria）的哲学家，居然宣称除非快乐赢得大众的赞誉，否则便不懂除了快乐高尚还能由什么组成。依我看，赢得这种赞誉的事物实际上经常是卑劣的，若它不是卑劣的，那么只有这样一种状况下才会如此：人群的赞誉是针对某种因其自身而正确并值得赞扬的事物。但是，这里将其称为'高尚的'的，其理由不是因为它被人群所赞誉，而是因为它是这样的：不论是否有人知道它或者谈论它，它仍然因其自身的美和光彩而值得称赞。这就是为什么伊壁鸠鲁被自然本性不可抗拒的力量所征服，在别的地方说了你刚才所说的话①，也就是'除非高尚地生活，否则就不可能快乐地（iucunde）生活'。"②

[50] "那么，他现在用'高尚地'表达什么呢？同样，他用'快乐地'表达什么呢？所以他的意思是'一个人不能高尚地生活除非他高尚地生活'吗？③ 还是说他的意思是'一个人不能高尚地生活除非广受赞誉地（populari fama）生活'吗？所以他认为没有这种赞誉他就不能快乐地活着是吗？智者的生活应该取决于愚人的说法，还有比这更可耻的事情吗？那么，他这里所理解的'高尚的'又是什么意思呢？毫无疑问，他除了那些因其自身而有价值的

---

① 参见 *Fin.* 1.57，另可参见下一条注释。

② 这里以及下文对伊壁鸠鲁的引述可以参见 DL 10.132 的类似文本。

③ 此处是西塞罗的嘲讽，他认为伊壁鸠鲁的快乐定义引发了同源反复。

东西外没有别的意思。此外，如果要把它解释成一种获得快乐的手段，那么这种能从市场中乞得的东西又有什么值得赞美的呢？不，当这人主张高尚是如此这般的事物，以至于没有它人们不能快乐生活时，那个'高尚的'并不是'大众的'（populare）的同义词，他也不会认为一个人若是离了大众的赞誉便不能快乐生活，而他理解的'高尚的'，也无非就是'依据自身的力量和本性，因其自身而正确和值得称赞的东西'。"

［ⅩⅥ］［51］"因此，托尔夸图斯，你说伊壁鸠鲁大声地宣称'一个人不可能快乐地活着，除非他高尚地、智慧地且正直地活着'，在我看来这是在自我吹嘘：这几个恰到好处的词汇从它们所表示的卓越之事那里获得的力量让你变得高大，并让你不时停顿并盯着我们，那眼神仿佛你见证过伊壁鸠鲁偶尔赞扬高尚与正直（iustitiam）的时刻。这样的词汇很适合你来用，倘若哲学家未曾使用过这些字眼儿，那么我们就完全用不着哲学了！正是凭着对这些词汇的爱，像智慧、勇气、正义和节制这些伊壁鸠鲁甚少使用的词汇，这些天赋出众的人才会自发投身于哲学研究。［52］就像柏拉图所说：'视觉是我们最敏锐的感觉，但我们却不能用它辨识智慧。如果能，它会唤醒我们多么炽热的激情啊！'① 为什么会这样？当然不是因为智慧有获得最大快乐的计划（architectari）吧？为什么正义被赞美？它是那句被遗忘的古谚（vetustate proverbium）——'某位你在黑暗中也会信赖的人'——的起源吗？这句独一无二的格言充分地表明，旁人的目击与否不该影响我们如何行动。"

---

① 参见 *Phaedrus* 250d。

[53]"你刚才提到的对邪恶的威慑其实软弱无力（levia et perinfirma）：对〈自身〉邪恶心怀愧疚受到折磨，甚至是对惩罚的恐惧〈皆是如此〉。无论是害怕实行中的惩罚，还是恐惧某个时刻会降临的惩罚。用胆小而灵魂脆弱的那些无德之人作为典型是不合适的，因为无论他们做了什么都会自我折磨并且感到恐惧。相反，我们应该刻画一个以效用为依归，敏锐的（acutum）、诡计多端的（versutum）、经验丰富的（veteratorem）、善于设计欺瞒之法（quo modo occulte）行骗的人——不会有目击者，也不会有任何同谋（conscio）。[54]因此，你不会觉得我说的是卢西乌斯·图布鲁斯（Lucius Tubulus）吧？当他作为裁判官主持一场谋杀案的判决时，他公开接受了要影响他判决的贿赂——如此明目张胆以至于次年的保民官（tribunus plebis）帕布利乌斯·斯凯沃拉将此案提交公民大会，请求对其展开调查。依据大会要求，元老院指派执政官格涅乌斯·凯比奥（Gnaeus Caepio）主持这项调查。然而，图布鲁斯立刻逃离了国家，没有胆子为自己辩护：事实很明显。"①

[XVII]"因此，要研究的不是邪恶，而是一种狡猾的邪恶，就像昆图斯·庞培（Quintus Pompeius）撕毁自己早前与努曼提亚签订的条约（Numantinumfoedus）那样。② 我们也不研究所有胆小的

---

① 这项调查在公元前141年由帕布利乌斯·斯凯沃拉发起，图布鲁斯选择了逃亡而非面对调查。

② 昆图斯·庞培，公元前141年的执政官（据说是通过肮脏的交易得到的）。公元前140年，在进攻努曼提亚失败时他不得不签订一项条约，但在另一位将军到任接替前，他撕毁条约，并设法让元老院通过了他这一做法。

邪恶，而优先要关注的是那些完全不顾良心的人，那些昧着良心做事肯定也没有什么困难的人。我们会说这种人鬼祟（occultus）隐秘（tectus），他也从不表达自己，看起来也不会为自己所为之恶痛苦：还能有更诡计多端的人吗？"

[55]"我想起自己曾参与帕布利乌斯·塞克斯提利乌斯·鲁弗斯（Publius Sextilius Rufus）与朋友们关于下面这个问题的讨论。① 他是昆图斯·法迪乌斯·加鲁斯（Quintus Fadius Gallus）的继承人。法迪乌斯的遗嘱中包含有这样一段陈述，大意是法迪乌斯让塞克斯提利乌斯把全部的遗产传给法迪乌斯的女儿。塞克斯提利乌斯不承认这种安排，他逍遥法外，因为没有人可以质疑他。但我们都不相信他。更有可能是他撒了谎而不是法迪乌斯撒了谎。塞克斯提利乌斯坚持从一个谎言中获益，相反，法迪乌斯只是被证实在写下遗嘱时要求他一定要执行。"

"塞克斯提利乌斯还说实际上他早已宣誓要维护弗科尼安法，不敢做违反它的事，除非他的朋友们不这么认为。我是那场讨论中

---

① 这个例子还有 *Fin.* 2.58 的例子依据弗科尼安法（Voconian Law，公元前 169 年），一部规范继承的法律，它最臭名昭著的内容是这样一个条款，它禁止妇女继承最高等级财产中的房产。这明显对独生女不公平的条款被西塞罗在别的地方所批评（*Against Verres* 2，1，107–114、*On the State* 3，17）。法迪乌斯早前将房产留给塞克斯提利乌斯以逃避法律；这份遗嘱包含塞克斯提利乌斯的誓言（*fideicommissum*），誓言承诺将把房产交给法迪娅（Fadia），但是在那个时代一份誓言是没有法律效力的。塞克斯提利乌斯厚颜无耻地否认曾有过这种承诺，并拒绝将房产移交，还说作为一名地方法官他已经发誓要维护法律，其中包括弗科尼安法。法律（在那时）站在塞克斯提利乌斯一边，他甚至还得到了他（谨慎挑选的）朋友们的支持。参见 Suzanne Dixon, "Breaking the Law to Do the Right Thing: The Gradual Erosion of the Voconian Law in Ancient Rome", *Adelaide Law Review* 9 (1985)，519–534。

唯一的年轻人，而许多在场的人都声名显赫，他们中没有一个人认为在弗科尼安法之下法迪娅更有权利得到更多。所以塞克斯提利乌斯占有了一大笔遗产，若是他之前听从了那些将正直和诚实置于所有利益算计之上的人，那他就得不到一分钱。"

"你能想象塞克斯提利乌斯后来被愧疚和懊悔折磨吗？完全没有。相反，这份遗产让他变得富有并且使他开心个没完。他认为自己撞大运并不是因为触犯法律，而是因为按法律行事。实际上，如果某个人是伊壁鸠鲁学派的一员，即使有风险他也应该去找找赚钱的方法，因为许多快乐随钱而来。"

[56]"既然那些认为正直和高尚是因其自身而被寻求的人经常为正直与高尚而涉险。同样地，你们这些用快乐来衡量（metiuntur）一切的人，或许也会为了获得极大的快乐而涉险。如果将获得一大笔钱或者一份丰厚的遗产，而金钱又能带来最多的快乐，那么，如果你们的伊壁鸠鲁想要获得他自己的至善，他应该做和西庇阿完全一样的事——只要西庇阿把汉尼拔（Hannibal）骗回非洲，就有无上的荣耀在等着他。想想他担了多大的风险！① 毕竟他整个事业的目标是荣耀而不是快乐。所以，当受到任何巨额利益触动时，如果有需要的话，你们的智者就会去战斗。[57]如果能掩盖行迹，那很好；而如果它被发现了，任何惩罚都将被蔑视。也就是说，他准备藐视死亡、放逐甚至是痛苦本身。然而，在给恶者安排

①　帕布利乌斯·科尔内利乌斯·西庇阿·阿非利加努斯（Publius Cornelius Scipio Africanus，公元前236—前184年），公元前205年的执政官，在对抗汉尼拔的战争中闻名遐迩的将军。他成功地抵抗了侵略，将战场转移到非洲行省；公元前204年，他登陆并赢得了与迦太基人的战争，并最终在公元前202年在北非的扎马（Zama）战胜了汉尼拔。

惩罚时，你们总是将痛苦当作不可忍受的；而当你们希望智者拥有更多的善时，它又总是可以容忍的了。"

[XVIII]"你要构想的作恶者不仅狡猾，还拥有像马库斯·克拉苏（Marcus Crassus）那样巨大的力量，然而，他总是只遵循他自己的善①，就像我们的朋友庞培现如今做的那样。② 我们都应该对庞培的正直之行心怀感激，因为事实上他若想不义便可以不受惩罚地做到。然而，实际上有那么多的事能不正当地去干却无人能谴责！[58]如果一位垂死的朋友请你将他的房产传给他的女儿，但他没能将这一点写下来或者告诉任何其他人：你会怎么做？我肯定你会把房产传给她。或许伊壁鸠鲁也会做同样的事情，塞克斯都·佩多凯乌斯（Peducaeus）也会这么做，从他儿子身上我们看到他遗留下来的教养（humanitatis）与正直（probitatis），他是个学者，是最卓越也最正义的人。著名的罗马骑士，努尔西亚（Nursia）的盖乌斯·普罗提乌斯（Gaius Plotius）之前曾对塞克斯都留下一个

---

① 这里提到的或许是马库斯·利齐尼乌斯·克拉苏（Marcus Licinius Crassus），公元前70年的执政官，前三头同盟中的一员，死于公元前55年的战争中，其余两位分别是庞培和恺撒，他们控制了晚期罗马共和国。然而，考虑到克拉苏在 Fin. 3.75 中被刻画成极其负面的形象，找到这样一句称赞他的话确实有些奇怪。尤其是，在 Fin. 3.75 中描绘了他两个臭名昭著的缺点：巨额的财富（在内乱期间）以及导致他在不可能获胜的战争中身死的野心。一个更好的解释是这里所提的是这位三头同盟成员的父亲，但是他的名字是"帕布利乌斯"。在 Fin. 5.92 中提到了另一位马库斯·克拉苏，它一直被认定为三头同盟成员的祖父，但是，著名的利齐尼乌斯·克拉苏家族这一时期一般被称为"帕布利乌斯"而不是"马库斯"（同盟成员的父亲还有他的兄长都叫帕布利乌斯，他的长子也叫帕布利乌斯），这里与第五卷的提法非常矛盾。

② 在那个戏剧性的时代，盖乌斯·庞培·马格努斯（公元前106—前84年）被西塞罗描述成一位有实力但谨奉宪法的罗马共和国领导者；而他的读者们知道庞培在内战中败给恺撒及其独裁权利。

相同的遗嘱，但没有任何其他人知道。塞克斯都自己主动地找到普罗提乌斯的遗孀并向她解释了一切，令她无法想象的是丈夫给他这种遗嘱，然后他将房产转给了她。"

"但我要问你的问题是：既然你肯定也会这么做，莫非还不能认识到自然本性的力量格外强大？即便你们自己将所有对自身有利的事物（如你们所说的那样）归于快乐，然而你们的行动却显然不是追求快乐而是义务（officium），这难道不是因为正直的自然本性比扭曲的（pravam）理性更强大吗？［59］如果你知道卡尔涅亚德所说，那么，想象一下，你知道有一条毒蛇潜伏在某个地方，而某个轻率的人将要坐在上面，而他的死将使你获益。如果你没提醒这个人不要坐，那就是在为恶，然而，你却不会受到惩罚。谁能证明你知道？阐明如下这一点将花费许多篇幅：很明显，如果公平、诚实、正义非起源于自然本性，并且都以效用为依归，那么就找不到一个好人了。而这一点在拙作《国家篇》（De re publica）中已经被雷利亚乌斯探讨得够充分了。"

［XIX］［60］"同样的道理迁移到克制或节制上，它意味着使欲望遵从于理性。如果某人在没有目击者的情况下就会屈从于欲望，难道他还会考虑要不要节制吗？如果不会有任何名誉损失随之而来，那么有什么事情是因其自身而可耻的？

然后呢？难道勇敢的士兵冲入战斗，为了国家抛洒热血只是在快乐地算计结果表明它对祖国有利时吗？还是说是一种强烈的精神动力刺激他们这样去做？好吧，托尔夸图斯，想想你那位强大的先祖如果听了我们的话会更喜欢何者?① 是喜欢我的说法,也即他这么做完全是因为共和国而绝非他自己;还是相反,更偏爱你的说法,也就是他这么做是为了自己的利益? 假如你能把事情弄得更清楚一点也把话说得更坦白一点,说他只为快乐行动,你觉得他会做何反应?”

[61] “但是如果你愿意,我姑且承认你的观点,并认为托尔夸图斯行动是为了自己的利益(utilitates)。(我更喜欢说'利益'而非快乐,尤其是对这样一位伟人。)那么,他家族中第一位当上执政官的同僚帕布利乌斯·德西乌斯(Publius Decius)怎么样呢?② 当他将自己托付给死神并策马疾驰冲向集结的拉丁人军阵,难道他想的是自己的快乐吗? 他会在哪里在什么时候获得这种快乐呢? 他知道随时会死,然而他以更强烈的热情(studio)寻求死亡,这激情更甚于伊壁鸠鲁让我们寻求快乐的热情。如果他的行为不值得这些获得的赞扬,他的儿子在第四次担任执政官期间也不会效法他,而他的孙子也不会在担任执政官期间发起对皮拉斯的战争。他也在战斗中倒下了,这连续的第三代德西乌斯为共和国而牺牲。”

[62] “例子举得足够多了。希腊人几乎没有什么例子——列奥

---

① 参见 *Fin.* 1. 23。

② 帕布利乌斯·德西乌斯·穆斯(Publius Decius Mus),公元前 340 年的执政官,就在这年,在维赛里斯(Veseris)他照常舍生忘死地与敌人拼命,以必死之态向敌人冲锋的他为罗马带来了胜利。他的儿子与其同名,多次担任执政官,公元前 295 年在森提奴姆(Sentinum)延续了这一“惯例”,再次为罗马带来了胜利。他的儿子,也与他同名,也是执政官,公元前 279 年在乌斯卡勒姆·萨特里南(Ausculum Satrianum)与希腊之王皮拉斯(Pyrrhus)的战斗中战死。此次他是否真的献身至死不是那么确定,但这次罗马失败了。

尼达（Leonidas）、埃帕米农达（Epaminondas），大概三四个。①
但是我如果开始列数我们自己的英雄，我能让快乐成为德性的囚
徒，只可惜时间不够我这样做了。奥鲁斯·瓦里乌斯（Aulus Vari-
us），据说是一个相当严厉的法官，当还有更多的证人正被传唤
（citarentur），以补充那些早就已经很明显的事，他常常对他的同事
说：'如果我们还没有充分的证据，那我真不知道充分是什么了。'
因此，我已经给了足够多的证据。然后呢？就以你为例吧——你比
你的先祖更有举例的价值。你还只是个年轻人的时候，是快乐引导
你去扳倒身为执政官的苏拉吗？② 这个职务你交还你的父亲，一个
最有勇气的人，一位伟大的执政官，但在其任执政官时总是如此，
在其卸任时也是如此。正是他的垂范才能让我们恪守公众的利益而
非自己的利益。"

[63]"你自认为说得漂亮，在一边放置了有着多种快乐同时又
极其快乐的、现在和未来都没有痛苦的某个人；而在另一边是整个
身体处在极度痛苦的折磨中，没有任何快乐或快乐希望的某个人。
你问，谁能比后者更悲惨而比前者更幸福？然后你得出结论痛苦是

---

① 列奥尼达，斯巴达之王，斯巴达三百勇士之一，在公元前480年对抗波斯人入
侵时在塞莫皮莱平原（Thermopylae）的温泉关战死。埃帕米农达，底比斯将军，在粉
碎斯巴达在希腊的强权过程中担任领导者；公元前362年，在胜利的时刻战死在曼提尼
亚（Mantinea）的战斗中。这两个人在下文的 *Fin.* 2. 97 会有进一步描述。西塞罗明显在
表达希腊人普遍没有罗马人爱国，也没有罗马人急公好义。参见 *Fin.* 2. 67 - 68，那里提
到了更爱国的希腊英雄。

② 此事发生在公元前63年西塞罗担任执政官期间。公元前65年，托尔夸图斯当选
执政官后，成功地以选举舞弊起诉了帕布利乌斯·科尔内利乌斯·苏拉（Publius Cornelius
Sulla），他是独裁者苏拉的亲戚。托尔夸图斯的父亲因此最终当选。亦见于下文 *Fin.* 2. 72。

极恶而快乐是至善。"

[XX] "好吧,你不记得了,在拉努维乌姆(Lanuvium)曾经有一个叫卢西乌斯·托里乌斯·鲍布斯(Lucius Thorius Balbus)的人。他的生活就是为了享尽所有能找到的快乐。他对快乐有极强的欲望,而又天生聪慧富有,而且他完全不迷信,到了蔑视献祭(sacrificia)和神殿(fana)的程度。他无惧死亡,毕竟他就是在战阵中为自己的国家而死。[64] 他没有用伊壁鸠鲁的分类来定义欲望,而是用充不充实来界定它。此外他关心自己的健康:他充分地接受锻炼(exercitationibus),以确保到餐前是又渴又饿的。他吃的食物美味而容易消化(facillimus ad concoquendum)。他喝酒喝到兴起(voluptatem)但又不造成伤害。他采纳伊壁鸠鲁声称'没有就无法理解善是什么'的其他快乐。他的生活中没有痛苦,即便偶然碰到他也会凭坚强的意志忍受它,虽然这是在医生而非哲学家的帮助下做到的。他面色很好而身体健壮,极受欢迎,其一生中充满了各种各样的快乐。"

[65] "你们会说这是幸福的:你们的理论必将得出这一点。然而我会把某人排在他之前——我不敢说是谁。德性本身会替我说〈是谁〉,并且它会毫不犹豫地将马库斯·雷古鲁斯(Marcus Regulus)排在鲍布斯之前。① 雷古鲁斯离开他的祖国自愿回到迦太基,而且,除了一句对敌人的承诺之外,再无别的力量强迫他这

① 马库斯·阿提利乌斯·雷古鲁斯(Marcus Atilius Regulus),公元前 267 年以及公元前 256 年的执政官,公元前 255 年,在与迦太基人的战斗中被俘。雷古鲁斯被送到罗马进行俘虏交换的谈判,但是因为不符合罗马的利益而遭到反对,虽然他知道一回到迦太基自己就会被折磨致死,但还是选择了返回。作为一个遭受了不公的善良人的案例,在 *Fin.* 5.82,88 他会被重新提起。

么做。德性会大声宣告他比托里乌斯更幸福，即便他遭受睡眠不足（vigiliis）和饥饿的折磨，而托里乌斯在自己的玫瑰中啜饮着美酒。雷古鲁斯曾参与过数次大战，两次担任执政官赢得凯旋式。然而他却认为那些伟大成就没有这场最后的惨败高尚，因为他贯彻了诚实（fidem）和坚韧（constantiam）〈的原则〉。对我们来说这似乎是个悲惨的结局，但是对忍受到底的人来说这结局就充满快乐吗？使人们幸福的不是快活（hilaritate）和嬉戏（lascivia），也不是笑声（risu）和玩笑（ioco），更不是轻浮的玩伴（comite levitatis）。只要人们坚定而始终如一，即便在悲伤时常常也是幸福的。[66] 卢克莱提亚（Lucretia）被王子强奸，她就让自己的公民同胞为自己做证然后自杀。她的命运在罗马人民中激起了愤怒，并在布鲁图斯（Brutus）的领导下实现了国家的自由。为了纪念她，她的丈夫和父亲成了共和国的第一任执政官。在我们赢得自由六十年后，平凡的卢西乌斯·维吉尼乌斯（Lucius Verginius），宁愿亲手杀死自己还是处女的女儿，也不愿让她屈从于当时手握国家最高权力的阿比乌斯·克劳迪乌斯（Appius Claudius）的淫欲（libidini）。①"

[XXI]［67］"托尔夸图斯，你要么谴责他们的这些壮举，要么放弃对快乐的辩护。但是，如果在那些知名人士当中都找不到证人和支持者，那你还能为快乐提供什么辩护，又能为之找到什么先例？在我们这边，可以用史卷的记载（annalium monimentis）为那些用一生争取荣耀而对快乐的召唤充耳不闻的人做证。而在你的论

---

① 这是两个半神话性质的故事，来自早期罗马历史，频频被用作罗马拒绝向专制政权屈服的例证。

述中，历史沉默了。我从没听伊壁鸠鲁学派提起过来库古（Lycur-
gus），或者梭伦（Solon）、米太亚德（Miltiades）、特米斯托克利
（Themistocles）或埃帕米农达，这些人在所有其他哲学家那里都有
提及。① 现在，既然我们罗马人也已经开始处理这些问题，那么我
们的朋友阿蒂库斯就能从他的知识宝库里提供无数的英雄。② ［68］
谈论这些人不比写那么多卷的对塞米斯塔（Themista）的悼词更好
吗?③ 那种事还是希腊人去做吧，虽然我们从希腊人那里获得了哲
学和所有高尚的学说，但是有些事我们不该做而他们可以。"

"想想斯多亚派和漫步派之间正在发生的争论。前者主张除了
高尚的事物之外没有什么是善的，而后者尽管也将最有价值的善归
于高尚，但却声称确实存在身体的和外在的善。这是一场值得尊重
的争论，也是一场高尚的较量。整个争论的核心围绕着德性与其价
值。相反，当与你们讨论时，要听到许多关于下流快乐（obscenis
voluptatibus）的内容，而伊壁鸠鲁就常常论及这些。"

［69］"相信我，托尔夸图斯，如果你审视一下你自己，审视一
下你自己的信念（cogitationes）和追求（studia），你就不能再帮那

---

① 来库古是传说中斯巴达独特生活方式的创始人，他体现了公共精神；而梭伦，
公元前 6 世纪的雅典政治家和改革家。米太亚德和特米斯托克利是雅典将军，因公元前
5 世纪早期对抗波斯入侵的战役而闻名。埃帕米农达见 *Fin.* 2.62 注。

② 阿蒂库斯的生平参见 *Fin.* 1.16。此处提到阿蒂库斯是很奇怪的，因为西塞罗的
好友阿蒂库斯既是一个罗马人也热爱雅典，他很重视英雄主义的故事，而他同时是一位
伊壁鸠鲁学派的成员，但是按伊壁鸠鲁派的学说他应该拒斥这些故事。

③ 伊壁鸠鲁为塞米斯塔写了一篇悼词，她是一位早期的伊壁鸠鲁学派成员，而且
是与她的丈夫勒翁特乌斯（Leonteus）一起加入的。西塞罗这里或许是在暗讽伊壁鸠鲁
对公共事务的冷漠，只关心个人的快乐。

种学说辩护了。我告诉你，你会为克莱安塞曾常常在课堂上用恰到好处的（commode）语言明确描绘的东西而羞愧。① 他会让他的听众去想象一幅描绘'快乐'的图画，她穿着华丽而高贵的服装，坐在王座上，而在她旁边的是名为'德性'的侍者，她们别的不做，也不考虑自身义务，只是为快乐服务并努力劝谏快乐（如果这可以用图片来传达的话），警告她小心，不要鲁莽做出犯众怒的事，也不要以任何方式去做带给她痛苦的事。她们说：'我们德性生而为你服务。我们没有别的职责！'"

［XXII］［70］"你会回答说（这也是你们很强的论点），伊壁鸠鲁认为除非高尚地活着否则一个人不可能活得快乐。就好像我关心他断言什么、否认什么一样！我的疑问是这样，那个将至善等同于快乐的人融贯地断言了什么？你能不能解释一下为什么托里乌斯，或者希俄斯岛（Chios）的波斯图姆斯（Postumus），或者他们的王，奥拉塔（Orata）② 并没有过上最快乐的生活？就像我早前曾说的那样，伊壁鸠鲁否认放纵的生活是应该被斥责的，除非它蠢到塞满了欲望和恐惧。而无论如何，既然他两者都提供补救药方③，他也就为放纵欲望的人提供了许可：一旦拿掉欲望和恐惧，他否认还能在放荡的生活中发现什么应该斥责的事。"

［71］"因此，如果一切都是受快乐指导（dirigentes）的，那么

---

① 阿索斯的克莱安塞（公元前 331/330—前 230/229 年）是斯多亚派的第二代领袖（从公元前 262/261 年起）。他不如芝诺的其他学生有创见，因其宗教热情以及充满极强的想象力而闻名，就如这里举到的这个例子一样。

② 当时著名的美食家。

③ 也就是为欲望和恐惧提供药方。

支持或者维系德性都是不可能的。如果一个人只是为了避免伤害才不做错误的事，那么他就不该被视为善的和公正的。我相信你是知道那诗篇的开头的：

> 没有人是正义的，若善良……①

没有比这更真实的了。事实上，只要他还恐惧，那么便不是正义；就算恐惧消失，那么他仍不算正义。因为如果一个人能隐藏犯下的错误，或者有足够的力量强行掩盖它，那么他肯定更喜欢'让自己看起来是善的'而不是'自己真的是善的'。因此，你们学派——这也是其最可耻的地方——传递给我们正义的假象（simulationem）而非真实可靠的正义，还让我们鄙夷我们坚定的良知，并追随别人的错误观点。"

[72]"同样的观点也可以用来说明其他的德性，而这些德性你又将其立足于快乐之上，而这就形同于想奠基于水中。事实上呢？〈德性若是〉立足于这种东西，我们能说你伟大的先祖托尔夸图斯是勇敢的吗？事实上，虽然我没能'收买'（corrumpere）你②，但我真的很高兴提到你的家族与家族之名。赫拉克勒斯啊！我们最优秀、最爱戴的人，奥鲁斯·托尔夸图斯（Aulus Torquatus），在那段岁月里如此忠诚于我并为我提供了明显帮助的人，跃然于我眼前。这些事人尽皆知，你们俩也一定也都熟悉这些。然而，尽管我

---

① 鉴于西塞罗接下来所说的观点，虽然这段引文不知其来源，但大概会接上"基于恐惧就不是善"这类话。

② 这个对托尔夸图斯的先祖大加褒扬的案例类似于某种在辩论中"收买"对方的行为，因为它使对方不便否认这些案例的高尚。——译者注

想要〈对他〉心怀感激，也希望别人这么看我，但除非我看出来他是因为我，因为是我的朋友才这么做，否则我便不会感谢他。当然，你也许会说去做正确的事符合每个人的利益。但若真是你们说的那样，那我就已经赢了：因为我们既赞成这一点也主张这一点，那就是义务因义务自身而获益。"

[73]"然而，你们的伊壁鸠鲁不认可这一点，他从所有事物中榨出快乐来，就像要求报酬一样。但是让我们回到老托尔夸图斯的例子里。他接受高卢战士的挑战，并和他在阿尼奥（Anio）的河岸边殊死战斗是因为快乐吗？难道他除了夺得战利品，戴上那条给带来'托尔夸图斯'这个别名的项链之外，竟然从未想过这是一个英雄该做的事吗？① 如果是这样，那么我不能认为他是勇敢的人。再者，如果谦逊（pudor）、克制（modestia）和羞怯（pudicitia）——一言蔽之，节制（temperantia）——都只是我们害怕惩罚和名誉扫地才恪守的，而不是因其自身的神圣而被维护的，那么通奸（adulterium）、不贞（stuprum）和贪婪（libido）只要能秘而不宣、躲避惩罚或求得宽恕，不就会变得一发而不可收（proripiet）了吗？"

[74]"然后呢？我们应该设想这种情况吗？托尔夸图斯，如果你背负着家族之名，有才能、有名望，却不敢在公民大会上承认你所为、所思、所主张之事依归于什么，不敢承认是什么推动你完成想做的事，也不敢承认生活中的至善是什么。当你已经当上裁判官

---

① 该事迹见 *Fin.* 1.23 注释。

并在公民大会供职时，你想要什么？你会公布自己将在公正的判决中要遵守的原则，如果你想的话，或许还会遵循家族传统并谈谈你和你的祖先们。你想要得到的事物会让你宣布自己在任期内唯一的目标就是快乐吗？会让你宣布除非为了快乐否则不会做任何事吗？你会说：'请别认为我疯狂到了在无知的民众面前用那种方式说话！'好吧，那么请在法庭上说同样的话，要是你怕公众旁听，那么在元老院说这番话吧！你肯定不会这么说。为什么呢？因为这话是可耻的，难道你觉得我和特里阿瑞乌斯是你这么说的合适对象吗？"

[XXIII]〔75〕"其实，'快乐'这个词没有那么尊崇也许是我们并没有把握它的意思：你一再强调我们没能理解你所说的'快乐'是什么意思。多么麻烦而晦涩的（obscuram）概念啊！当你们说'不可再分的实体'（individua）还有'宇宙之间的间隙'（inter-mundia）这些既不存在也不可能的事物时，我们总能理解。但是，'快乐'，就连所有麻雀都知道的东西，我们怎么反倒不能明白呢？如果我迫使你承认我不仅知道什么是快乐——它是一种感官的愉悦活动——也知道你用它表达什么会怎么样呢？有时你的意思刚好符合我刚才所说的定义，你命名为'快乐的动态'，它意味着产生某种改变的快乐。在其他时刻，你说最大的快乐是某种别的东西，某种不能再增加的东西。它只有在痛苦完全消失时方才出现，而你称这种快乐为'静态的'（stabilem）。"

〔76〕"好吧，就算有后面那种快乐吧。那么你能在任何一次公共集会时说你所做的一切都是为了免于痛苦吗？如果你认为这么说

不够伟大也不够光荣，那么你不妨告诉大家，无论是居职抑或是还家，你完全就是因为自己的利益而行动，不做无利可图的事，最终只为你自己做事。想象一下集会时那些喝倒彩（clamorem），想象一下你还有什么希望获得执政官？虽然现在你就要得到这个职位了。那么，你要遵从这样一种只对自己和自己的朋友运用，却不敢在公众中公开宣讲的学说吗？事实上，在元老院（senatu），你常挂在嘴上的不正是漫步派和斯多亚派的说法吗：'义务'，'尊严'（dignitatem），'公平'（aequitatem），'忠诚'（fidem），'正直'，'高尚'，'国家的尊严'（digna imperio），'罗马人民的尊严'，'为共和国赌上一切'，'为祖国而死'。当你说出这些话时，我们像傻瓜一样震撼。而你现在显然是在嘲笑你自己。"〔77〕"快乐与这些辉煌而高贵的字眼无缘，我指的不仅是你所谓快乐的'动态'，而是所有——雅的、俗的、事实上是每一种使用拉丁语的人——所谓的'快乐'。而你所谓的'静态的'快乐同样如此，哪怕除了你们根本没有人会称其为快乐。"

〔XXIV〕"因此请注意，你们不该以你们的方式来使用我们的语词。但如果你要生造一种表达或者方法以使自己看起来伟大，那么你就虚伪了。所以，你们要生造一个语词还说着你们不想表达的内容吗？还是说你们的信念就像衣服——在家里有一套，出去又是另一套？或者，外面的只是为了炫耀，但是真正的藏在里面？求你想想看你们属于以上这两种情况的哪一种。在我看来真正的信念是那些高尚的，值得赞许的，可以在元老院和人群的所有集会中公开表达的。"

〔78〕"你们能置友谊（amicitiae）于何地呢？若是一个人不能

出于爱本身而爱，一个人怎么可能是别人的朋友呢？从拉丁语的
'爱'（amare）这个词中延伸出了'友谊'一词①，而除了这样一
种愿望——无论能不能从另一个人那里获得什么，都希望让他尽可
能地获取好东西——还能是什么呢？'我觉得是利益'，你也许会
说。也许看起来如此，但除非你是真正的朋友，否则你也不可能获
得这种利益。而如果没有感受到真正的爱，你又怎么是一位真正的
朋友呢？相反，爱也不是经由对利益的理性算计而来的，而是自发
地因其自身而被点燃。也许你要说：'但是我追随的是效用啊？'若
是如此，那么你的友谊能够符合你的效用多久，它们就只能存在多
久，而如果效用建立友谊，那么它也会摧毁友谊。"

[79]"如果友谊与利益没有关系——其实总是如此——你到底
会怎么做呢？你会抛弃朋友吗？什么样的友谊会是这样的呢？你会
维护友谊吗？但这融贯？你很明白自己'友谊基于效用追求'的
说法意味着什么。你也许要说'但是如果我不再帮助朋友，那么，
我或许会招来人们的仇视'。但是，什么让这种行为值得仇视？难
道不正因为它是卑劣的吗？而即便维护你的朋友不会让自己受到损
害，你仍然会巴望着他的死能让你从无利可图的困境中解脱出来。
如果友谊不仅没有为你提供什么好处，而且实际上让你牺牲自己的
财产，遭遇各种各样的麻烦，甚至最后面对生命危险，那又会怎样
呢？难道你会不关心自己，也将'人生而就是为了自己和快乐'这
想法置之度外吗？为了朋友，你愿意作为保证人将生死交给僭主以

----

① 西塞罗认为，拉丁语中的"爱"（amare）与"友谊"（amicitiae）同源。——译
者注

做担保吗？就像那位伟大的毕达哥拉斯派（Pythagoreus）在西西里岛的僭主面前的所作所为一般。① 你会成为一位皮拉德斯（Pylades）式的随时准备为朋友而死的人吗？还是说你会成为俄瑞斯忒斯式的人？或者，成为俄瑞斯忒斯那样的人但是却反驳皮拉德斯，宣布你的真实身份？而若是你不能证明自己的真实身份，你能忍住不去求饶（precarere）而两个人同死吗？②"

［XXV］［80］"你其实能做所有这些义举，托尔夸图斯。我相信你不会因为害怕死亡与痛苦而放弃任何值得赞誉的事。然而，问题不在于你的自然本性是否前后一致，而在于你的学说是否融贯如一：你为之辩护的观点，你信奉并传授的信条完全抛弃友谊，不论伊壁鸠鲁如何通过赞美将友谊抬举到天上（in caelum efferat laudibus）。

你也许还会辩护说：'但是伊壁鸠鲁珍视自己的友谊。'那么，请问，有人否认伊壁鸠鲁是个好人，热心（comem）而仁慈（humanum）吗？这里争论的是其才智，而不是要探讨其性格。让我们别像轻浮的希腊人那样荒谬（perversitas），对那些在真理问题上与自己意见相左的人放肆地采取人身攻击。但无论伊壁鸠鲁如何热心地帮助朋友，若我这些看法是对的（其实我并不确定这一点），那么他的头脑就不够敏锐。［81］'但是许多人已经接受他的理论。'

---

　　① 一个关于友谊的名典。叙拉古（Syracuse）的达蒙（Damon）为他的死刑犯同伴做担保以便他能去旅行，这位同伴是毕达哥拉斯学派的菲恩蒂亚（Phintias）。他准备好了被僭主狄奥尼修斯一世（或者二世，这故事流传着两个版本）处刑，而在行刑前最后一刻，菲恩蒂亚及时赶回；这位僭主深受打动，于是原谅了他们俩。

　　② 俄瑞斯忒斯和皮拉德斯之间传奇的友谊，*Fin.* 1.65 有所提及。这里西塞罗似乎想起帕库维乌斯戏剧中的一个场景（参见 *Fin.* 1.6 注释），这个故事在 *Fin.* 5.63 更详细。

你可能会这么辩护。是的，而且这或许是理所应当的。但是大量的追随者并不算什么：在学问的每一个分支，每一种研究领域以及每一种知识，甚至对德性自身而言，最好的往往是〈追随者〉最少的。对我而言，伊壁鸠鲁本人是个好人，而许多伊壁鸠鲁学派的成员过去与现在都忠于友谊且终其一生都坚定而庄重，他们一直让义务而非快乐指引其决定。在我看来，所有这些都表明，德性的力量更强大而快乐的力量更小。这些人就是对他们学说活生生的反驳。其他人通常说得比做得好。而这些伊壁鸠鲁学派的成员则刚好相反。"

[XXVI][82]"但这当然离题了。让我们检查一下关于友谊你说了点什么吧。我在你的主张中识别出一个看起来是伊壁鸠鲁自己所说的观点①，也就是，友谊离不开快乐，而且因为如下原因我们还要培养它：如果没有它，生活就不能安定并免于恐惧。回应这些内容的话我已经说得够多了。你还从新近的伊壁鸠鲁学派那里引用了另一种更有人性的观点，而那绝不是伊壁鸠鲁本人所说。我这么理解这观点：我们一开始寻找朋友是因其效用，但是随着利益的结合，我们开始因朋友们自身而爱他们，无论他们会不会带来快乐。尽管能用许多方式批评这种观点，但我还是会接受他们的让步：这对我来说已经足够了，但对他们自己来说则不够。他们说的其实是：有时，就算快乐既不可期亦不可求，我们依然能采取正确的行动。②[83]同时，你也引用其他人的观点，认为智者们相互之间

---

① 或许这里提及的是 KD 27，它声称智慧为了寻求幸福而通过友谊提供最大的保障。
② 西塞罗的意思是，其实这种观点对于西塞罗的立场而言已经足够了，因为这种观点承认了我们有时不会因为快乐而行动，而这就足以否证快乐不是至善。

形成了一种契约（foedus），他们怎么对自己就怎么对朋友。你说这不仅能发生，而且事实上经常发生，还说这最大限度地增加了快乐。如果他们能达成这种契约，那么他们也应该达成另一种契约：因公平、节制以及所有德性本身而不计回报地爱这些德性。事实上，如果是因为收获（fructibus）、利益或者效用我们才发展一段友谊，如果友谊中没有任何爱的存在，而且友谊不是因其自身，因其本身的力量并只因其本身而被渴求，那么我们把土地和房产（insulas）置于友谊之前又有什么值得怀疑的呢？"

[84]"你或许在这一点上会再一次提起伊壁鸠鲁曾以最好的词汇赞美友谊的那些话。然而，我在追问的不是伊壁鸠鲁说了什么，而是他自己的学说和观点如何才能融贯。你也许要说，'我们寻求友谊是基于效用的'。所以，你真的认为，如果你拥有了普特欧利（Puteoli）的各个谷仓（granaria）①，你身边的这位特里阿瑞乌斯还能给你更多的效用吗？套用所有伊壁鸠鲁学派成员常用的一句格言：'朋友的保护。'你足以自保，法律也足以保护你，泛泛之交也足以保护你，你不会被轻视而又能轻易避免被人愤恨与嫉妒。因为伊壁鸠鲁做出这些教导（praecepta）就是为了实现这些。而且，只要有那么多的收入能任你慷慨，那么即便你没有皮拉德斯，许多人的好意就会让你受到完美的保护和护卫。[85]但是，常言道，'有谁陪你谈笑与严肃，倾诉秘密和所有隐秘'呢？最好是你自

---

① 普特欧利（今天的波佐利，Pozzuoli），主要的，也是重要的粮食仓库，那里的国家粮仓象征着巨大的财富。这里的意思是，一旦一个人富有了，那么朋友能够帮到的地方就少了，因此也就没什么效用了。

己，然后你只剩下某些泛泛之交了。但是，这么问并不奇怪：他们与那么多金钱的效用相比如何？所以你看，当我们以自友谊内在的情爱来衡量友谊，没有什么能够超越它。相反，如果用利益为标准来衡量友谊，那么，一份贵重房产的价钱也会比最亲密的友谊更重要。所以，如果我们要做真朋友，你就必须爱我，而不是因为我的东西。"

［XXVII］"我花了太多时间在显而易见的事情上了。这一点已经得到了决定性的证明：如果快乐是判断一切的标准，那么德性和友谊就在任何地方都不复存在。没有什么需要补充的了。然而，要是这看起来像我没能回应你所有的论证，我还是对你剩下的论述再做一些简短的评论吧。"

［86］"哲学的全部宗旨在于幸福的生活，就是为了这一点，人们一起投身于这种研究。然而，幸福生活因人而异。你们认为是快乐，相应地，你们认为痛苦是不幸。所以，我们要首先检查一下，你们所谓的幸福生活是什么。我想，你们也承认这一点，如果有这样一种幸福生活，那么它应该完全在智者能够获取的范围之内。因为，如果幸福能丢失，那么它就不可能是幸福。谁有信心维护住脆弱且易逝的事物，使其稳固而持久呢？那些怀疑自身诸善的持久性（perpetuitati）的人，必然恐惧在某个时刻会失去那些东西然后变得不幸。但是，如果为人生中绝大多数重要的事担忧的话，那么没有人能幸福。①［87］所以，从这种观点看，没有人能够幸福。我们通常谈论幸福，不会只探讨人生中的部分时间，而会论及整个一

_____

① 这里的善应该是指德性之外的善，如身体健康等。——译者注

生。甚至，除非它完整而彻底的结束，否则我们也不会对人的一生下断言。一会儿幸福、一会儿不幸福是不可能的，因为一个人如果发现自己有可能面临不幸，那他就不可能幸福。一旦获得幸福生活，那么它就将和产生它的智慧一样永恒，而不必等到我们死去的那一天，正如希罗多德（Herodotus）笔下的梭伦曾告诫克罗伊索斯（Croesus）那样。"①

"你也许会回答说，伊壁鸠鲁否认增加大量时间能为人生的幸福再添些什么，而短短时日内所感受的小快乐却比一生还持久。[88] 但是这会导致前后矛盾。因为，伊壁鸠鲁主张称快乐是至善，而又否认无限的时光比一段短暂而有限的生命有更多的快乐。将德性视为全部的善的人当然可以因为德性的完满而被认为整个一生都是幸福的。在这里时间不能再为至善增加什么。但是，如果一个人相信幸福的人生是由快乐组成的，那么否认快乐会随着时间的增长而增加还是融贯的吗？其实痛苦也是如此。难道，我们竟能一边承认活在痛苦中越久就越不幸，但是另一边却否认时间越久快乐满足的欲望就越多吗？如果是这样，为什么伊壁鸠鲁总是说神是幸福而永恒的呢？如果我们暂时抛开永恒不谈，朱庇特（Juppiter）就不比伊壁鸠鲁幸福多少，因为他们都沉浸在他们所谓的至善中，也就是沉溺于快乐中。你也许要辩护说'但是伊壁鸠鲁也体验了痛苦'。但痛苦就没对他造成什么影响，因为他声称如果自己被烧死他会大喊：'这好舒服！'（quam hoc suave）[89] 除了永恒，神在什么方面超然于事物之上？而除了最高且永恒的快乐之外，永生还能提供

---

① 参见希罗多德《历史》（Histories）。

什么善呢？因此，如果不能融贯地表达〈观点〉，你们夸夸其谈又有什么用呢？"

"肉体的快乐构成了——如果你愿意，我还会加上精神上的快乐，只要这精神上的快乐如你所希望的那样也来自身体——幸福的生活。但是，什么能向智者永远提供这种快乐呢？产生快乐的事可不是总在智者的能力范围内。既然幸福不在于智慧本身，而是由智慧所产生的能提供快乐的东西构成，那么幸福就变成了一个完全外在于我们的事物，而外在事物是偶然的。因此运气将主宰幸福的生活，尽管伊壁鸠鲁他声称运气几乎不能干涉智慧。"①

［XXⅧ］［90］"你会说：'这一点是小问题，因为自然本身使得智者富足，而伊壁鸠鲁告诉我们，这些馈赠是很容易获得的。'这些话不错，我没有异议，但他自己的话相互打架（pugnant）。他否认从最单薄的（tenuissimo）生活，也就是最令人鄙夷的食物和酒中所感受到的快乐比从精益求精的美食之宴中获得的快乐更少。② 如果这意味着他否认用什么样的东西生活对幸福生活而言没有影响的话，那么我会承认甚至赞赏他，因为他说出了真理。我会听从苏格拉底，他没有考虑过快乐，他说饥饿是食物调料，口渴是饮料。但是，一位把快乐视为所有事物依归的人，活得像加洛尼乌斯但说得却像节俭的皮索（Piso）的人，既无法让我听从其劝诫，

---

① 参见 KD 16：运气很少光顾智者，理性活动贯穿一生，已经支配（diōikēke）、正在支配（dioikei）、将要支配（dioikēsei）他最大、最重要的事情。

② 参见 DL 10.11 以及 DL 10.131。

也无法让我相信其所说即其所想。① ［91］他说自然的财富容易获得，因为自然本性需要的东西不多。只要你们别如此重视快乐，那么的确如此。因为他呼喊说，'从最廉价的东西中获得的快乐并不比从最贵的东西中获得的少'。这人肯定不仅失去了判断力（cor），而且失了味觉。蔑视快乐本身的人可以声称对自己来说鲟鱼（acupenserem）和鲱鱼（maenae）并无高下，但是一个把快乐视为至善的人，会以感觉而非理性判断所有事，并将给他最愉悦感觉的事物称为至善。"

［92］"就当这是真的吧。就算他真能轻而易举地获得最高的快乐吧，对我而言没什么，只要他可以就行；只要从水芹（nasturcio）中得到的快乐并不比叙拉古人的餐桌（Syracusanae mensae）给我们的快乐更少就行——色诺芬告诉我们波斯人以此为生，而柏拉图总是严厉地抨击这宴席。② 此外，就算快乐的获得如你想的那样容易好了，但对于痛苦我们还怎么辩解呢？假如痛苦是最大的恶，那么痛苦的折磨会严酷到处于其中的人不可能幸福生活。梅特罗多洛，几乎可以算是另一个伊壁鸠鲁了，大致是以这些话描述幸福的：'当身体处于很健康的状态而且这种状态的持续得到保证。'可是谁又能拥有这种持续的健康一整年，哪怕是一天呢？因此，痛

---

① 卢西乌斯·卡尔普尼乌斯·皮索·弗鲁基（Lucius Calpurnius Piso Frugi），公元前 133 年的执政官。他获得"节俭者"（Frugi）之名，是因为他在一个贿风日起的时代仍然简朴而廉洁；公元前 149 年担任保民官期间，他发起了第一次对罗马官员贪腐的跨省调查。

② 参见色诺芬（Xenophon），*Education of Cyrus* Ⅰ，28；柏拉图的批评参见 *Republic* 404d。

苦作为最大的恶，就算它还没有现身也常常让我们感到恐惧，更何况它已经出现的时候。毕竟，痛苦可发于任何一刻。因此，处于对极恶的恐惧中时又怎么能过上幸福生活呢？［93］你会说，'但是伊壁鸠鲁留下了一套学说教人忽视痛苦'。人可以忽视最大的恶，这真是一个荒谬的观点。然而，这套学说究竟是什么？你说'至痛必然短暂（brevis）'，那么首先，你用'短暂'表示什么？然后，你用'至痛'表示什么？为什么？难道剧痛几天也持续不了吗？你会看到它可以持续几个月！除非你的意思是痛苦的同时立刻死亡？好吧，谁会怕那种痛苦呢？我更想要那种能缓解最杰出、最仁慈者痛苦——我的朋友格涅乌斯·奥克塔维乌斯（Gnaeus Octavius），马库斯之子——的那种东西，我见过他备受痛苦，不止一次也不是短短一瞬而很明显是经常乃至长时间如此。不朽的神啊，他忍受了何等的折磨啊！那看起来就像是他所有的关节在燃烧。然而，尽管看起来如此艰难，我却不觉得他不幸，因为这种痛苦根本不是最大的恶。相反，如果他的生命充斥着快乐并且又放荡又邪恶，那么他才是不幸。"

　　［XXIX］［94］"当你们说'剧烈的痛苦总是短暂的，漫长的痛苦总是轻微的'时，我不懂那是什么。我总是看到许多又剧烈又漫长的痛苦。有一个真正忍受长期痛苦的方法，但不是你们这种不因高尚本身而爱高尚的人能使用的。崇尚勇气的格言近乎法律，它禁止勇敢的人在面对痛苦时表现出怯懦。因此它被当作可耻的事，但我说的并不是'表现出痛苦'（因为这有时肯定会存在），而是菲洛

克忒忒斯（Philoctetes）的哭声感染雷蒙斯（Lemons）的石头那般①：

> 以哭泣、抱怨、呻吟和吼叫
>
> 让沉默的岩石回应以悲哀的回响。

让伊壁鸠鲁对这样的人施展魔法吧：

> 被毒蛇所咬，脏腑的血脉浸透毒液
>
> 激起痛苦的折磨！

伊壁鸠鲁会说：'菲洛克忒忒斯，剧烈的痛苦总是短暂的。'但是菲洛克忒忒斯已经在他的洞穴里躺了十年。伊壁鸠鲁还会说：'漫长的痛苦必然是轻微的；它有间隔和缓解的时候。'[95]首先，情况经常不是如此。其次，当忍耐痛苦时的记忆还未消去，又恐惧未来即将到来的折磨时，这里所说的这种缓解又在哪里呢？他说'会死'。或许那是最好的办法。但是那句'快乐总比痛苦多'的格言又在哪里呢？若确实如此，当你鼓动人去死时想想你自己是不是犯了罪。那么，你最好这么说，在痛苦面前软弱，被它压垮（frangi）然后服从（succumbere）是可耻而毫无气概的。你的格言'剧烈的痛苦必然是短暂的，漫长的痛苦必然是轻微的'一再重复。但是德性、高尚的灵魂（magnitudinis animi）、坚韧（patientiae）和

---

① 此处引文（以及 *Fin.* 5.32 引文）来自卢西乌斯·阿克奇乌斯（Lucius Accius，公元前 176 年—前 86 年）的《菲洛克忒忒斯》（*Philoctetes*），他是一位高产的诗人和剧作家，这里或许借鉴了索福克勒斯的剧作。菲洛克忒忒斯在去往特洛伊（Troy）的路上被一条蛇咬了，因为他无法治愈的痛苦和溃烂的伤口而被落在了雷蒙斯岛上。十年之后他被希腊人所救，因为他们发现他的弓对于夺取特洛伊是必要的。

勇气才是真正用来镇痛（mitigari）的药方。"

［XXX］［96］"我听说（然而我们不能离题太远）伊壁鸠鲁这样谈论死亡，你会明白他的言行是不一致的：'伊壁鸠鲁向赫马丘斯（Hermarchus）致敬。① 我在度过生命中幸福的一天也是最后一天，我会记录它。另一方面，此刻我的膀胱和腹部是那么痛苦，它们简直不能再糟了。'② 可怜的人啊！如果痛苦真的是最大的恶，那么我们也只能替他哀叹这么一句了。他接着说道：'然而，当我回忆起我们的学说与发现时，这一切都被我灵魂中的欢乐中和（compensabatur）了。但是，为了让你从年轻时就追随我和哲学的这段经历有价值，你一定要照顾好梅特罗多洛的孩子。'"

［97］"他的死堪比埃帕米农达或者列奥尼达之死。埃帕米农达在曼提尼亚击败了斯巴达人，然后他意识到自己受到了严重的致命之伤。当他清醒过来时，首先询问他的盾牌是否还完好，在众人哭着答复他盾牌完好无损后，他又问敌人是否已经溃不成军。当他再次听到自己期待的回答时，他命令士兵们将穿透他的矛拔出来。失血过多的他在幸福和胜利中死去。列奥尼达，斯巴达之王，和他从斯巴达带出来的三百位壮士一起在温泉关面对敌人时，要在卑躬屈膝和光荣战死之间做出选择。"

"统帅战死总是光荣的。哲学家们则往往死在他们的床上。然而，他们怎么死依然很重要。伊壁鸠鲁认为自己死得很幸福。让他

---

① 米提林（Mytilene）的赫马丘斯（公元前 330—前 250 年），伊壁鸠鲁学派的创始人之一；他接替伊壁鸠鲁成为学派领袖。

② 这段内容与 DL 10.22 的记述有相似之处，但是在那里这封信是写给伊多美纽斯的，伊壁鸠鲁死于尿路结石，与此处的症状吻合。

被赞美吧。'我最大的痛苦都被我的欢乐中和了。'他如此说道。
[98] 我肯定会倾听哲学家的话,伊壁鸠鲁,但是你忘记了你自己
会因此承诺什么。首先,如果那些你声称给你带来欢乐的回忆,
也即你的写作(scripta)和创造(inventa)确实存在,那么你不
可能觉得欢乐,因为你正在经历的这种感觉没有其身体来源,而
你总是说没有什么欢乐不是因为身体的缘故,痛苦也是如此。你
也许会辩解道'我为过去的事快乐'。那么,那是过去的什么快
乐呢?如果它们是身体方面的,那么我发现不是身体对快乐感受
的记忆,而是你的学说中和了你那种痛苦。如果是你灵魂方面的
快乐,那么你们所谓的'精神快乐能追根溯源到肉体'的说法就
是错的。此外,你为什么要将梅特罗多洛的孩子托付于人呢?你
这种非凡的尽责之举以及如斯的忠诚(我是这么评价的)与身体
又有什么关系?"

[XXXI][99] "你一会儿说这个一会儿转到那个,托尔夸图
斯,但是你们从刚才这封伊壁鸠鲁所写的精彩的信中,发现不了什
么支持并与他的学说一致的主张。相反,他自己反驳了自己,恰恰
是他的正直(probitate)和行为构成了这种反驳。例如,那个将那
个孩子托付给别人,对亲密友谊的记忆,甚至临终前还在履行他最
高的义务:所有这一切表明,在这个人身上有一种与生俱来的、不
受快乐左右也不为报酬所动的善良。当我们看到一个垂死之人呈现
出的如此忠于义务之举,还需要什么更有力的证据来证明正直和高
尚之举是因其自身而可取吗?"

[100] "虽然我认为我刚才几乎是逐字逐句翻译的那篇书信该

受到高度赞扬，但即便如此，这封书信也与其哲学的核心主张完全没有办法融贯。① 因此，他的遗嘱，我认为不仅与他在哲学上的重要性不相符，也与他自己宣称的观点不相符。在我刚才提到的那卷书中，他频频不惜笔墨而又精炼地写下如下这则论证：'死亡不能影响我们。因为消散的东西没有感觉。而没有感觉的东西绝无办法影响我们。'② 这话或许可以说得更优雅且更简洁。例如，这一句是这么说的：'消散的东西没有感觉。'但这么说并没有说清楚消散的是什么。[101] 然而，我知道他要说什么，所有的感觉在消散时，也就是在死亡时，就消失了，没有任何东西还能影响我们。如果是那样的话，为什么伊壁鸠鲁在遗嘱中还要准确而又仔细地警告和叮嘱道：'阿米诺马库（Amynomachus）和提摩克拉底（Timocrates），他的继承人们，在赫马丘斯同意的情况下，要在每年伽麦利翁月（Gamelion）拨出足够的钱来庆祝生辰，还要拨出同样的钱来在每个月的第二十天给他的哲学同道办一次宴会，以维系众人对他和梅特罗多洛的记忆？'"

[102] "我不得不说这个人是那么的善良和仁慈，但一个真正的智者，尤其是一个伊壁鸠鲁想要成为的物理学家，不会想着任何人的生日。为什么呢？一天一旦过去了，同样的一天难道能经常重来吗？肯定不能。那就重来相似的一天？恐怕这也不行，除非在历经成千上万年后，所有的星星也许会在某个时刻同时回到它们出发

---

① 然而，在 *Tusc*. 5.75 中，西塞罗将这篇书信描述成了不可能真实存在的东西，将其中主张类比为"通过记住冷水浴来处理过度的热"。

② 一个伊壁鸠鲁主义的著名主张，参见 *KD* 2 和 DL 10.124 - 125。伊壁鸠鲁规定死后要记住自己和自己的学说与此并不矛盾；他们是为未来的伊壁鸠鲁学派树立榜样。

时的位置。因此每个人的生日都不能重来。你也许会说：'但是它确实被视为生日啊！'我当然很清楚那一点！但是，那是在他死后庆祝吧？但他将庆祝写在了自己的遗嘱中，然而却发布那仿佛神谕（oraculum）的宣言：当我们死后没有什么可以影响我们。这不是一个灵魂游历无数宇宙和无限空间（那里无边无际）的人会说的话。① 德谟克利特提出过相似的要求吗？——其他人暂不论，先说说这唯一的伊壁鸠鲁追随的哲学家。"

[103] "但如果还是要纪念这么一天，那么这天怎么竟是他出生那一天，而不是他成为智者那一天呢？你会回应说：'但是，如果他不出生，就不可能变得智慧。'而且同样地，如果他的祖母从没有出生，他也不会变得智慧。这整个愿景，托尔夸图斯，也就是希望死后自己的名声和事迹在宴会上被纪念的愿景，不是一位饱学之士该有的。你们用什么方式庆祝那些日子以及你们遭到了多少幽默之人的调侃我就不提了（在这儿'打官司'是没必要的），只说这一点：更恰当的做法是，你们来庆祝伊壁鸠鲁的生日，而不是他在遗嘱中规定为他办这种庆典。"

[XXXII][104] "不过，我们必须回到主题了（当我们因为伊壁鸠鲁的那封信而偏离正题的时候，我们正在讨论痛苦）。全部的问题可以归结为如下的论述：

> 所有正在被最大的恶折磨的人不可能幸福。

> 智者总是幸福的，虽然有时也会被痛苦所影响，

---

① 或许是从提图斯·卢克莱修·卡鲁斯（Titus Lucretius Carus）那里引来的伊壁鸠鲁诗歌，*Fin.* 1.72-74，对西塞罗来说是一件众所周知的事。另外可参见 DL 10.18。

因此痛苦不是最大的恶。①

那么，我们说曾经的善（bona praeterita）在智者那里从不消逝，但过去的恶却不需被他记住，这话究竟是什么意思呢？我们记得什么真能由我们控制吗？特米斯托克利，当西摩尼得斯（Simonides）或其他类似的人要教他记忆的技术，他无论何时都回答说：'我宁愿学习忘记的技艺。我甚至总是记得自己宁愿忘记的东西，总是忘不了想忘的东西。'②［105］伊壁鸠鲁天赋很高，而问题是，作为一个哲学家禁止记忆是极其傲慢的（imperiosi）：如果你命令我去做不可能的事，那么你的蛮横比之乃祖曼利乌斯（Manlius）简直有过之而无不及。而且，要是某些过去罪恶的记忆确实是快乐的怎么办呢？某些谚语并不比你们的信条缺少真实性。大家都说：'任务一旦完成，快乐接踵而至。'欧里庇得斯这句也写得不赖（我会尝试用拉丁语表达出来；你们都懂希腊语）：

快乐就是对过去劳苦的记忆。③

但让我们来讨论过往之善吧。如果你们说的是那种盖乌斯·马里乌斯（Gaius Marius）能做到的事，那么我不仅会聆听而且会赞

① 这个论证是一个典型的否定后件式。——译者注
② 喀俄斯岛（Ceos）的西摩尼得斯（Simonides），公元前 5 世纪的诗人。特米斯托克利，雅典政治家，也是波斯入侵希腊时的一位建筑师，但是后来被雅典人赶了出来，并在波斯王的保护下死去；他是典型的政治家，其生涯反复无常，不是所有人都欢迎他。
③ 引自欧里庇得斯失传的戏剧 Andromeda。

同：当他被流放，身无分文并浸泡在沼泽中时，他用凯旋的回忆来减轻自己的痛苦。① 事实上，如果智者的好筹谋（consulta）和善行一旦发生就被遗忘所掩埋（obruerentur），那么智者的幸福生活既不能兑现也不能被延长至其死亡之时。[106]但是，对你们来说，正是对快乐感受的记忆构成了幸福生活，而且其实是身体上的快乐感受。若非如此，那么所有精神上的快乐源于与身体的联系就是荒谬的。但若是肉体的快乐，哪怕是过去的肉体快乐也带来欢乐，那么就很难解释为什么亚里士多德如此辛辣地嘲讽萨达纳帕鲁斯（Sardana-pallus）的墓志铭（epigramma）了，在那墓志铭中，这位叙利亚的王自夸说他已经携带了所有值得欲求的快乐。② 亚里士多德问：'考虑到即便活着的时候快乐的时间也不会超过享受的时间，那用什么样的方式才能让快乐在死后延续呢？'肉体的快乐转瞬即逝，而在它飞逝之后给我们留下的往往是遗憾之事而非美好的回忆。当阿非利加努斯以那种方式对他的祖国说：'罗马啊，你消灭了你的敌人！'时，他是个幸福的人，而随后他便光荣地说：'因为我的奋战已成为您的铜墙铁壁（moenimenta）。'③ 他从过往的艰苦奋战中获得了

---

① 盖乌斯·马略（Gaius Marius，公元前157—前86年），来自西塞罗的家乡阿庇努姆（Arpinum），他这个"新人"，虽然在政治上没有任何家族关系可以依赖，但他作为军队的改革者以及参加了各种战役的将军，却取得了令人侧目的成功；他在军事上的成功让他的政治生涯也齐头并进地取得了成功，在他的对手苏拉于公元前88年发动政变迫使他逃离罗马前，他担任了六任执政官。后来马略回来报仇，但很快就死了。西塞罗谱写了一首关于马略的史诗，但几乎没有流传下来。

② 似乎引自亚里士多德更通俗的作品之一，现已失传。另可参见 *Eth. Nic.* 1095b20 - 23。

③ 或许引自昆图斯·恩尼乌斯的诗歌 *Annals*。关于大西庇阿，请参见本卷第56段注。

欢乐，你却要我们从过去的快乐中获得欢乐。此外，他在回忆那些不以身体为依归的事情，而你却完全依附在身体上。"

[XXXIII] [107] "但是，你们能为'所有灵魂的快乐或痛苦都从属于身体的快乐或痛苦'这个主张本身辩护吗？托尔夸图斯——我很清楚自己在问谁——没有任何事让你因其本身而快乐的吗？我就略过刚才提到的价值（dignitatem）、高尚（honestatem）或德性之美，关于那些前面已经说过了；让我给你这些更零碎的吧：或读或写一首诗、一篇演说；研究所有事迹和区域的历史或者地理；一尊雕塑（signum）或者一幅画；令人愉快的地方；游戏或者打猎；卢库鲁斯（Lucullus）的别墅①（因为我如果说'你的别墅'，你就有了托词：你会说它是从属于你的身体）。但我说的这些快乐从属于身体吗？当中是否有任何以其自身而让你快乐的东西？要么，你依然坚持把我提到的例子和身体联系起来，那么你就太顽固了；要么你否认这些快乐与身体有关，那么你就会完全放弃伊壁鸠鲁的'快乐'。"

[108] "另外，你们论证的那个观点，也即，灵魂的快乐和痛苦比身体的快乐和痛苦更大，因为灵魂跨越了过去、现在和未来三个部分，而身体只感知当下的事情。这就和宣称'一个以我的快乐为乐的人比我自己快乐时还快乐'一样，它能得到赞同吗？② [灵

---

① 卢西乌斯·利西尼·卢库鲁斯（Lucius Licinius Lucullus），公元前 74 年担任执政官，一位有才干的将军和管理者，在帝国东部赢得了许多胜利，但是没有能力在政治上巩固其影响，退休后因生活精致奢华而闻名。

② 西塞罗这里的意思是，灵魂的快乐类似于一个以我的快乐为乐的旁观者所感受到的快乐，而身体的快乐是我自己的快乐。如果伊壁鸠鲁学派确实认为灵魂的快乐依附于身体，那么在这个比喻中，身体比灵魂更能算是我们自己这个假定就是恰当的。——译者注

魂的快乐源自身体的快乐，而灵魂的快乐比身体的强烈。因此祝福的人比被祝福的人更幸福。]① 但当你以这样的观点——智者总是体验到最大的灵魂快乐，而每一份快乐都比身体的快乐更强烈——来证明智者的幸福生活时，它会产生你意想不到的结果。那就是，他们体验到每一份精神创伤也会比肉体痛苦更强烈。所以，那些你认为总是幸福的人也必定在某时不幸，只要你让一切以快乐和痛苦为依归，那么你就永远证明不了他总是幸福的。"

[109]"因此，托尔夸图斯，必须在快乐之外找寻人类的至善。让我们把快乐留给动物吧，你经常以它们为证据来谈论至善。然而，如果动物的许多活动也是出于其自身的自然本性引导而非出于快乐呢？它们以莫大的仁慈甚至带着辛劳繁殖养育后代，这显而易见是出于快乐以外的其他目的。它们尤其为奔跑和漫步而感到高兴，还有其他的动物模仿城邦的方式聚集成群落。[110]我们发现在特定的鸟类中并非没有忠诚的证据，它们也有认知（cognitio-nem）和记忆，在许多种动物中，我们甚至能观察到悲痛（deside-ria）。因此，尽管在动物身上也存在某种与德性相似的、独立于快乐之外的人类般的品质，但是人类自身的德性反而没有快乐以外的原因吗？难道我们要说，虽然人类与其他生物相比是最杰出的，但却没有获得自然的特别赠礼？"

[XXXIV][111]"确实，如果快乐真的就是一切，那么我们就比动物糟糕得多了。大地（terra）为动物产出多样而丰富的食物而

---

① 这句话与上下文有些脱节，疑为窜写。

又不需要它们劳作，相反，无论困难与否，哪怕只是满足我们的需要都得大量的劳作。然而，我不能接受任何动物的至善与人的相同。如果不为别的只为追求快乐，那么我们为什么投入如此多的努力为最高深的技艺配备工具？为什么我们身上集合了那么多卓越的研究，还有着如此卓越的德性？[112] 对比一下薛西斯（Xerxes）的事迹吧：他带着庞大的海军，还集结了骑兵和步兵队伍①，贯通了阿托斯山（Athos），在赫勒斯庞德（Hellespont）的海峡上架起桥梁，于海上行军，于陆上航船。他对希腊发起了猛烈的攻击。然后，当问他为什么要带如此庞大的军队发动如此规模的战争时，他或许会说这是为了伊米托斯山（Hymettus）上的一些蜂蜜，但这肯定不会被视为他如此费劲求取的原因。同样地，我们的智者用最多也最重要的技艺和德性穿戴并武装自己，但却不是要像薛西斯那样行军海上或行舟陆上，而是在精神上（mente）拥抱整个天空、整片海洋和陆地。若我们声称这都是为了追寻快乐，无异于说薛西斯远征是为了蜂蜜。"

[113]"相信我，托尔夸图斯，我们生来就是为了追求更高且更尊贵的各种事物的。这不仅出于灵魂的各个部分：在其中有我们对无数事物的记忆（在你们看来它是无限的），有与神谕（divinatione）相差无几的预见力，有荣誉感对欲望的克制，有正义感和忠诚对人类社群的保护；有忍受劳苦和面对险境的坚定与沉稳（stabilis），有对痛哭和死亡的轻蔑——好的，这些就是灵魂中的内容，

---

① 薛西斯一世，波斯王，在公元前 480 年发起了对希腊的入侵，按希罗多德的记载，此役他劳师甚众，筹备甚多。

但请你考虑自己的四肢和感觉，这一点就能被了解到：和身体的其他部分一样，它们不仅是德性的同伴，也是德性的侍从。[114] 但如果就身体本身而言，也有许多比快乐更优先的东西，比如强壮（vires）、健康（valitudo）、速度（velocitas）和美貌（pulchritudo），那么，你究竟会怎么评价灵魂呢？博学的前辈们认为灵魂中有不可思议而又神圣的东西。"

"如果快乐是至善，就像你主张的那样，那么我们欲求的就会是夜以继日不间断地体验最强烈的快乐，在那种情形下，所有的感官都被一切甜蜜的感觉所刺激仿佛被其所包裹。但是哪一个配称为'人'的家伙，会想要花哪怕一天时间生活在这样的快乐中？事实上，昔兰尼学派不会拒绝这么做。就这一点而言，你们学派虽然有所克制，但是昔兰尼学派更融贯。"

[115] "然而，我们还是别再提那些最伟大的技艺了，尽管在过去的日子里，不会技艺的人就会被先祖称为'怠惰的'（inertes）。我倒是要请教你，你相不相信下面这些人的技艺是为了快乐：菲迪亚斯（Phidias）、波利克里特（Polyclitus）还有宙克西斯（Zeuxis），更不用说荷马、阿基洛库还有品达（Pindar）。① 那么，

---

① 雅典（Athens）的菲迪亚斯，公元前五世纪的雕塑家，雕刻了雅典著名的雅典娜（Athena）石像还有奥林匹亚（Olympia）的宙斯（Zeus）石像。阿尔戈斯（Argos）的波利克里特，公元前5世纪的雕塑家，因为雕刻 Doryphorus（也即《持矛者》，Spear-bearer）而知名。赫拉克勒亚（Heraclea）的宙克西斯，公元前4世纪的画家，因为其写实主义风格而出名。荷马，生卒年不详，两部史诗 Iliad 和 Odyssey 的创作者，希腊文化的奠基人。帕洛斯岛（Paros）的阿基洛库，公元前7世纪的诗人，以丰富的格律描写各式各样的个人问题。底比斯（Thebes）的品达，公元前5世纪的颂歌和凯歌作家。西塞罗在视觉艺术和文学艺术中有意挑选了各式各样的流派。

这些巨匠（opifex）叙述的形象比一个杰出公民行善的形象更伟大吗？那么，是什么原因导致这么荒谬的观点流传甚广，想来原因不外是'快乐即至善'这个结论并不是由人灵魂中理性和慎思（consilium）所在的那部分得出的，而是灵魂中最没有价值的那部分，也就是欲望所在的部分得出的。我问你，如果神存在（你们也这么认为），既然他们不可能享受身体的快乐，请问他们怎么才能幸福？或者，如果他们能够在不体验肉体快乐的情况下幸福，为什么智者身上与之类似的灵魂体验你们又予以否认呢？"

［XXXV］［116］"读读颂歌（laudationes）吧，托尔夸图斯，不是荷马给英雄们的颂歌，也不是给居鲁士（Cyrus）或阿格西劳斯（Agesilaus），阿里斯提德（Aristides）或特米斯托克利，菲利普（Philippus）或亚历山大（Alexander）：与其读这些人不如读一读与我们自己的英雄，尤其是与你自己的亲友有关的颂歌。① 你会了解到，没有人会因为是善于获得快乐的能手而受人称赞。它也不是墓志铭会拿来刻的东西，就如城门口所刻的那句一样：

> 大多数人都同意，这一位，
> 是这个民族第一等的人。

［117］"我们会觉得大多数人都同意卡拉提努斯（Calatinus）

---

① 参照 *Fin.* 2. 62。居鲁士，波斯之王，阿格西劳斯，斯巴达之王，色诺芬作品的主要描写对象。阿里斯提德和特米斯托克利是希波战争期间的雅典的领袖；菲利普是马其顿之王，他建立了对希腊的统治，而他的儿子亚历山大征服了波斯帝国。

是第一等的人，难道是因为他在创造快乐这件事上很出色吗？① 那么，难道判断我们的青年人是否有天资而又前程远大，也要根据我们对其图利与谋利的能力的观察吗？难道我们不会看到在所有事物上，都会有强烈的骚乱（perturbatio）和混乱（confusio）随之而来吗？抛弃善意、抛下感恩，而这两者却是合作的纽带（vincla concordiae）。如果你因自己的利益而借某人钱，那这种行为绝不会被视为善良，而会被视为高利贷（faeneratio）。很明显，在这种情况下，借钱的人不应得任何感谢。当快乐主导一切，那么所有最好的德性都将凋零，智者身上也会产生大量的丑恶，同时，丑恶为何不会消失这一点也难以得到辩护，除非高尚天然就有最强的影响力。"

[118]"没有更多的东西了（因为它们多不胜数）。恰当地赞颂德性必然会将快乐的道路断绝。但是你别再指望我给你证明这一点了。你要自己审视一下你灵魂里的想法，全面地沉思一下，然后问问你自己，你更喜欢下面两个中的哪一个：享受持续的快乐，体验你频频提到的灵魂宁静的状态，度过完整的一生而无痛苦，甚至没有对痛苦的恐惧（你们习惯于将这点补充进去，但它其实不可能）；还是说，为所有人服务，给有需要的人帮助和救援，甚至忍受赫拉克勒斯（Hercules）的劫数（aerumnas）②。劫数，那是我们的祖先

---

① 奥鲁斯·阿提利乌斯·卡拉提努斯（Aulus Atilius Calatinus），公元前258年和公元前254年担任执政官，布匿战争中一位成功的将军。西塞罗在别的地方（*Old Age* 61）也提到了其墓志铭。

② 该词本可直译为"苦难"，但从后文中"不可避免"这个意思来看，汉语中只有"劫数"这个词能与之对应。——译者注

以最悲伤的语词给不可避免的悲惨——即便是神也不行——的称呼。[119] 我要引诱并逼迫你回答这个问题，然后从你那里得出答案。否则我怕你或许会说，赫拉克勒斯备受辛劳也要拯救人类的原因只是快乐而已。"①

这里我打住了，而托尔夸图斯说："我想将之交给某些人回复，而我自己也能说点什么，但是我更想它交给更倾向于交给有准备的人。"

"我相信你指的是我们的亲友希罗（Siro）和斐罗德穆（Philodemus），他们不但是最卓越之士，同时也是最博学（doctissimos）之人。"②我猜测道。

"你推断得很对。"他说。

"非常好，"我回答道，"但是让特里阿瑞乌斯来裁决我们的分歧才公平。"

"反对，"托尔夸图斯笑着说，"特里阿瑞乌斯在这个问题上有偏见，实际上你还温和些，他会以斯多亚派的方法为难我们。"

"那我此后会更凶狠一些了，"特里阿瑞乌斯说，"我刚才听了这些会有所准备。然而，在我批判你之前，我会看看你说的那些有准备的人。"

至此，我们结束了我们的散步和讨论。

---

① 赫克勒斯（也就是赫拉克勒斯，Heracles）的十二劫数的故事形式，构成了早期比较风行的神话。斯多亚派将之树立为一个道德典范：为他人而努力奋战的人。

② 那个时代杰出的伊壁鸠鲁学派成员。斐罗德穆（公元前 110—前 40 年），曾依附于卢西乌斯·卡尔普尼乌斯·皮索·卡埃索尼奴斯（Lucius Calpurnius Piso Caesoninus）家族，而他在公元前 55 年的演讲中曾攻击皮索，西塞罗也常常批评斐罗德穆［公元前 68—前 72 年，《反皮索》（In Pisonem）］。斐罗德穆的诸著作是从赫库兰尼姆的一所乡村房屋中找到的纸莎草纸残简还原而来后方为我们所知。

第三卷

[I][1] 如果快乐不能为自己说话，也没有足够坚强的辩护者，布鲁图斯，那么我觉得之前那一卷会迫使它向高尚（dignitati）认输（concessuram）。若是它仍要一味拒斥德性，或将愉悦置于高尚之前，或者仍要主张身体上的欢愉和源于精神的愉悦更胜于品性的尊严与坚定，那它实际上就是恬不知耻了。

所以让我们别再理会它，并命令它就待在自己的边界内。我们不希望辩论的严肃性（severitas）被它的魅力（blanditiis）与诱惑性（inlecebris）破坏。

[2] 必须研究我们所要探求的至善在什么地方，〈目前看来〉快乐与其相去甚远，而同样的反对意见也非常适合那些希望终极的善是免于痛苦的人。事实上，任何缺少了德性的事物，都不能被证明是至善，因为没有什么能比德性更出众。

因此，虽然我们在与托尔夸图斯的辩论中不曾松懈，然而这场与斯多亚派之间的争论将更严峻。实际上，讨论快乐的话题既不会到针锋相对〈的地步〉，也不会很深奥。那些为快乐辩护的人并不精于论证，而快乐的对手们也不是在应对一个困难的诉讼（causam difficilem）。① ［3］伊壁鸠鲁自己也说，快乐不是一个与论证有关的事情，因为判断快乐的标准在于各个感官②，以至于我们唤醒回忆就足够了，〈何况〉它也不能被拿出来展示。所以，我们适才进行的辩论对双方来说都是简单的：在托尔夸图斯的发言中没有混乱或曲折的东西，而我认为我们的论述是非常易懂的。

然而你不会不知道，斯多亚派有一套更精致的（subtile）或者说更晦涩的（spinosum）论证方法，对希腊人来说如此而对我们则更甚，我们不得不为新的观念创造新的词汇并构建新的术语。其实，一旦人们认识到，每一种非泛用的技艺总会构建许多新名称以指涉其中的内容，那么哪怕是技艺平庸之辈也不会〈对这种需要感到惊奇〉。③ ［4］事实上希腊人自己既不知道辩证法的（dialectici）④ 语词，也不知物理学的（physici）语词。实际上，几何学的、音乐的还有文法的传统都讲自己的话语。修辞的诸技艺本身（ipsae rhetorum artes），尽管完全公开且为人熟知，仍然会为了教学而使用一套私人的乃至个人化的语言。

［Ⅱ］而且莫说这些优雅而高贵的技艺，就算是一群工匠，如

---

① 这里是在将伊壁鸠鲁学派的主张类比为一个简单的诉讼案件。——译者注
② 参见 DL 10. 128 - 129。
③ 这即是说使用专门的术语并非技艺精湛者才熟悉的事物。——译者注
④ 在斯多亚派的哲学体系中，其"辩证法"的内容就是逻辑学。——译者注

果不使用其他人不熟悉的行话，便不能保住自己的技艺。事实上，〈哪怕〉与所有"精炼考究"（politiore elegantia）都沾不上边的土地耕作（agri cultura）也在给那些它所关切的事物冠上新名称。哲学更要这么做：事实上，哲学是生活的技艺，关于它的讨论不能使用市井之言。

［5］在这一点上，斯多亚派因大量的创造而有别于所有哲学家，而他们的创始人芝诺，与其说是新观点的提出者，不如说是新词汇的发明者。① 如果大多数人都能宽纵一位为了传授这些内容而使用罕见语词的博学之人，那么，我们作为第一次勇于处理这些议题的人，难道不是更应该能被人容忍吗？而且，因为我们经常说，在词汇的丰富性上我们的语言不仅不逊色于希腊语，事实上甚至超过了希腊语，所以无论是面对希腊人的抱怨，还是面对那些宁愿自己是希腊人的家伙的抱怨，我们不仅要在自己的技艺中尽力追求这一点，更要在那些他们自己的技艺中实现这一点。某些词汇我们用习以为常的词代替了拉丁语，像"哲学""修辞学""辩证法""文法""几何学"，还有"音乐"，虽然拉丁语也能够表达它们，然而，因为这些希腊词的使用已经被理解，所以我们或许可以认为它们是我们的词汇。

［6］而这些就是关于名称的内容。然而关于讨论对象本身，布鲁图斯，当我写这些给你的时候我确实总怕被你批评，因为你在哲

① 斯多亚派以其对术语的精确区分而出名；这里西塞罗将这一点和安提奥库的主张，也即"斯多亚派和亚里士多德主义的传统之间只有是字面区别而无实质差异"的主张结合起来，在第四卷和第五卷中这种结合很突出。这个主题在本卷第 10 段及其后提出。

学方面，哪怕是哲学中最高深的那一类里（optimo genere）都走得那么远。如果我这么做是要指导你，那么被你批评也无可厚非，但那绝不是我的本意。我将这著作寄给你，绝不是为了让你知道自己早就非常清楚的东西，而是因为你的名字让我更容易放松，以及我认为在我们一起从事的那些研究中，你是最公正的批评家和裁决者。那么，请像往常一样集中注意，并为我和你叔叔之间的分歧做出裁决，他是先知般的（divino）独一无二（singulari）之士。

[7] 我那时在图斯库兰（Tusculum）想要从小卢库鲁斯的图书馆借阅某些书籍，所以我如往常那样去他的别墅取书。当我抵达的时候，一个我没想到的人，马库斯·加图（Marcus Cato）也在那里，我看到他坐在图书馆里，身边围绕着许多卷斯多亚派的著作。① 如你所知，其实他是个渴望阅读的人，而且永不满足，如你所见，他无惧那些乌合之众（vulgi）空洞的嘲弄而经常在元老院读书，因为是在元老院会议（senatus cogeretur）期间，所以没有耽误公共事务。于是，越是有极多的空闲和极丰富的书籍，他就越是狼吞虎咽，如果我可以用这种话来形容那么高尚的爱好的话。

[8] 我们也没料到会看到对方，当突然相遇，他立刻起身问道："你为什么在这里？我相信你是从别墅过来的。早知道你在那儿，我就亲自登门造访了。"

---

① 因为 *Fin.* 4.1 所提到的"新"法律，这个对话中的日子应该是公元前 52 年。位置是在图斯库兰，那里靠近罗马，西塞罗从自己的乡间别墅到了小卢库鲁斯那里（小卢库鲁斯的父亲参见 *Fin.* 2.107 注释）。马库斯·波尔奇乌斯·加图·乌蒂森西斯（Marcus Porcius Cato Uticensis），通常翻译为"小加图"，公元前 95—前 46 年罗马共和国晚期著名的演说家和政治家，以坚忍、清廉闻名，是个斯多亚派追随者。

"昨天，"我答复道，"比赛开始后我就从镇上出发并在下午到了这里。我来是为了从这里拿些书。事实上，加图，我们的卢库鲁斯应该了解这所有的丰富收藏：比起别墅中的装饰物，我希望他能从这些书中获得更多的乐趣。这其实是我非常大的一块心病——虽然这其实是你的责任——我希望他被教育得既配得上他父亲，也配得上凯比奥（Caepio）和你，你们是那么亲近。但是我也不是无缘无故地担忧，因为对他叔叔的回忆依然触动着我——你不是不知道我对凯比奥评价有多高——在我看来，如果他还活着，他将会是领导者之一。① 卢西乌斯·卢库鲁斯在我眼里也是一位拥有所有优秀品质的人，既与我相交，也与我志趣相投。"

[9]"你做得很好，"他说，"因为你还珍视对这两位托孤之友的记忆，而且你还关爱这孩子。"加图说："然而我绝不拒绝你说的那份'我的责任'，但是我要拉上你参与。此外，我要补充的是，那个孩子早已向我展示了谦逊和才智的苗头，而你知道他的年纪。"

"我的确知道，"我答复道，"然而，现在也该让他被这些技艺熏陶一下了，这些技艺如果在年轻的时候就能深刻理解（combiberit）将让他在年长时有所准备。"②

"是，"加图回答说，"而我们将来要更仔细且更频繁地讨论这些问题并一起行动。但是让我们坐下来吧。"他接着说："如果你愿

---

① 这里提到凯比奥让人迷惑，而手稿中也存在一些混乱不清之处。这个人或许是指昆图斯·塞尔维利乌斯·凯比奥（Quintus Servilius Caepio），加图的异母兄弟，还有布鲁图斯和卢库鲁斯的叔叔，西塞罗对这位英年早逝者的儿子也负有一些责任。

② 小卢库鲁斯在公元前42年反对恺撒的内战中被杀害——加图也同样未能幸免。加图是小卢库鲁斯的监护人，也是其母亲的异母兄弟。

意的话。"因此我们便坐了下来。

[Ⅲ][10] 然后加图说:"你自己有那么多书,到底要在这里找什么呢?"

"某些关于亚里士多德的笔记,"我答复道,"知道它们在这,所以我来取,我可以在不常有的闲暇里阅读它们。"

"我曾那么希望你转向斯多亚派啊!"他说,"除了德性之外再无别的善。"

"注意,"我答复他说,"你们不要创造新名称给事物。我们的理由一致,但说辞分殊。"

"它们一点也不一致,"加图说,"在你主张'我们也追寻高尚者之外的任何事物'或者'我们会将高尚者之外的任何事物也当作善'时,你就破坏了高尚本身,也就是德性之光(virtutis lumen),还彻底瓦解了德性。"

[11]"说得漂亮,加图,"我说,"但是你有没有意识到,这种主张将与宣称'所有事物都相等'的皮浪还有阿里斯同共荣辱?我很想听听你对他们的看法。"①

"你在询问我的看法吗?"他说,"他们都是善良的人,勇敢、正义而节制,就像我们在共和国内听到的或亲眼见到的那样,他们

---

① 关于皮浪和阿里斯同,请参见 *Fin.* 2.35 的注释。西塞罗在这里描绘了一种在第四卷才得以凸显的论证方法:要么,斯多亚派哲学家承认德性是唯一的善,但是如果同时也拥有健康、财富等生活会更善,若是如此,他就与亚里士多德表达了相同的内容,只是使用了不同的术语;要么,他们承认,德性是唯一的善,而且同时拥有健康、财富等事物并不会使生活更善——若是这样他们就追随了阿里斯同和某些人,他们都否认在德性之外还有任何可以作为在事物间做出选择的理性基础。无论是选哪一个,斯多亚派哲学家都缺少他们自己的实质理论。

遵循自然本性（naturam secuti）而没有创立学说，做了许多值得
称赞的事。在我看来，若是他们采纳任何其他的哲学，而不是坚守
'高尚（honestum）是唯一的善，卑劣（turpe）是唯一的恶'，他
们本可以从哲学中发现的东西就会不如他们从自然本性中所得。①
因为其他哲学学说——或多或少——都将某个与德性无关的事物要
么算作善的，要么视为恶的。我认为这些学说，不仅不能帮助或者
促使我们变得更好，实际上反而败坏了（depravare）自然本性。除
非坚持这一点，也即高尚是唯一的善，否则没有办法确立为我们带
来幸福生活的德性的地位。而如果我们承认了那一点，那么我就不
明白为什么哲学研究是值得投入的。要是连智者也有可能不幸福，
我恐怕自己不会给光荣而卓越的德性什么太高的评价。"

[Ⅳ][12]"加图，到目前为止你所说的内容，"我说，"如果
你是皮浪或阿里斯同的追随者，也会说出同样的话。你不是不知
道，你所说的高尚不仅被他们视为至善，而且，如你所愿也被视为
唯一的善。而如果是这样，那么随之而来的便是（我注意到）你强
调的点——所有智者总是幸福的。那么，你是称赞这些哲学家并认
为我们要追随他们的观点吗？"我反问道。

"肯定完全不是你说的那些观点，"加图说，"因为其实德性的
本质是依照自然本性在各个事物之间做出选择。这些哲学家使一切
事物平等（exaequaverunt），因而致使两边的事物相同，所以也就
不用选择了，这些摧毁了德性自身。"[13]"这很对，"我说道，

---

① 加图的意思是，如果不坚持德性对于善的自足性，那么接触任何哲学体系其实
都不如了解自然本性。

"但我倒是要问问你：当你宣称，除了正确的（rectum）和高尚的（honestum）事物外再无别的善①，并且抛弃其他事物的区别时，不就做了同样的事情吗？"

"如果确实抛弃了这些区别，那么是的，"他回答说，"不过我保留了其区别。"

[14]"以什么方式呢？"我问他，"莫非只是把德性称为高尚的（honestum）、正确的（rectum）、值得称赞的（laudabile）以及恰当的（decorum）——用多个词汇来提及相同的事物就能了解它是什么样的事物——因此，我要问，一方面，如果它是唯一的善，那么除了它之外你还有什么要追求的呢？另一方面，如果唯一的恶是卑劣的（turpe）、不光彩的（inhonestum）、下流的（indecorum）、丑恶的（pravum）、放荡的（flagitiosum）、可耻的（foedum）——这里也用多种一目了然的名称——那么你说此外还有什么要避免的呢？"②

"你很清楚我要说什么，"他回答说，"同时我怀疑一旦我的回答有些简短，你就会急不可耐地抓住某个点或别的什么点。所以我不会再一点接一点地回应了，相反，既然我们有的是空闲，那么我将向你阐述芝诺和斯多亚派的全部体系——除非你更希望我别这么做。"

---

① 此处的原文为 quod non rectum honestumque sit，直译为"除了正确者与有价值者外"。本卷的下一节表明这里的两个词在西塞罗的行文中都是德性的同义词（第 14 段）。——译者注

② 西塞罗的意思是，斯多亚派与阿里斯同一样，抹杀了事物之间的区别，让我们无所适从。——译者注

"完全相反，"我说，"你的阐述会对正在讨论的这个问题有很大的帮助。"[15]"那么，让我试试吧，"他回答说，"然而斯多亚派的学说或许又难又晦涩。因为即便在希腊语的讨论中人们也不理解这些事物的新名称，如今〈靠〉长期的习惯才使得它耳熟能详。但是你觉得同样的事在拉丁语中将会怎样呢？"

"这其实很简单，"我回答道，"如果芝诺可以为他发现的某个不常见也不常听闻的观点创造一个新词汇，那么为什么不允许加图这么做呢？如果有更常用的词表达相同的意思，那就没有必要像生疏的译者那样逐词对译。我通常的做法是，在没有可选词汇的情况下，用几个拉丁语词对应一个希腊语词。而我仍然认为，在没有拉丁语词与之对应时，应该容许我们使用希腊语。如果容许'ephippia'（鞍）和'acratophora'（纯葡萄酒）这样的词，那么'proêgmena'和'apoproêgmena'这样的词肯定也该容许，即便它们也许可以准确地描述成'优先的'（praeposita）和'被拒斥的'（reiecta）。"①

[16]"很好，"加图说，"它帮到了我，而刚刚你提到的那些内容和方法，我会优先使用拉丁文。如果你发现我在别的地方陷入麻烦，那请你帮助我。"

"我会认真帮你，"我回答道，"但是'勇者才有运气'，所以我恳请你试试吧，还有什么能比我们现在从事的事更崇高呢？"

———————

① 这里的两个希腊语词翻译为"倾向选择的"（proêgmena）和"倾向避免的"（apoproêgmena）或许更为妥当，但为了保留西塞罗翻译希腊文时的风貌，因此下文中的翻译按照拉丁语的词义来进行翻译。

[Ⅴ]"那些我所接受的人,他们主张,"加图开始了他的阐述①,"每种动物一生下来(这正是我们的出发点)就与自己亲近或相适(conciliari＝oikeiosis),倾向于自保、自爱的构成状态(suum statum)和那些保存自身构成状态的东西,而与毁灭以及那些似乎对毁灭(interitu)产生助推作用的东西相排斥或相疏离(alienari)。②为了证明这一点他们指出,在婴儿感觉到快乐或痛苦之前,他们就趋向于健康(salutaria),而排斥与之相反的东西。除非他们喜爱构成状态并恐惧毁灭,否则这就不会发生;除非他们具有自我意识,因而具有自爱(se diligerent),否则他们便不会对任何东西有冲动(appeterent)。由此可见,正是自爱提供了原始动机(principium ductum)。[17]多数斯多亚派的人并不认为快乐应当被归为自然原则,我非常赞同这点,因为他们担心自然本性如果把快乐列为欲望的原初对象,则许多可耻的东西就会接踵而来。以下事实似乎足以证明我们为何喜爱那些最初由本性接纳的东西:任何人,只要做出选择,他就宁愿自己身体的所有部分是健康的和完整的,也不愿是残缺的或扭曲的,尽管它们同样有用。"

"他们认为,认知活动——如果该词的希腊文 katalepseis 不那么令人满意或不那么好理解,我们可以称之为理解(comprehensiones)或感知(intelleguntur)——是因自身而获得的,因为其自身具有某种似乎包含着真理的东西。这一点可以在儿童那里看到,

----

①　加图从斯多亚派的 oikeiôsis(相适)观念,或者说"亲近"(familiarization)开始其阐述。斯多亚派使用该概念描述理性和德性发展中的内在自然倾向。

②　这种反对伊壁鸠鲁学派的主张曾在 Fin. 2.30 出现过;Fin. 5.24－33 中显然安提奥库也同意这一点。

我们发现如果儿童自己猜出某种东西来也会感到十分高兴，哪怕他们没有任何潜在的动机。［18］我们认为技艺（artis）也是因自身而被获取的，首先是因为它们本身包含着某种值得采纳（aliquid dignum adsumptione）的东西，其次是因为它们由认知构成（constent ex cognitionibus），并包含着从其推理（ratione）中建立起来的东西与方法。① 在一切有悖于自然的东西当中，赞同假的东西是最与我们自然本性相抵触的。"

［"身体的一部分或者几个部分，某些似乎是因其自身的有用性而被自然给予我们，像是手、腿和脚，也包括内在的诸器官，虽然它们到底有多少功用在医生当中一直争论不休。虽然身体的其他的部分，没有明显的功用，像是一种装饰，比如孔雀的尾巴，鸽子的羽毛会改变颜色，还有男性的乳头和胡子。"］②

［19］"这些解释也许有些贫乏了。这些事物似乎也可以被称为'自然本性的基本元素（prima elementa naturae）'，因此一种辞藻丰富（ubertas orationis）的风格不能胜任。所以任何情况下我都不打算这么做。不过，尽管如此，当讨论更为宏大的主题时，正是主题选配了一种话语。讨论的内容越严肃，就越容易有动人心魄的演说（splendidior oratio）。"

"确如你所说，"我回应道，"但是，这一点在我看来依旧不变：当一个有价值的主题被阐述时，应该做出一种有区别度的（dici-

_____

① 在斯多亚派那里，理解是对事实的一种把握，一种不会错的把握（而这等同于我们所说的"对事实的知识"）。而因为这些把握是系统的推理所建立的，它们因此也就建立了更系统的科学知识，这种知识构成了科学知识或者知识的分支。

② 这一段显然与上下文有所脱节或有讹误。

tur）阐述。想要用一种修辞学的方式讨论现在的这个议题肯定是幼稚的。有学问和才智的人，总是以清楚而直接的阐述为其目标。"

［Ⅵ］［20］"让我们往下讨论。这些后续的东西既然由诸自然原则（principirs naturae）分化（discessimus）出来，那么就必须与它们保持一致。接下来我们首先做出基本划分：他们称，凡是有价值（我认为，我们应当这样称呼）的东西或本身合乎自然，或能够产生合乎自然的东西，它们是值得选择的，因为它们有足够分量的价值（aestimabile，斯多亚派称之为 *axia*）；另一方面，与上述原则相反的则是无价值的（inaestimabile）。"①

"那么，这就建立了基本出发点：凡合乎自然的东西因自身而被获取，而有悖于自然的东西因自身遭到排斥，首要的'义务'或'应为之举'（primum officium 这是我对 *kathēkon* 一词的翻译）就是在自然构成状态上（in naturae statu）的自我保护；然后是获得与自然一致的东西、排斥相反的东西。当这种选择与排斥的原则被发现之后，以'义务'为条件的选择活动接踵而来，然后这样的选择成为持续的，最后成为稳定的、与自然高度一致的。在最后这一阶段，可以被恰当地称为真善者首次出现，其本质是什么得以充分理解。［21］人的最初动机或者说趋向（congciliatio）意在合乎自然本性的东西。一旦获得某种理解或某种'概念'（斯多亚派称之为 *ennoia*），看到了某种秩序，也即发现了所做之事的和谐性

---

① 对于斯多亚派来说，事物除了德性之外都不是善的，但是有其自身的选择价值；如它们基于自然本性，那就有理由选择它们；若它们不基于自然本性，则有理由拒斥它们。正是在发展我们选择这些事物的方式时，我们被引导着去认识德性，而德性是善的并且被选择的，拥有一种与它们不同的价值。

（concordiam），那么他就会对这种和谐性赋予更高的价值（aesti-mavit），远远超过所有他一开始所喜爱的东西。于是通过认知和推理可以得出结论：这正是人类的至善——那种因自身而值得赞美和需求的东西之所在。① 这种善系于斯多亚派使用的 *homologia*，如果你愿意，我们可以称之为'融贯性'或'一致性'（convenienti-am）。这种'融贯性'构成了善，即所有东西所依归的最高目的，构成了被认为是唯一善的德性活动和德性本身。尽管它是后发性的（post oritur），但无论如何它是唯一因自身的特性和价值而被需求的东西，没有任何原初自然物（prima naturae）是因自身而被需求的。[22] 既然那些我们称之为'义务'或'应为之举'的行为发乎自然所确立的出发点，那么前者必然诉诸后者。因此可以正确地说，所有'义务'意在达致自然原则这一目的。然而这并非意味着获得最高的善，因为德性活动不是原初自然倾向的一种。如我所言，这种活动是一种结果（consequens）和后发性的（post orit-ur）。这种活动也与自然一致，但比早期的所有事物更为强烈地刺激我们的需求。但必须首先消除一种误解，认为这种观点承认有两种最高的善。就像如果某人意在投中或射中某个东西，我们说此人的最终目的是击中目标而竭尽全力，与此相似，至善也是我们的最终目的。在这个例子中，射手必须做所有能做的事来射正，但是尽其所能命中才是他的最终目的。我们所说的生活中的至善也是如此。然而，实际命中目标，〈用我们的话说，〉将是被选择的（seli-

———————

① 这里的意思是，我们一开始总是重视理性并将之视为一种获取可选择价值（比如健康和财富）的途径，然后才会明白这种理性因其自身而成为唯一有价值的事物。

gendum）而非被追求到的（non expetendum）。"①

　　［Ⅶ］［23］"既然所有'义务'或'应为之举'发乎自然原则，那么智慧本身必然也由之而生。正像通常所发生的，当某人向我们介绍其他人时，被介绍者往往比介绍人的评价更高。同样，我们毋庸置疑，自然原则首先向我们介绍了智慧，但之后智慧本身比我们由之接近它的东西更加亲近〈我们〉。正如我们的四肢似乎是为了某种生活方式给予我们的，同样我们灵魂中的内驱力（appetitio），希腊语称为 *hormē*，似乎并非为了任何一种生活方式，而是为了某种特定的生活方式赋予我们的，理性和完善的理性（perfecta ratio）同样如此。［24］就像演员和舞者并非被任意安排一种表演和舞蹈而是一种确定的角色，因此生活以某种特定的方式而非以某种我们喜欢的方式受引导。我们把这种确定的方式称为'一致的'（conveniens）和'融贯的'（consentaneum）。我们认为智慧并不像航海或医疗，而是像我刚刚提到的表演或舞蹈。其目的，也即技艺的施展，依赖于自身，不需要向自身之外寻求。然而，哪怕是后面这些技艺，也在其他方面与智慧有别，因为在这些技艺中，恰当的动作并不包含所有构成该技艺的动作。而我们称之为——如果你愿意——'正确的活动'（recta）或'正确完成的活动'（recta facta）的东西，斯多亚派称作 *katorthōmata* 的事物，则包

---

　　① 这段话很绕，但其实表达的意思很简单：我们不能因为曾经追求过某些原初之物就将之视为至善，就像一个弓箭手无论寻求什么，但他的最终目标是为了击中目标，而他之前所做的事只是铺垫。我们可以这么说，近期目标是依靠选择去获得某物，最终目标是成为有德性之人。最后一句的意思是说，这个过程中，最终目标的实现是依靠不断地选择完成的。——译者注

含德性的所有内容。唯有智慧是完全自足的（tota conversa），其他技艺则并非如此。"①

[25]"然而，把智慧的目的同航海或医疗的目的相比是愚蠢的。智慧包含高尚、公正和优于一切发生在人身上的东西的判断力，而这些并不属于其他技艺。但除非相信除了高尚和卑劣之外，一切事物是没有差别的和不可区分的，否则没人能够获得我所提到的这些德性。"

[26]"让我们看看，下述观点是如何明显地由我所建立的原则推出的！最终目的 telos，我相信它确实晦涩，我一直以来将它译为'终极之物'（extremum），有时又作'最高之物'（ultimum）或至高之物（sununum），虽然某人也可以用'目的'（finem）表达某个终极的（extremo）或最高的事物（ultimo）——既然最高目的是与自然和谐一致地生活，这就必然得出所有智者永远过着幸福、完满和幸运的生活，他们不受任何限制、没有任何阻碍、不缺乏任何东西。这个原则（也即高尚是唯一的善），不仅支持着我所论及的学说，而且对于我们的生活和运气来说也是如此，它可以用修辞术的形式，以所有可供选择的辞藻和印象深刻的句子，鸿篇巨制地进行雕琢和阐发，然而我更喜欢短小精悍的斯多亚派的逻辑推论（consectaria）。"

[Ⅷ][27]"他们的证明归结如下：凡是善的东西是值得称赞的（laudabile）；而凡是值得称赞的东西是高尚的（honestum）；所

---

① 在第 24、25 段中，德性被拿来与表演型技艺相提并论，在这两处文本中技艺的训练属于表演型而不是生产型的技艺，生产型技艺的产品与其技艺是分离的。但是，一场表演由其艺术成就所界定，而一个有德性的行动是由倾向所定义的。

以，凡是善的东西是高尚的。这个证明对你来说是有效的吗？当然是有效的。你可以看到结论是由两个前提必然推出的东西构成的。一般说来，人们批评的是第一个前提，声称并非每种善的东西都是值得称赞的，而对凡是值得称赞的东西是高尚的则无异议。然而下面这些情况都是荒谬的：有某种事物是善的但不是值得追求的，或有某种事物是值得追求的但令人不快，或有某种事物是令人愉快的但不令人喜爱，或有某种事物是令人喜爱的但不让人认同，或有某种事物是让人认同的但不值得称赞。① 再加上值得称赞的东西是高尚的，所以推出凡是善的东西是高尚的。"

[28]"接下来我要问，谁会以悲惨的或不幸的生活为荣？显然我们只以幸福的生活为傲。若是我说，幸福的生活值得骄傲，那么除了高尚的生活，这种生活不可能被说成是任何一种生活。因此高尚的生活就是幸福的生活。再者，某个赢得称赞的人一定具有某种以之为荣或引以为豪的突出品性（insigne），而也是因为这些品性反过来使其成为幸福的。同样，这样一个人的生活也会被恰当地说成是幸福的。因此，如果德性是幸福的标准，那么德性必须被认为是唯一的善。"

[29]"再者，除非确信痛苦不是恶，否则就不会有坚韧不拔、心志高远的人，也即你们所谓的勇敢者，这点能够否认吗？就像一个把死亡视为恶的人不会无惧死亡一样，同样没有人能够漠视或鄙

---

① 加图在这里的意思是，这些命题都是荒谬的，因此其命题的否定就是正确的，因此它们可以连贯成一个推理：所有善的事物都是值得追求的（这是对"有某种事物是善的但不值得追求的"的否定），所有值得追求的事物都是令人愉快的，所有令人愉快的都是令人喜爱的，所有令人喜爱的事物都是让人认同的，所有让人认同的事物都是值得称赞的。因此所有善的事物都是值得称赞的。注意，高尚的（honestum）一词在《论目的》中等价于"德性的"，见 *Fin.* 3. 14 的论述。

视他认为是恶的东西。一旦这个观点确立起来并得以赞同，那么我们就会得到一个前提：一个勇敢的、心气高傲的人能够蔑视或无视那些所谓命运落在人头上的一切东西。因此结论是，除了卑劣没有东西是恶的。我是说，我们所塑造的、渴望找到的这个人是一个高贵的、杰出的、心气高傲的、真正勇敢的人，他轻视一切世间沉浮荣衰，这样的人必定相信自己，相信自己的生活——无论过去的还是未来的，并对自己有良好的判断（iudicare），坚信在智者身上不会有恶的东西发生。由之，可以再次证明同一个结论：只有德性是善的，幸福地活着即高尚地（honeste）活着，也即有德性地（virtute）活着。"

[Ⅸ]［30］"我不是不知道，实际上有形形色色的观点存在于哲学家当中，我指的是把最高的善，即我所说的目的，置于灵魂中的那些人。尽管这些哲学家当中的某些观点是错误的，但我仍然把他们置于另外两类哲学家之上。第一类包含三位哲学家，他们把最高的善同德性完全割裂开来，将最高的善等同为快乐，或痛苦的消除，或自然的原初之物；第二类也包含三位哲学家，他们认为如果没有某种附加物，德性就是不完善的，因此就添加了我前面提到的三种东西之一种。任何一位把至高的善诉诸灵魂和德性的哲学家，无论属于哪一种类型，都是更为可取的。① ［31］然而那些认为最

---

① 在 Fin. 3. 30 - 31 中，加图简短地介绍了卡尔涅亚德的分类。他从那些相信终极目的不只需要感官的运用也需要理性的人开始。他拒绝承认终极的善拒斥德性，也反对将德性组合为其他的事物。他的结论坚持认为主流的斯多亚派观点避开了西塞罗在 Fin. 3. 10 - 11 提出的困境。斯多亚派坚称德性是唯一的善，但是又不承诺要忽视其他的善：德性在我们做出选择的时候得到锻炼，选择的对象是那些对我们来说是否自然可取的事物（因此自然而一致地活着）。

高的善在于有知识地生活（cum scientia vivere）的人，那些声称所有事物是无差别的，声称智者之所以幸福是因为他们完全不会倾向于一方而罔顾另一方的人，他们是特别愚蠢的。还有那些（某些学园派的人据说持有这种观点）相信最高的善和智者最大的义务是抗拒表象（obsistere visis）并且坚决搁置赞同（adsensusque sustinere）的人也是极其愚蠢的。通常要对这些观点分别予以详尽回应，但在完全清楚的东西上没必要耗时过多。如果我们在有悖于自然（contra naturam）还是合乎自然（secundum naturam）间无法做出选择，那么我们所渴求、所称赞的明智（prudentia）就会完全被废弃，还有什么比这个更显而易见的吗？因此，除了刚才提到的这些观点以及其他类似的观点，剩下来的结论是，最高的善在于通过运用关于自然生发之物的知识去生活，选择合乎自然的东西，排斥与之相反的东西，也即与自然和谐一致地生活。"

[32] "在其他技艺中，一种东西被说成是'技艺的'（artificiose），其意思应当被理解为后生的（posterum）和结果性的（consequens），希腊语称之为 *epigennēmatikon*。但当我们谈论某种活动是有智慧的，则意味着它从一开始就是完全正确的。因为智者实施的每一种活动必然贯彻活动的所有部分，我们所说的需求之物（expetendum）正是寓于这种活动之中。正如背叛祖国、忤逆父母、抢劫神庙之所以是过错，乃系于行为的结果，而恐惧、悲哀和贪婪也是过错却可以无关结果。后者不是系于其结果，而是一开始就是过错，同样，发乎德性的活动一开始就被判定为正确的，并非通过

最后的完成。"①

[Ⅹ][33]"'善',这个在讨论中经常使用的词汇,也要通过定义加以解释。斯多亚派给出的定义有点细微的差别,但方向是一致的。我赞同第欧根尼把善定义为本性上完善的事物(natura absolutum)。② 随之他还把'有益'(prodessert,我们用这个词对译希腊语 ōphelēma)定义为本性上完善的东西的动(motum)与止(statum)。事物的概念或由理解(cognitum),或由组合(coniunctione),或由类比(similitudine),或由推理(collatione rationis)在灵魂中形成,善的概念是由第四种也即最后一种方法形成的。我们的灵魂通过推理由合乎自然的东西攀援上升,直至善的概念。[34]我们不是通过增加、拉长以及与其他对象相比较,而是根据其自身的特殊性质认识善本身并称之为善的。就像蜂蜜这种最甜的东西,它是通过自身特殊的滋味被感觉成甜的,并非通过与其他食物相比较。同样,我们讨论的善是最高价值,而这个价值指的是一般形式(genere)而非体量大小(magnitudine)。"价值"一词,希腊语是 axia,它不能算作善或恶。任凭你给它增加多少数量,它仍然保持相同的形式。因此德性的这种价值是特殊的,它意味着形式(genere)而非程度(crescendo)。"

[35]"再者,正是灵魂的烦扰(perturbationes)使愚者的生活

---

① 这一段与上下文有脱节,伍尔夫认为这一段其实放在 Fin. 3. 24 - 25 附近会更为合适。

② 巴比伦的第欧根尼,参见 Fin. 1. 6 注释。对善的定义可以参见 DL 7. 94 - 101。善的事物是在绝大多数基本的形式中都能有益的事物。我们需要理性推理来达到善的观念,因为它的价值在性质上不同于我们在经验中获得的那些善。

不堪其苦（希腊语称这种烦扰为 *pathē*，我在字面意义翻译成'疾病'，但仍然很难适应各种情况。比如谁会把怜悯、气愤称为'疾病'？但他们通通这样称呼。让我们称之为'烦扰'，这一名称似乎指示某种恶的东西，这些烦扰并非因自然作用而生。它们分成四类，之下还有若干子类。这四类是：悲哀、恐惧、欲望和斯多亚称之为 *hēdonē* 的'愉悦'，它不仅对应灵魂的快乐，也对应肉体的快乐，我宁愿称之为'愉悦'，意味着一种灵魂的欢快感），这些烦扰无一受自然力量的驱动，它们仅仅是一些观念和荒谬的判断。所以，智者总是远离它们。"

[XI][36]"我们和许多其他哲学家都承认的判断是，任何高尚的事物都是因其自身而被寻求的。除了三个将德性排除在其至善学说之外的学派，其他所有的哲学家都持有这种主张，尤其是那些除了高尚全然不将其他事物视为善的学派。而这里其实也有非常简单而又现成的辩护：无论是现在还是过去，无论有多么贪欲膨胀，抑或是何等的野心勃勃，谁会在能够不作恶并且就算作恶了也完全不会受惩罚的情况下，仍然想着为恶来实现某些目的呢？"①

[37]"此外，有任何效用和利益在驱动着我们去发现头顶天穹（ilia quae occulta nobis sunt）以及天体（caelo）运行的原因吗？但是谁会以如此粗鲁的习性活着，或者有谁会如此激烈地坚持反对自然本性的研究，以至于不但逃避有价值的研究对象，甚至没有快乐或利益时就不追求知识，同时将之视为无物？谁会在想到马克西姆

---

① 也就是说，人的本性是倾向于使用正当方式达成目的，作恶的人并不是为了恶而作恶。

斯（Maximus）和阿非利加努斯（Africanus）家族高尚的行为和机敏言辞时觉得不快乐呢？（还有我们的伟大祖父——一个你常常挂在嘴边的人——以及很多格外勇敢而杰出的人。）"①

[38]"即便卑劣行径不是有害的，又会有哪个出身高贵并且有良好教养的人不因它自身而厌恶它？谁能以平和之心看待他认为过着不洁（impure）、声名狼藉（flagitiose）生活的人？谁不恨肮脏的（sordidos）、靠不住的（vanos）、狡猾（leves）而又卑微的（futtiles）人。然而，如果我们不将卑劣行径确立为因其自身而被避免的〈事物〉，那么我们还能怎么劝说那一小撮独自在暗中使坏的人呢？毕竟除非卑劣通过自身的恐怖恫吓他们，否则他们便不会扼制自己的不光彩。关于这一点有无数观点可说，但没有必要了。因为实际上没有什么比'高尚因其自身而被追寻'和'卑劣因其自身而被避免'更无可置疑的了。"

[39]"然而，我们之前论证的观点是高尚的事物是唯一的善。由此可见，我们不得不认为德性比起那些它所取得的'无善无恶之物'（quam illa media）有更高的价值。② 我们也认为愚蠢（stultiti-am）、怯懦（timiditatem）、不公正（iniustitiam）以及放纵（in-

---

① 法比乌斯·马克西姆斯（Fabius Maximus）家族在公元前 3、4 世纪产生了许多位将军，最著名的要数昆图斯·法比乌斯·马克西姆斯·维尔鲁克苏斯·康克忒特尔（Quintus Fabius Maximus Verrucosus Cunctator，"维尔鲁克苏斯"和"康克忒特尔"分别意指其"长疣"和"拖延"，前者指其长相，后者指其著名战术），公元前 233 年和公元前 228 年的执政官，死于公元前 203 年，用拖延战术应对汉尼拔对意大利的入侵，最终使罗马赢得了胜利。

② 此处拉丁文直译为"中间者"或"中立者"，它的意思是既不善也不恶（因此居于善恶中间）的那些事物。详细的解释可参见第 53 段。

temperantiam）因其后果而要避免。但是，这不是说它看起来与我确立的那个观点——'卑劣是唯一的恶'相矛盾，因为我们并不是诉诸它对身体的伤害而是诉诸从恶中产生出的卑劣行径。[这些在希腊语称为 *kakiai*；但是我更喜欢称之为'恶'（vitia）而不是'坏事'（malitias）。①]"

[XII][40]"你说得很清楚了，加图，"我赞叹道，"在我看来，你是在用拉丁语教授哲学，也是在赋予其公民身份（civitatem），之前她对于罗马来说就像个客人一样，不能以我们的话表达自己，尤其是某些带精雕细琢且内容和语词精致者。我意识到某些哲学家能用任何语言表达他们的学说。这是因为他们不需要分类或定义。相反，他们宣称自己只会称赞自然本性默许的各个观点。对他们来说，阐述这种过分简化的概念几乎不费力。我正聚精会神地听你说，并且负责记住所有你用来表达自己议题的词汇。因为很可能不久我就得使用它。因此，在我看来你将'德性'与'恶'（vitia）对立起来不仅正确而且是完全符合我们的表达习惯的：恶其实就是因自身而'应受责备者'（quod vituperabile），我认为它因自身而被称为恶，或者说，其实'受责备'（vituperari）也是因为'恶'而被言说。如果你把希腊词 *kakiai* 说成'坏事'，那么翻译成拉丁

---

① 加图的意思是，"卑劣是唯一的恶"也是诉诸了结果来论证的，因此与这段中所说的内容不矛盾。只是它并未诉诸"对身体的伤害"这种结果，而是诉诸了"产生的卑劣行径"这种结果；*kakiai* 是希腊语 *kakia* 的复数，字面意思是"坏事"。

文会把我们带到另一种具体的'恶'上。① 现在，所有的德性以对立的名称与恶相对。"

[41] 加图接着说道："有了这些准则，就有了如下这个重大争议。漫步派的人对它的处理非常软弱（他们对辩证法的无知使得他们通常使用的论证方法不够有力）。② 然而，你敬爱的卡尔涅亚德以其在辩证法上非凡的造诣和强有力的修辞术，把问题带到了最新的领域。他不知疲倦地主张：在这个'善和恶的问题'上，斯多亚派和漫步派除了口舌之争外并没有实质的分歧。"

"我认为在这个问题上斯多亚派与漫步派实质性的区别远大于字面上的区别。③ 漫步派的人称，所有他们所关心的，被他们称作善的东西无不有助于幸福生活，而我们学派则否认那些具有某种价值的东西会构成这样的生活。"

[XIII][42]"基于把痛苦视为恶的学说，当智者不堪折磨时他是不会幸福的，还有比这一点更明确的吗？而认为痛苦不是恶的学说显然能够证明智者在最大的烦恼中也会获得幸福。同样的痛苦，

① 在这里，西塞罗拒绝用来翻译的拉丁词汇是 *malitia*，书面语中的"坏"，但也指更具体的恶。

② 加图几乎没有提到发明逻辑的亚里士多德，也没有提到其弟子第奥弗拉斯特（他扩展了逻辑学）；不知是否因为此后这个学派的领袖对逻辑失去兴趣。参见 *Fin.* 5.13 - 14。

③ 加图此刻正直面"斯多亚派和漫步派只是用词不同"这个论点。他声称，斯多亚派与漫步派对德性的地位看法不同。因此，实际上两个学派在德性与幸福如何相关这一点上有实际上的区别。漫步派的人认为，只有德性还不足以构成幸福，因为还需要外在善。他们认为，如果德性能得到后者的补充，会使生活更善。斯多亚派的人主张德性对于幸福而言是自足的，而"外在善"，也即他们称为"依据自然本性的事物"或"无差别之物（无善无恶之物）"，本身不能补充德性也无助于幸福。只有对它们的善加以利用才能有助于幸福。

为了国家比为了其他微不足道的原因更容易忍受。这一点表明，正是观念而非〈痛苦的〉本性使痛苦的程度或大或小。"①

[43] 再者，按漫步派的人的观点有三种善的东西，一个人肉体的或外在的善越多就越幸福。这一点斯多亚派的人是不会赞同的，〈他们〉不会声称一个人肉体上得到价值极高的东西越多就越幸福。漫步派的人认为，没有肉体的受益就不会有完全的幸福，但我们却根本否定这一点。在我们看来，哪怕是那些在实际上被我们称作善的许多好东西也不会使我们的生活更幸福、更被渴望，或更有价值，肉体上的大量获益也不会与幸福生活有关。[44] 如果智慧和健康都是被需求的，那么两者的结合似乎会比单独的智慧更被需要。但情形并非如下状况：如果两者都富有价值，智慧加财富就会比单独的智慧本身更有价值。我们认为，健康富有某种价值，但我们并不把它视为善；同时我们认为任何价值都不会如此之高以至于超越德性。这不是漫步派的人的观点，因为他们一定会说，一种有德性而无痛苦的活动比伴随痛苦的同一种活动更被人需要。我们的看法不同。观点的对或错，我们后面讨论。这里考虑的是观点之间的区别何以如此之大？

[XIV] [45] "灯火会被阳光遮蔽而黯淡无光，一滴蜂蜜会消失在浩瀚的爱琴海（Aegaeummare）中；类似的例子还有给克罗伊索

---

① 亚里士多德曾在《尼各马可伦理学》中否定了"德性足以带来幸福"这种观点（*Eth. Nic.* 1096a.），因为这意味着那些处在悲惨境遇中的人也是幸福的，在他看来，这明显是荒谬的。加图这里将它当作一种粗糙的反驳，因为承认德性的自足性并不意味着承认一个在刑架上有德之人是幸福的。他认为，痛苦本身并不影响一个人幸福与否，而要看人对痛苦的态度。

斯的财富多加六分钱，或从这里到印度（India）行程中的一小步。
同样，如果斯多亚派对善的目的这个定义被接受，你赋予肉体的那
些好东西的价值就会被德性那耀眼而壮丽的光芒遮蔽和消融。正如
时机或机会（这是我对 *eukairia* 一词的翻译）并非因时间的延长而
增加，既然我们称之为时机的度（modum）已经达致，因此正确行
为（这是我对 *katorthōsis* 的翻译，因为 *kathorthōma* 指个别的正确
行为），我是说，行为的一致性（convenientia），以及善本身，这
种合乎自然的东西，就不可能有量的增加或增长。［46］像时机或
机会这些东西，如我前面提到的，并不会因时间的延长而增多，基
于这个原因斯多亚派认为幸福不会因为时间长就会比时间短更被人
需要或更可取。就像判断一双鞋子在于是否合脚，数量多不会比数
量少更好，尺寸大不会比尺寸小更好。因此在那些仅仅靠一致性和
时机性来确定善的事物上，数量多的不会比数量少的更可取，时间
长的也不会比时间短的更可取。［47］下面这个论证是不准确的：
如果身体健康持续的时间越长就越有价值，那么持续时间最长的智
慧活动就是最有价值的。这一论证没有理解到，健康的价值是由时
间的持续（spatio）来判断，而德性的价值则是由时机（opportuni-
tate）来判断。可以设想主张这一论证的人会继续说长时间的死亡
和分娩会比短时间的更好！① 他们没有看到一些事情如果时间短些
会更有价值，正如一些事情如果时间长些会更有价值。［48］与上
述那种认为'作为目的的善是能增长的'——我们所说的'最高的

① 加图的意思是，推出这种荒谬结果显然说明，单纯靠时间长短来证明价值高低
是滑稽的。

善'或'至善'——这一观点相一致的，是主张一个人会比另一个人更智慧，同样的观点还有一个人会比另一个人做得更错或更对的观点。而我们是不可能声称这一观点的，我们并不认为作为目的的善会有程度的变化。正像一个浸入水中的人，即便离水面不远因而可以迅速露出水面，他也不会比在水的深处更能顺畅地呼吸；又如一只小狗的视觉在刚睁开眼睛之际不会比刚出生时更好。同样，一个在德业上取得一点进展的人不会比根本无进展的人更为不幸。"①

［XV］我意识到所有这些观点似乎是奇怪的（mirabilia）。但我们先前的结论当然是确切的、真实的，目前这些观点都是由之推论出来的，其真理性是毋庸置疑的。尽管斯多亚派的人否认德性和恶有量的增长，但他们相信在某种意义上它们每种都是可以漫延的（fundi）和扩展的（dilatari）。②

［49］在第欧根尼看来③，财富对快乐和健康不仅是有助益的而且是本质性的，但对于德性以及其他技艺则不具有同样的作用；金钱或许会导致这些东西的获得，但不会构成其本质。所以，如果快乐或者说如果健康是一种善，则财富也一定被视为一种善，但如

---

① 因为对斯多亚派来说，德性没有程度之别，变得有德性没有过程可言。按照这种说法，严格来说我们都是坏人，因为没有人有德性。然而，事实上确实存在变得有德性的过程，所以，尽管斯多亚派的人总是被误会，但他们并不坚持认为一个人试图改进自己是毫无意义的。可对比 *Fin.* 5.64 - 68。

② 对斯多亚派来说，一个行为是否有德性与它影响了多少人无关，也与它是否成功达成某个有选择价值的目标无关。但是斯多亚派解释说，善恶之外的差别是因这类因素产生的，比如，是否给很多人带来利益，等等。同时，虽然它不能让行动更善，但它本身或许是与"可选择与否"的区别。

③ 巴比伦的第欧根尼，参见 *Fin.* 1.6 注释。

果智慧是一种善，则不会推出我们必须称财富是一种善。凡不是善的东西对于善的东西就不会是本质性的（contineri）。那么既然认知和理解形成技艺并激发欲求，而财富不是一种善，那么财富对于技艺就不可能是本质性的。[50]即便我们承认财富构成技艺的本质，同样的证明也不可用于德性。因为德性需要大量的沉思（commentationis）和实践（exercitationis），但其他技艺并非如此，还因为德性包含终其一生的牢固性（stabilitatem）、坚定性（finnitatem）和一致性（constantiam），而这些品质在其他技艺中显然不是同样明显的。

"接下来解释事物的差异性。如果万物绝对没有区别，则整个生活就会陷入混乱，正如阿里斯同所言，就不会发现智慧的功用（munus）和活动（opus），因为倘若在关乎生活安排的事物之间没有任何差别，就没有任何选择方法可以恰当地用于它们。因此有充分理由建立〈起下面这个论点〉：德性是唯一的善、卑劣是唯一的恶。至于那些无关过得幸福还是不幸的东西，斯多亚派明确其中存在着某些差异，一些是有价值的（aestimabilia），一些与之相对（contra），另一些既非有价值也非无价值（neutrum）。[51]那些有价值的东西给我们提供了优先选择（anteponerentur）它们而不是其他东西的充分理由，比如健康、健全的感官、痛苦的消除、名誉、财富等等，而其他东西并非如此。同样在那些无价值的东西当中，有些给我们提供了排斥它们的恰当理由，像痛苦、疾病、感官缺失、贫穷、耻辱等等，其他东西不是这样。这就是芝诺的语词 *proēgmena* 和反义词 *apoproēgmena* 的由来。尽管希腊语词丰富，芝诺还是使用了大量的人造新词，这一点对于我们贫瘠的拉丁词汇是不被允许的，即便你喜欢说拉丁语词比希腊语词丰富。然而为了便于理解这个词的意思，解释一下芝诺造词的原因也无不当。"

［XVI］［52］"芝诺说，在宫廷上鉴于国王的至尊地位，无人会用'更受偏爱的'或'更好的'（这就是 *proēgmena* 一词的本义）去称呼国王本人，该词用于那些职位较低一些，但几近于至高王权的人。同样，在生活中那些不是第一位的，而是第二位的东西被称作 *proēgmena*，即'更受喜欢的'。（从字面意义上）我们把该词翻译为'提升的'（promota）和'降低的'（remota），或我们一直在使用的'优先的'（praeposita）或'在先的'（praecipua）以及反义词'排斥的'（reiecta）。如果我们明白了意思，就不必拘泥于词汇的使用。［53］既然我们说每种善的东西是第一位的，那么我们称之为'优先的'或'在先的'东西必然既不是善的也不是恶的。相应地，我们把这类东西界定为'无差别的'但却是有一定价值的——对我来说，我用'无差别的'（indifferens）一词翻译他们的 *adiaphoron*。那么，在中间状态的事物中就不可避免地包含某些合乎自然的东西，或相反的东西；如果这样，这类事物也就包含某些有一定价值的东西；承认这一点，那么这类事物中的某些东西应当是'优先的'或'更受偏爱的'。"

［54］"因此我们正在讨论的区别是确切的，而斯多亚派提供了下面这个类比来使之更容易理解：他们说，假如我们的目的或者说终极目的是要掷骰子（talum）以便它能正确地中的，而当它落到正确的地方，那么'中的'对终极目的就具有某种更受喜爱的特

质；反之，则具有某种受排斥的特质。但是关节骨的'更受喜欢'不会构成最终目的。同样地，实际上更受喜爱的对象确实归于目的，但不构成其威力和本质。"①

[55]"接下来我们可以把善的东西分成三类：一些是构成最高目的的善（这是我对 *telika* 一词的翻译，我们可以确定且一致同意，为了更清楚地理解词义，在一个词不够用的场合可以使用多个词）；一些是创制性的善（efficientia），希腊语是 *poiētika*；一些是两者兼有的善。唯一构成性的善是德性活动本身，唯一创制性的善是友谊。而智慧，按斯多亚派的观点，既是构成性的也是创制性的。就其本身作为和谐一致的活动，智慧可归于我所说的构成性的善；就其引起和产生德性活动而言，它也被说成是创制性的善。"

[XVII][56]"那些我们称之为'优先的'或'更受偏爱的'东西，有时是因自身更受喜欢，有时是因为它们可以产生某种结果，有时则出于两种原因。第一种情况，如性格特征和外部表情，某种姿态或某种运动，这些是因自身而更受偏爱或受排斥的东西。其他东西，如金钱，是因为它能产生某种结果而被称作更受偏爱的。还有东西是因为这两种原因而被视为更受偏爱的，比如健全的感官和健康的身体。[57]就名誉而言——bona fama 是对斯多亚派的 *eudoxia* 一词的翻译，在当下语境中比译成'荣耀'更好——克律西波和第欧根尼常说，除了它所具有的实用性之外，没什么值得我们

---

① 这个令人费解的骰子的例子不是很有帮助。然而这一点很清楚：优先的无差别之物与实现幸福是有关的（在其他斯多亚派的类比中，它们是质料），但是没有构成幸福的本质（这由德性完成）。

为之染指，我极为赞同这一观点。然而其继承者们难以抗拒来自卡尔涅亚德的攻讦，声称我所称为名誉的东西，是因自身更受偏爱且更被需要的，一个出身高贵、受过自由教育的人（liberaliter educati）① 渴望来自其父母、亲戚和一般好人的好评，是出于自身之故而非其他好处。他们进而论证，正如我们出于自身的原因关心孩子的利益，尽管这些利益在我们死后产生，因此我们应当为自身之故而关心身后名声，即使所有的利益烟消云散。"

[58]"尽管我们表明德性是唯一的善，但无论如何它是与义务活动或'应为之举'（officium）的发生相一致的，即使我们认为义务既非善又非恶。因为在这个中间领域存在着某种合理性（probabile），可以用来解释行动的理由，也即对合理完成的行动做出解释。因此应为之举是任何一种这样的行动：我们总能对其发生给出合理的解释。② 由此可见，义务处于中间领域（medium），既不属于善也不属于相反的东西。那些既不是德性也不是恶的东西或许存在着某些有用性，这些有用性是不能被排除的。这个领域也包含了某种活动，即理性召唤我们去生产或创生某些中间事物〈的活动〉。我们把所有合理的活动（ratione actum）称作义务，因此义务归属于既非善也非相反之物的范畴。"

[XⅧ][59]"显然，智者的某些活动也发生在这个中间领域，

---

① 此处应是指自由七艺（liberal arts）。
② 可以得到理性地辩护的"应为之举"已经被当作德性发展的第一阶段了。对德性和非德性来说它是常见的；当一个有德性的人按照正确的倾向和其他德性的要求行动时，应为之举就会变成有德之举。"应为之举"可以被理性地评估，因为在非善非恶的行为中仍然有选择价值的区别。

他把这种活动判断为义务或'应为之举'。既然智者的判断是不会错的，所以应为之举将属于中间领域。同样的结论也可由以下证明推出：我们看到某种我们称之为正确行为（recte factum）的东西是存在的，而这是一种完善的应为之举（perfectum officium），所以也会存在不完善的（inchoatum）① 应为之举。比如，若如期归还抵押是一种正确的行为，那么归还抵押就是一种义务。附加的限定词'如期'（iuste）使之成为一种正确的行为，因此单纯的归还抵押本身只是一种应为之举。毋庸置疑，我们所说的中间之物（quae media），有些是值得选择的，另一些是受到排斥的。因此无论以这种方式做什么或说什么都包含在义务的范畴之下。这表明，既然自爱根植于所有人的本性之中，因此无论愚者还是智者同样都会选择合乎自然的东西，排斥相反的东西。因此，存在一个智者和愚者共同的义务活动领域，正是在这个领域中形成了我们所说的中间之物。[60] 既然所有义务活动源于中间之物，因此有理由表明所有我们的权衡（cogitationes）都是关乎这些中间之物的，包括结束生命和保存生命的意愿。当一个人所具有的多数东西与自然一致，对他来说活着就是义务；当他所具有的或所看到的多数东西恰恰与自然相悖，对他来说结束生命就是义务。显然对于智者有时结束生命是义务，尽管〈他〉是幸福的；对于愚者有时活着是义务，尽管〈他〉是不幸的。[61] 我每每提及的斯多亚派的善和恶是后继性的或后

---

① 译为"初步的"或许更贴合于拉丁语原文，但为了与前文相呼应，故采取意译。——译者注

发的（postea consequitur），而自然的原初物（prima），不管与自然一致还是相反，都落入智者的判断和选择范畴，似乎构成了智慧的对象（subiecta）和材料（materia）。因此，保存生命或结束生命的理由完全通过诉诸前面提到的中间之物来度量。因为有德者不必恋生，无德者也不必寻死。对智者来说，如果机会合适，在达致最高幸福的时候放弃生命通常是一种义务。斯多亚派认为幸福，也即与自然一致地活着，是一种机缘或时机性的东西（opportunitatis）。如果时机合适，智慧本身有时会驱使智者放弃自己〈的生命〉。罪恶不足以提供一种自杀的充分理由，因此显而易见，即便是愚者，尽管不幸，但活着也是一种义务，只要他具有多数我们所说的合乎自然的东西。无论放弃生命还是保存生命，愚者都是同样的不幸，延长时间并不会使其生活更为可取。因此有充分理由表明，那些享受多数合乎自然的东西的人应当保存生命。"

[XIX][62]"再者，斯多亚派认为，理解自然生成了父母对子女之爱是至关重要的。由这一出发点我们可以追溯一切人类交往结社的发展过程。人们首先应当看到，由人体的形状及其构成部分可以清楚地表明，自然具有繁衍子嗣的意图。然而，自然本性有意繁殖子嗣，但生下后又无意抚育关爱子嗣，这是不相容的。即使在动物身上自然的这种力量也是清晰可辨的。当看到它们为了养育子嗣所付出的努力，我们仿佛听到了自然本性的声音。正如我们本性上逃避痛苦是显而易见的，我们受自然本性的驱使去爱抚我们生育的子女也是显而易见的。[63]由之，在人们之间自然本性发展出一种交互的、本性上的相投或认同（commendatio），因此〈斯多亚

派〉认为其他人正因为是人而与自己并不疏远（alienum）。某些我们身体的部分——比如双眼和双耳——就好像是为自身而被创造出来一样。其他的部分——比如双腿和双手——也增强了其他部分的效用。同样地，某些大型的动物也不过是为它们自己而被创造。而比如有着宽大外壳（patula pina）的软体动物（concha）①——这种生物因防卫（custodit）被称为寄居蟹（pinoteres）②——从其壳中游出又在休息时缩回去，就好像在提醒它要小心。又比如蚂蚁、蜜蜂和鹳——它们的行动都很无私。人类之间相互结合的纽带更为紧密。因此，我们本性上适合于聚居、结社和建立城邦。"

[64]"再者，他们还认为宇宙由神的意志统治，像一个神人共享的城市或国家，我们当中的每一个都是这个宇宙的一部分。③ 由之可以自然得出结论：我们视共同利益（communem utilitatem）高于我们自己的利益。正像法律把所有人的福祉（salutem）置于个人的福祉之上，因此一个好人或智者，尊重法律，在意城邦义务，关心所有人的利益超过任何个人，包括他自己的利益。叛国者

---

① 此处伍尔夫的英文版翻译为"海笔"（sea-pine），但经中译者查，海笔是一种珊瑚类生物，没有外壳，而且也没有寄居于其他生物的习性，反倒是它身上寄生着水螅虫，因此这里根据前后文意译为"软体动物"，它应该是指构成寄居蟹内部的寄生生物。——译者注

② 一种寄居蟹，译名参考了英文本。——译者注

③ 这是斯多亚派的神学宇宙观。斯多亚派相信，理性存在者们总能构建起一个共同体，这个共同体由人类和诸神按照理性的程度组织起来，它是神性弥散在宇宙当中的体现。一个人类，会因自身的理性（视程度而定）将自己视为一个理性共同体的一部分，而不是首先将自己视为自身利益的促成者。人类的各个共同体在多大程度上能体现完美的理性，就在多大程度上能获得这种献身。而理性程度较高的共同体对人的要求也因而等价于法律。对斯多亚派法律理论的进一步阐释可以参见 *De Legibus*。

受到的谴责不会大于为了自己的利益和福祉而背叛共同利益和福祉的人所遭受〈的声讨〉。这就是准备为公共利益而献身的人受到如此赞扬的原因，因为热爱祖国甚于我们自己是正确而恰当的。我们认为，那些声称不关心在他们死后是否宇宙将燃起一场大火（希腊谚语也有类似的表达）的人是邪恶的、不人性的（inhumana）。因此，我们不得不出于其自身的原因而关心后代的利益，毋庸置疑是真的。"

[ⅩⅩ][65]"这种人类的情感正是人们为什么在死的时候立遗嘱、为子女指定监护人的原因。无人会选择极为孤独地度过一生，无论提供给他多大的快乐，这一事实表明人生来就是为了结合、交往、建立自然共同体（naturalem communitatem）。自然驱使我们，想尽可能地让更多的人受益，尤其是通过教授和传承审慎或明智（prudentiae）的原则〈来实现这一点〉。[66]很难发现一个不向他人传授所知的人。因此，我们具有教的倾向一如我们具有学的倾向。正如自然赋予公牛本能，以极大的斗志和力量去保护牛犊、对抗狮子，同样那些极具天赋和有能力完成功业的人，像传说中的赫拉克勒斯和利柏尔（Liber）① 具有保护人类的自然冲动。我们也把朱庇特称作'伟大的''至高无上的''大救星''庇护者''保护人'，这里我们的意思是说人类的福祉系于他的保护。〈如果说〉我们渴望永生之神的关爱和抚育，而我们自己却相互苛责、漠视对方，这是难以相容的！因此，正如我们在知道自己为何拥有肢体

---

① 来自古希腊和古罗马神话。关于赫拉克勒斯，参见 *Fin.* 2.23。利柏尔是古罗马的生育神，被视为为人类带来谷物和酒的神。

（membris）之前就在真正地使用肢体，同样，正是通过自然我们集聚在一起，结成社会共同体（civilem commmunitatem）。如果事情并非如此，就无法为正义（iustitiae）和仁爱（bonitati）留下余地。"

[67]"尽管他们认为正义（iuris）的链条把人与人联结起来，但在人与动物之间不存在这种正义的链条。① 克律西波说得好，他宣称所有其他东西是为了人和神创造出来的，但人和神是为了他们自己的共同体和社会创造出来的，因此人可以为了自己的利益而使用动物，这并非不正义（iniuria）。他说，人的本性是这样的，以至于在个别的人以及人的族类（genere humano）之间有一种公共正义或公法（civile ius），因此谁遵守这种东西谁就是正义的，谁摒弃了这种东西谁就是不正义的。这就好像，尽管剧场是公共的，但仍然可以说一个人所占据的位置属于他自己是正确的，因此在城邦和宇宙中，尽管这些东西是公共的，但拥有个人财产并不违背正义。② [68] 再者，既然我们观察到人天生在于自我保护和相互防范，因此对于智者来说愿意参加公共政治事务，并按照自然生活，娶妻生子是合乎其本性的。③ 甚至爱欲，只要是纯洁的，并不被当

---

① 斯多亚派的道德共同体排除了非人的动物们。克律西波得出的结论是人类对非人的动物没有义务，而且也许会根据自己的需要利用它们。

② 斯多亚派的人主张理性存在者的道德共同体能够兼容某些社会习俗，包括私有财产，虽然他们仅仅是允许私产还是鼓励私产这一点并不清楚。参见 J. Annas, "Cicero on Stoic Moral Philosophy and Private Property", *Philosophia Togata I*, J. Barnes and M. Griffin (eds.), Oxford, 1989, 151-173。

③ 按斯多亚派的主张，一种平凡的家庭生活能够过得有德性（virtuously）；所以，显然某些形式的政治生活也能如此。加图在这里说得不够清楚，而斯多亚派对什么类型的政治参与可以有德性地进行这个问题存在分歧，但显然罗马斯多亚派感受到了罗马公共服务传统的吸引力。

作与智者不相容的。某些斯多亚派的人称犬儒派的学说和生活方式也适合于智者，只要具备这种活动发生的条件，但另一些斯多亚派的人无条件地摒弃了它。"

[XXI][69] "为了保护人与人之间的合作（societas）、团结（coniunctio）和情感（caritas），斯多亚派的人认为'有益'和'有害'（用他们的语词表达即 *ōphelēmata* 和 *blammata*）是共同分享的（communia），前者有好处，后者无好处。它们不仅是共同分享的，而且本身是相等的。① 他们认为'无用'（incommoda）和'有用'（commoda）——这是我对 *duschrēstēmata* 和 *euchrēstēmata* 两词的翻译——是共同分享的，但本身不是相等的。因为有益之物和有害之物分别是善的和恶的，这些东西本身必须是相等的；而有用之物和无用之物属于'优先的'和'排斥的'范畴，它们本身有程度上的差异。尽管有益〈和有害〉被说成是共同分享的，但正确的和错误的行动不能被视为共同分享的。"②

[70] "斯多亚派的人认为友爱应当培育（adhibendam），既然它被归于有益之物的范畴。在友爱方面，有人称智者对朋友的生计

---

① 这里的相等是指在斯多亚派看来没有大善与小善的区别，也没有大恶与小恶的区别，但并不是说善恶是相同的。

② 从这里我们能够看出斯多亚派和犬儒派之间的微妙联系。犬儒派肇始于苏格拉底的弟子安提斯太尼（Antisthenes），但是一般将锡诺普（Sinope）的第欧根尼（公元前410—前320年）视为该学派的起源，他过着一种"依循自然"的生活，拒绝社会和传统习俗，同时厚着脸皮过着一种狗一般的生活。斯多亚派的人赞赏犬儒派的人对传统思维方式毫不妥协的拒斥，但是也拒斥他们反智的立场，同时也不接受德性能够在传统的社会角色中得到锤炼；"有益"区别于"有用"，"有害"区别于"无用"，前者是善恶范畴而后者是效益范畴。

（rationem）和对他自己的一样珍视，而其他人说每个人对自己的
更为珍视。甚至后者也承认'为了使自己富有而攫取他人之物是有
悖正义的'这种我们本性上恪守的原则。因此，我所谈到的这一学
说完全不赞同如下观点，即我们获取或赞成正义或友爱是因为它们
的效用（utilitates），因为同样的有用性会败坏和摧毁它们。事实
上，除非正义和友爱因自身而需要，否则它们是根本不可能存在
的。［71］另一方面，既然无论什么能够被表述或者被称为'法'
（ius）是由自然本性决定的，那么无论是错误的举动还是伤害他人
都是与智者格格不入（alienum）的。它也不能让不义与朋友（am-
icis）扯上关系，或让不义与恩惠（bene meritis）有所牵连；正义
（aequitatem）与效益（utilitate）绝不相悖，这是最严肃也最正确
的一点。公平与正义的即是高尚的，而反过来，任何高尚的也是公
平与正义的。"

［72］"除了那些我们已经讨论过的德性，他们还加上了辩证法
和自然哲学。① 他们将这两者均称为德性：因为前者提供了一种推
理方法，以防止我们赞同任何虚假的东西并被虚假的或然性所欺
骗，进而能保护并保有全部我们已经认识到的关于善恶的知识。没
有这种技能，他们认为所有人都有可能会被误导而偏离真理，误入
歧途。考虑到在任何情况下鲁莽和无知都是恶，那么他们将去除这
两种谬误的技艺称为德性也就顺理成章了。"

---

① 加图展现了斯多亚派的伦理学与斯多亚派哲学的其余两部分，即逻辑学和物理
学。逻辑学（或者辩证法）能让你捍卫自己的观点，应对其他人的各个论证；而物理学
提供的形而上学背景能让学习者更好地理解斯多亚派的要求。最终这三部分有机地结合
在一起成为一个整体。

[XXII] [73] "物理学被给予相同的荣誉也不是没有原因的。任何一个想要顺应自然生活的人，其起点都是作为一个整体的宇宙（mundo）及其统御（procurat）。此外，除非一个人理解整个自然乃至神的事业（vitae），以及人类的本性是否与自然相协调一致（conveniat），否则他就不能对善恶做出正确的判断。那些智者的古老格言告诫我们'遵循时机'（tempori parere）、'追随神明'（sequi deum）、'认识自己'（se noscere），以及'做事不过度'（nihil nimis），这些格言的力量若没有物理学是无法被把握的（而它们有最大的力量）。而只靠着这门对自然力量的知识能迁移到正义的培养、友谊的维护和其他的情感纽带上。至于对众神的虔诚，以及应该对其感激，若无对自然世界的解释，就不可能对这些问题有所理解。"

[74] "然而，我感觉自己已经被带领着远离了原本要阐述的理由，确实是斯多亚派令人敬佩的体系（compositio）以及其传授的对事物不可思议的分类拖拽着我；不朽的众神在上，这还不够让你心生敬意吗？有什么源于自然的事物——虽然没有什么比自然更合适也更精准的安排了——或手工制品能够创造如此有序而又如此牢固且紧密相连的成就？哪个结论不是从前提而来？什么推论没有呼应条件？有任何其他体系像这个体系一样，只要移动其中的任何一个字母，就会使得整个体系崩溃吗？更不用想这里还有什么可以改变的了。"①

[75] "智者的品质是多么庄严，多么高贵，多么一致啊！理性已经表明，高尚是唯一的善。就这样，智者必定总是幸福的，而且

---

① 斯多亚派哲学是一种整体结构；各个部分只有在弄清楚整个系统的情况下才能得到根本的理解（因此斯多亚派的人并不害怕提出那种单独地看有些奇怪的论点；他们有信心在作为整体的理论中他们的观点能得到支持）。

实际上拥有愚人常常嘲笑于他的那些称号：他比塔奎尼乌斯（Tarquinius）更该被称为'王'，后者既不能律己又不能治国；他比苏拉（Sulla）更该是'万民之主'，它是三种破坏性之恶的主人——奢侈、贪婪和残忍；他该比克拉苏更富有，他如果无所缺，绝不会毫无理由地渡过幼发拉底河（Euphrates）。① 只有这个懂得恰当使用所有事物的人才理所当然地被人们称为万物之主；也只有他才能被恰当地称为迷人——因为灵魂的特征比肉体更加迷人——他也是唯一自由的人，因为他既不臣服于任何统御，也不屈服于任何欲望，他断然地不可被征服，即便其身体被束缚，他的灵魂却没有锁链可以束缚。[76] 智者不会等待生命中任何时刻，不仅不等待生命最后一天死亡降临，也不等待判断幸福与否的决断时刻，正如梭伦，这位七贤之一，不智地劝诫克罗伊索斯那样。如果克罗伊索斯曾经幸福过，他本将带着自己的幸福生活，躺到居鲁士为他建的火葬堆（rogum）上。② 所以，如果这一点是对的：除非善人（且只有善人）是幸福的，否则便没有幸福；那么，还有什么比哲学更应被传授，还有什么比德性更神圣吗？"

---

① 斯多亚派的观点是，只有智者、有德性的人才配得上那些我们常常错误归给无德性者的词汇；这种人才是唯一富足的，才是唯一的王者和持国者，等等。这种观点是要让我们意识到自己并不了解真实情况与理想状况之间的距离。比如，即便一个人远不具备一个明君应有的德性，我们也称某人为王。这里加图主张斯多亚派的有德性之人比起卢西乌斯·塔奎尼乌斯·苏泊尔布斯（Lucius Tarquinius Superbus，公元前534—前510年）更配得上"王"的头衔；后面的两个例子也与此相同。

② 参考希罗多德《历史》（Histories）第一卷梭伦的故事。他曾警告吕迪亚的王克罗伊索斯，要在生命到达尽头前再考虑幸福问题。这里加图认为这条建议助长了克罗伊索斯在挑战波斯人居鲁士时的轻率。后者打败了他并在准备将他活活烧死时，因为听到克罗伊索斯讲述自己的故事而改变了主意。

第四卷

[Ⅰ][1] 说完那些，加图停止了他的论述。"对于一个那么宏大且晦涩的主题，"我说，"你的论述确实准确而又清楚。看来我要么放弃回应的念头，要么花点时间来反思一下。事实上，斯多亚派的理论不仅在奠基时精益求精，而且其学说建构也恰当，尽管它不够真实——虽然我还不敢断言这一点——但认真处理它可不是一件简单的事。"

"是吗？"加图回答说，"在当下的新法律之下，如果我在法庭上遇到你在为案子辩护，那么你要在同一天的三小时内结束。① 你认为我会让你拖延我们的'案子'吗？提醒你，你会发现你的辩解不会比你某些胜诉时的辩词更好。所以用同样的方式处理它吧，毕

---

① 公元前 52 年，庞培提交了一部新法律，该法律限制了审判中总结陈词的时间，诉方的时间限为两小时，辩护方的为三小时，两者都必须在同一天完成。

竟在其他人那里已经处理过这个议题了，而且你也常常处理它，所以你肯定不缺能说的内容。"

[2] 然后我说："赫拉克勒斯啊！我并非总对斯多亚派进行鲁莽的反驳。倒不是因为我非常赞同那套东西，而是谦逊阻止我那么做：在斯多亚派的学说中有太多的东西我几乎无法理解。"

"我承认，"加图说，"有某些晦涩之处。但这不是他们有意为之，而是晦涩根植于这些主题。"

"那么，"我问道，"为什么漫步派阐述相同的学说时没有一个字是我不懂的呢？"

"相同的学说？"加图说道，"我还没能让你明白这两个学派的区别不仅有措辞上的区别，而且所有的内容和全部的观点都不一样吗？"

"好吧，"我说，"如果你能捍卫自己的说法，你有权要求我彻底信服你们。"

"我确实觉得我说得够多了，"加图回答说，"所以让我们立刻着手来处理这个议题吧，如果你愿意的话；但如果你想讨论别的事，那我们稍后再讨论。"

"不讨论别的事，就这个议题吧，"我说，"不过每当一个争议点出现时，我想行使自己的自由裁量权（arbitratu），除非这种要求不公正。"

"请便，"他回答道，"我的建议更合适，但让你一步也是公平的。"

[Ⅱ][3]"那么，加图，我认为柏拉图以往的门徒①，也就是斯彪西波、亚里士多德和色诺克拉底，以及他们的弟子，珀勒蒙和第奥弗拉斯特，建立起了一套丰富而精致的学说。② 因此，既然芝诺曾师从于珀勒蒙，那便没有理由不同于珀勒蒙和他的前辈。③ 这就是我接下来要阐述的学说，在这个过程中，如果你认为发现了需要我调整的任何内容，那么请不要等到我已经完整地回应了你刚才说的一切才讲：我估计这整套学说与你们全部的内容相互对应。"

[4]"这些哲学家意识到，一般而言，我们天生就与那些为人熟知而又高贵的德性联系在一起，我说的是正义、节制还有其他同类德性［所有德性之间的关系类似于技艺之间的关系，只是较擅长者（meliorem partem）和处理方式不同而已］。这些哲学家也看到我们追寻德性时的热情更为突出（magnificentius）。我们对知识有根深蒂固的，或者更恰当地说，与生俱来的渴望；我们天生倾向于构建人类的社群（congregationem）、发展社区（societatem）并在

---

① 西塞罗阐述了安提奥库的理论：柏拉图哲学、亚里士多德哲学和斯多亚派哲学本质上是同一种理论。作为安提奥库理论的前奏，这一点会在 Fin. 5.9-23 再出现。这里西塞罗借此主张芝诺在哲学的一般意义上其实并没有引入任何新的东西，尤其是在西塞罗将讨论转向伦理学之前。此卷中的这些论证来源于安提奥库的观点，却得到了西塞罗的有力表述。虽然在第五卷中他会反驳安提奥库。

② 雅典的斯彪西波（Speusippus，公元前410—前339年）是柏拉图的侄子和学园的继承人，接替他的是卡尔西登（Chalcedon）的色诺克拉底（公元前396—前313年）。雅典的珀勒蒙是后来的学园领袖而非其直系学生；他将学园的研究兴趣转向了伦理学而非形而上学。亚里士多德，柏拉图最有名的学生，建立了自己的学派——吕克昂学派，第奥弗拉斯特时期学生和继承人。

③ 季蒂昂的芝诺，斯多亚派的建立者，珀勒蒙众多弟子中的一个；这里西塞罗强调珀勒蒙的影响是为了淡化斯多亚派受到的其他影响，同时减少芝诺的原创内容。

人类中建立起共同体（communitatem）。他们坚称，这些品质是所有最好的天性中最突出的。

他们将哲学分为三部分，我们注意到芝诺保留了这种区别。①[5] 虽然他们认为其中一部分阐述了我们的习俗（mores），不过我还是先将这部分的讨论推后（differo），它类似于这些问题的树干（stirps），事实上那是至善的问题，我们稍后再予以讨论。此刻我只讨论政治学（我认为这才是它正确的称呼，其希腊语为 *politikon*），早期的漫步派和学园派严肃而全面地研究过它，而在这两派之间只有措辞上的不同。"②

[Ⅲ] "关于公共事务和法律他们的著述是多么丰富啊！他们不仅为〈人类的〉知识留下了大量有价值的教诲（praecepta），也为优秀的演说留下了大量的案例。首先，对于那些本身就被严肃讨论的内容，他们表述得优雅而确切，同时他们也定义、分类，一如你们。但是你们的那么粗陋，而前者，你们知道它光彩照人！[6] 至于那些需要华丽而庄严风格的议题，他们付之以雄壮之言，那是何等熠熠生辉啊！无论是关于正义、节制、勇气、友谊，还是如何度过一生；无论是关于哲学还是治理共和国，在所有这些议题上，你都会发现他们既没有吹毛求疵（spinas vellentium）——像斯多亚派那样——也没有挑刺儿（ossa nudantium）③，反而在主题宏大时

---

① 事实上这种将哲学分为伦理学、逻辑学和物理学的做法属于斯多亚派，虽然它后来又被归于色诺克拉底，而安提奥库将它归于柏拉图-亚里士多德这个他宣称自己发现的传统。但如果没有进一步的阐释，它就只能归于柏拉图或亚里士多德中的一个。

② 考虑到两个学派之间的不同，这个判断是值得商榷的。

③ 这两个组合意义相近，都有"烦琐""苛刻"的意味。——译者注

优雅，在主题精致时直接。"

"想想他们的安慰、劝诫之作以及写给最优秀人物的建议和劝告吧！① 实际上，他们的演说训练如同事物自身的本性那样包括两个层面，因为任何一个问题都可以要么在自身的种属层面上讨论，不涉及人物或时间；要么结合行为、法律或语词讨论。因此，他们以这两种方式训练，而这些训练使得他们的两种演说都相当丰富。"

[7]"无论是因为能力不足还是没有兴趣，这整个领域被芝诺和他的追随者们彻底忽视了。克莱安塞曾写下一篇《修辞技艺》（"Artem Rhetoricam"），克律西波也是这么做的；但他们的著作却是这样的：对那些渴望变得沉默的人来说，最好不要读别的著作。② 看看他们是怎么做的：生造新词汇，抛弃那些常用词汇。但这是何等大胆的尝试啊！他们说'整个宇宙是我们的城镇'！你说听众会受到鼓舞，但你们能在多大程度上让希尔塞伊（Circeii）的居民觉得整个宇宙是他们的邻居？③ 然而斯多亚派鼓舞到谁了吗？就算有人接受了鼓舞，也会迅速冷静吧。确实，你只是单纯地提

---

① 西塞罗考虑的是一种现在已经大部分失传或者只有一部分为我们所知的作品类型，比如亚里士多德的《劝勉篇》（*Protrepticus*）或者泰米森（Themison）的训词，塞浦路斯的一位王子。

② 这句话显然是在嘲讽斯多亚派的行文风格，意思是想变得沉默没有比学斯多亚派的修辞学更好的办法了；西塞罗在前文中将柏拉图主义和亚里士多德主义两大传统都解释成接受并擅长修辞学的传统；他这里考虑的显然是柏拉图后期的作品，因为如果我们想想《高尔吉亚篇》中柏拉图抛弃修辞学并将之视为与哲学冲突的事物，这就显得令人吃惊。但是修辞学在斯多亚派那里的地位是可疑的，参见 C. Atherton, "Hand over Fist: The Failure of Stoic Rhetoric", *Classical Quarterly* 38（1990），392 - 427。

③ 希尔塞伊，罗马南部沿海小镇，这里提起这个小镇只是想表达"一个无足轻重的地方居然是世界的邻居"。

起：只有智者才能成为王，成为独裁者，成为富豪——你的表述恰当而优雅；当然，因为这是你从修辞学家那里学来的东西。实际上，斯多亚派自己在刻画德性的力量时表现得非常粗陋！德性就是他们想要的那种自身能够带来幸福的东西。他们简短琐碎的论证仿佛针尖一样。即便是那些接受他们结论的人，在他们心里也没有转变观念，他们听完这些论证离开时的状态和来听时一样。斯多亚派的学说或许是真的，而且也确实很重要，但是它们不仅没有按照该有的方式处理。而且实在太琐碎了。"

［Ⅳ］［8］"剩下的学科是逻辑学（disserendi ratio，也即辩证法）和物理学（cognitio naturae）① ——如我之前所说，我会稍后再进入对至善问题的讨论并使整个讨论都以其为依归。这是芝诺并不热衷于改进的两部分。因为他认为这两部分的内容都很清楚。在对逻辑学的研究上古人忽略了什么呢？他们定义了大量词汇，留下了关于定义的大量知识并附上了定义，至于对事物的分类，他们既留下了分类的例子，也留下了恰当的分类尺度。对于矛盾律（contrariis）的论述同样如此，据此他们构建起了'属'（genera）和属当中的各个种（formas）。此外，他们的演绎论证学说（argumenti ratione conclusi）从所谓的显明之物（quae perspicua）开始，然后依次进行，直到得出对每一个个别事物都为真的结论。"

［9］"他们还区别了各种各样的演绎论证，而这些论证和严苛的斯多亚派三段论论证（interrogationibus）是那么不同！同时他

---

① 这两个词组本义分别是"讨论的学说"和"自然的知识"，这里直接根据其意义翻译为两个学科。——译者注

们在许多地方都仿佛在警告我们，让我们既不要在没有理性的情况下去感觉中寻求可靠性，也不要在缺少感觉材料的情况下去寻求理性的可靠性，两者〈不〉该相互分离。然后呢？今天的辩证法家所传播和教授的材料，难道不正是他们建构起来的吗？对于这件事，虽然克律西波已经极其费心，但芝诺的贡献远不如前者。然而，在某些方面他的著作只是不如前人，在其他方面他则是完全弃之不顾。"

[10]"无论何时都有两种技艺，它们完全由推理和演讲组成：一则被用于发现（inveniendi），二则被用于阐述（disserendi）。①斯多亚派和漫步派都继承了后者，至于前者，漫步派做出了卓越的贡献而斯多亚派几乎没怎么触及。你们对于这种宛如'调取论证的宝库（thesauris）'没有概念，但是他们的前辈却传承了这种技艺与方法。这种技艺让我们不必重复同样的论证，而那样做仿佛记住了规则却从来离不开自己的笔记一样，〈借助这种技艺〉他会知道每一个论证属于哪一个论题以及如何从中引出，即便它被埋藏着，他都能挖掘出来并总能使自己在辩论中坚持自己的立场。或许有某些伟大的天纵之才虽未把握什么理论却能言辞畅达，但是在这个领域技艺比天赋更可靠，像诗人那样出口成章是一回事，以一种理论和知识安排一个人所说的内容则是另一回事。"②

---

① 从上下文看前者是论题学后者是逻辑学，论题学注重积累不同的论证形式以备使用，类似于一种词典，故被类比为"宝库"，利用论题的过程也是发现的过程。

② *Fin.* 4.8-10 的逻辑学论述大大贬低了斯多亚派对逻辑学的贡献，尤其是克律西波的贡献；斯多亚派的逻辑学是重大的原创成就，远远有别于亚里士多德主义的逻辑学。

[Ⅴ][11]"我们也能这么阐述对自然的解释。漫步派和你们皆是如此，而且原因不止伊壁鸠鲁提出的'免于对神和迷信的恐惧'这两条①，还包括在观察到诸神之间是何等的节制而有序时，从对神圣事物（rerum caelestium）的研究中获得的谦逊，也包括在了解到诸神的努力和创造时产生的崇高精神，还有当你弄懂了这至高的导师（rectoris）和主宰（domini）的神圣意志（numen）、目的和愿望后获得的正义感，也就是哲学家们所说的，真正的理性和至高法律（summa lex）相结合的东西。"

[12]"对自然的解释中还有某种因无穷无尽的求知欲而产生的快乐，当我们完成必要事务没有工作的时候，能够高雅而自由地徜徉其中。② 在这整个领域几乎所有最重要的议题上，斯多亚派都追随着漫步派认为诸神是存在的且万物由四种基本元素组成。然而这就会有一个极其困难的问题：是否存在某种构成了理性和智识的第五元素，而这也关乎灵魂的本质是什么的问题。芝诺宣称它是火。在有些小问题上，芝诺不同于漫步派，但是在最重要问题上，他的看法〈与漫步派〉相同，他也认为宇宙和它最伟大的部分被神意和自然统御着。然而，斯多亚派在这些议题上留给我们的材料甚少，而在漫步派的著作中我们却发现不少。"

[13]"他们研究并收集了那么多关于每一种动物的种类、繁

①　这里应该是把"免于对神的恐惧"和"免于对迷信的恐惧"各自视为一项信条，因此这里是两条。——译者注

②　西塞罗在这里作为一个罗马人写作，对他来说唯一值得尊重的事务是公共政治的舞台，而他将哲学视为闲暇时的消遣——事实上，这些对话中的所有人物都与他们所讨论的古希腊哲学家相反，这些哲学家将自己的一生献给了哲学。

殖、肢体以及存活时间的资料，那么多植物的资料①！还搜集了那么多事物及其产生的原因，解释了产生的方式！而从中可以选择大量充分而可靠的证据来解释自然的每一个方面。因此，按照我的理解，斯多亚派虽然还没有理由改名为漫步派，但不能因为芝诺没有在所有问题上追随漫步派而否认他出自漫步派。确实，我认为在物理学上伊壁鸠鲁也追随德谟克利特，虽然他或多或少做了些改变。但无论是在主要的议题上还是在最重要的议题上，他说了同样的内容。你们斯多亚派也是如此，而你们对首创者（inventoribus）还不够感激。"②

　　[Ⅵ][14]"这些问题说这么多就够了吧。我提议现在就考察一下关于至善的问题，因为它支撑着哲学。芝诺做出了什么来证明自己与宛如其父母的首创者们有区别呢？关于这个议题，加图，虽然你对斯多亚派的人的至善——这个概念维系着哲学〈的生命〉——以及他们使用这个语词的方式做了仔细的解释，然而，我还是要阐述一下，好让我们检查芝诺到底引入了什么样的改变，如果我们有能力的话。最明显的是他的前辈珀勒蒙，他宣称至善就是依循自然生活。斯多亚派说这句话有三种意义。第一种意义是，'用一个人对自然产物的知识来生活'。他们说芝诺自己的至善就是

---

　　①　原文为"quae gignuntur e terra"，直译为"从大地上长出的事物"，这里根据意义译为"植物"。——译者注

　　②　*Fin.* 4. 11 - 13 的物理学论述大大低估了斯多亚派和亚里士多德主义之间的物理学和形而上学的差别。西塞罗强调两个学派都接受对宇宙的一种目的论解释这没错，但是他没有提到这两种解释有多么不同，也没有提到两者基本的形而上学假设以及对时间、质料、原因等概念的不同。首创者，在这里指芝诺之前的这批哲学家。

这个，而它表明了你们所说的'与自然和谐一致地生活'。"①

[15]"第二种意义类似于这么说：要按照中间领域的所有或大部分义务而活②，这种解释与上一种解释并不相同。前者其实是'正确的'（rectum）（正如你们翻译的 *katorthōma* 那样），它独属于智者。而第二种意义则是一种义务的起点，并不完善，而且它并非不能发生在愚者身上。"③

"第三种解释是'靠享受所有的或者多数符合自然本性的事物而活'。这个目标并不完全依赖我们的行动，因为它既要由一种享受德性的生活来实现，也要靠占据那些符合自然本性却并不在我们控制范围的事物实现。然而，第三种意义上的至善和基于这种至善的生活，因其与德性相连，所以只存在于智者身上。④ 我们在斯多

---

① 从该节到 *Fin.* 4.44，西塞罗论证如下："老学园派"传统（在他的阐述中这也是柏拉图和亚里士多德的传统）宣称我们的最终目的是依循自然而生活。斯多亚派的人在他们自己的话语中重复了这一点，而且没有任何潜在的反对意见（*Fin.* 4.14-19）。但是斯多亚派的人在两个主要的方面错上加错了。首先，他们的目的论是反常而又有误导性的（*Fin.* 4.20-23）。其次，他们对人的自然本性解释错误，而因此而来的"依循自然本性生活"也同样如此，他们不切实际地淡化身体和外在善在幸福中的重要作用（*Fin.* 4.20-44）。

② 关于"中间领域"，参见 *Fin.* 3.58。

③ 关于"完善的义务"与"不完善的义务"，参见 *Fin.* 3.54。

④ 西塞罗所描绘的斯多亚派的三种至善意义有些问题。像西塞罗抱怨的那样，第二个定义省略了一个关键之处：普通人虽然可以按照义务来行动，但是只有"合乎德性地"那么做才能获得幸福。然而西塞罗并没有给我们斯多亚派对此的完整定义。我们有从晚期斯多亚派的人那里提到的"义务"的定义，但是他们同样增加了"理性地"（按照义务行动）或者"始终坚定不移地"（按照义务行动）这类的限定。此外，这些定义强调，对德性至关重要的义务并不是目标，而是一种达到目标的努力，它只是达成"幸福"这个目标的一部分。第三个定义不是斯多亚派的，该派的人坚称幸福在于有德性地活着，即便我们事实上没有争取到它们，但如果这么解读就肯定会抹除了两派之间最重要的区别。

亚派自己的著作中发现的这种至善首创于色诺克拉底和亚里士多德。他们阐述了自然的基本组成，也是你们论述的起点，几乎可以表达为如下这句话：［Ⅶ］［16］'每一种自然本性都让我们自保，既是为了生存也是为了自身的族类受到保护。'他们宣称，为了这种目的，还需要各种技艺来协助自然本性，而其中被视为首要技艺的是生存的技艺，其目的在于保存自然本性所赋予的事物，补充它缺乏的事物。同样，他们把人的自然本性分为灵魂和身体两种，并称无论哪一种都因其自身而被追求。因此，他们会说这两者各自的德性因其自身而被追求。同时，这些人认为比起身体更应该赞美永恒的灵魂，而因此又将灵魂的德性置于身体的善之上。［17］他们认为，智慧，作为自然本性的伙伴和助力，是整个人类的守卫者和统御者（procuratricem）。所以，他们宣称保护由身体和灵魂所构成者（无论以何种方式帮助或支持它）是智慧的责任。"

"在一开始确立了这个简单的框架之后，他们又完善了细节的部分。身体的善在他们看来是易于拥有的，而他们对灵魂的善探寻得更精确，尤其是他们发现这些善中包含了正义的种子。但在所有哲学家中，他们最早传授'父母对子女的爱是自然本性的赋予'这一点。他们宣称男女的婚姻是自然本性使之结合〈的结果〉，并且这种结合在时间上早于婚姻，而亲密的血亲关系也是从这种根源产生的。从这些起点出发，他们追溯了所有德性的起源和发展：正是从德性中生发出了（existebat）灵魂的尺度（magnitudo），而依靠它命运也能被轻易地抗衡，它是智者力量中最重要的事物。遵照这些古代哲学家教导的方式生活，就能轻易克服命运的无常（varietates）和不公。[18] 此外，从自然本性所赋予的原理中产生了诸善的丰富性，这部分地源于对宇宙奥秘的沉思，因为对灵魂来说，对学习的热爱是天生的，而从这种热爱中又生出对理性解释、对论证的热情。同时，人类是唯一带着羞耻感、谦逊之心以及与同族共同生活的渴望而降生的动物，而且人类关心全部的所为和所言，非高尚或优雅者不为。以此为起点，也即前面所说的，从自然本性所赋予的种子出发，节制、适度、正义和其他所有德性就能完全发展出来。"①

[Ⅷ][19]"因此，加图，你现在知道我提到的这些哲学家的观点了。待说明完成后我也很想知道芝诺有什么理由偏离这个古代的规范（constitutione），以及他不同意哪些观点。是不赞成他们说所有的自然本性都倾向于自我保护吗？还是'每一种动物都忠于自身利益，同时希望它的族群安全且不受伤害'？抑或是不同意'所有技艺的目的也就是某些重要自然本性的要求，所以同样的标准也适用于全部生活的技艺"？或者，是不同意'因为我们由身体和灵魂组成，所以这两者及其德性因其自身而被选择'吗？或者他真的不同意给予灵魂的德性如此突出的地位吗？还是反对这些前辈对明智（prudentia），对事物的知识和对人类结合的论述呢？抑或是反对他们对节制、适度、灵魂的伟大或所有对高尚的论述呢？不，斯多亚派会承认所有这些论述都是可敬的，而且这也不是芝诺偏离的

---

① 这一段对"老学园派"伦理理论的解释在第五卷中会给出更大的扩展，西塞罗认为斯多亚派的理论偏离了这种解释。但它事实上是安提奥库将亚里士多德主义和斯多亚派观点混合的产物。

理由。"

[20]"我相信，在其他问题上他们会说前人们犯下了大错，而芝诺这位真理的追求者只是不能容忍这些错误。毕竟，（对芝诺等斯多亚派来说）还有比这更有悖常理（perversius）、更让人难以忍受且更愚蠢的观点吗？芝诺将健康、免于痛苦、眼睛和其他器官的完整称为善，却将所有这些事物及其对立面摆在中间领域。① 古代哲人们所说的每一种善实际上只是'优先的'（praeposita）②，而不是善。这一点对前人们那个愚昧的主张：'身体的卓越是因为自身而被寻求的'同样适用：这些东西是'被采纳的'（sumenda）而不是'被寻求的'（expetenda）。简单来说，一种（除了德性之外）其余的顺应自然之物应有尽有的生活，并不比只有德性的生活更值得被追寻，但比之更值得采纳。尽管德性自身就足以实现幸福生活因此不会有更幸福的生活，然而，智者仍然有某些东西是哪怕他们最幸福时也需要的，所以他们也做这些事、驱除自身疼痛、疾病和衰弱。"

[Ⅸ][21]"噢，多么卓越的天资和多么正当的建立新学派的理由！继续往下吧。我们接下来就看看这个你已透彻理解的学说吧：所有的愚蠢、不正义以及其他的恶都是相同的，而所有的过错也都是相等的；那些无论依靠本性还是学习获得进步的人离德性都还很远，并且，除非他们完整地获得德性否则就是最不幸的，而且他们的生活与任何一个最邪恶之人的生活之间没有什么区别。

---

① 也就是居于中间的无善无恶之物，参见 *Fin.* 3.58。
② 这里显然是西塞罗在扮演斯多亚派发言，并不是西塞罗自己的观点。

哪怕是那么伟大的柏拉图，如果他不是一位智者，那么他就既不比任何一位最邪恶的人活得良善，也不比他活得幸福。这显然是对古代哲学的修改和调整，而且是一种不可能在城邦、法院或者元老院中有一席之地的版本。谁会接受那么说的人呢？他自诩庄重而智慧地生活，是这种生活的典范，可实际上却只改变了事物的名称，在任何情况下都和所有人想法相同。他们不过是将同样的内容换了一个新的名称，措辞变了，但内容却分毫未动。①

[22] 一位辩护人能通过宣称流放和财产充公不算是厄运来完成自己的结案陈词（epilogo）吗？能说它们是要'被拒斥的'（reici-enda）而不是要'被避免的'（fugienda）吗？法官不该对此有怜悯之心（misericordem）吗？想象一下，此时汉尼拔都已经在城门口了，长矛也纷纷飞过了城墙，一个演说家在一个公众集会上讲话时难道会宣称被囚禁、被贩卖为奴、被杀以及失去家园不是恶吗？如果德性和好运都不能正确地归于智者以外的任何人，那么元老院给予大西庇阿凯旋式时，能说'这是因为他的德性……'或者'这是因为他的运气……'吗？"②

"所以，什么样的哲学才会在公共场合下使用共同的语言，但

---

① 斯多亚派会否认这一点，并声称这种对斯多亚派技术性细节的嘲讽，并没有以斯多亚派所指出的理论区别为前提。在将"善"仅用于指称德性而将"被偏爱的"和"被拒斥的"用于指称其他事物这一点上确实如此。这种用法是斯多亚派在德性的价值与其他事物的价值之间找到的一种重要的理论区别，它与亚里士多德主义无关。

② 公元前211年，在对意大利的罗马各军团的一系列胜利之后汉尼拔开始向罗马进军，想要以此举迫使罗马调集在其他地方的军队，但是这个策略没有成功。这段在罗马人至暗时刻的演讲成为典范文本。公元前202年，大西庇阿在扎马击败了汉尼拔，成为国家的救星。

是在论述时又使用自己的语言呢？尤其是，他们的新语词也没有表达出什么新观念。还是同样的学说，只不过用了一种不同的形式罢了。[23]事实上，既然某人将财富、力量和健康称为'善的'时并不会比称其为'优先的'更有价值，怎么称呼它们又有什么区别呢？因此，慷慨（ingenuus）而高贵的人，如西庇阿和雷利亚乌斯尊贵的密友帕奈提乌，写信给昆图斯·图伯罗（Quintus Tubero）谈论关于忍受痛苦的话题时，他没有在任何一处提及'痛苦不是恶'——如果他能论证出来，那这就是他最好的论点了。相反，他论证了痛苦的本性和种类还有伤害的程度，然后说明了忍受它的方法。既然帕奈提乌自己是斯多亚派的人，他那些应该被谴责的看法在我看来就是空洞的说辞。"①

[X][24]"加图，我想更深入地了解你的论述。我将通过比较你刚才所说的观点和我偏爱的理论将问题推进（pressius）到底。如果你乐意的话，不妨让我们先承认与古人共同的观点，并将我们的讨论限定在有争议的部分。"

"我确实乐意，"加图说，"处理更细节的（subtilius）问题，而且如你所说，'推进'到底。到目前为止你讲的东西都是大众的（popularia）看法。我想从你那里听到更精致一些的东西。"

"是吗？"我说，"不过我会试试，但就算我几乎提不出什么新观点，我也不会止步于所谓的'大众的看法'。[25]那么，让我们首先假定，我们托付于自己的，同时也是自然本性赋予我们的内驱

---

① 关于帕奈提乌、西庇阿和雷利亚乌斯参见 *Fin*. 1.7 和 *Fin*. 2.24 注释。帕奈提乌向罗马人传授斯多亚派的观点，回避了早期文本表面上的尖锐和困难。

力，就是自我保护。这没有异议。而它使得我们关注着自己是什么，好让我们在适宜的环境中自我保护。而我们是人，我们由灵魂和身体构成，它们具有某种形态。而正如原初的自然内驱力所要求的那样，它要求我们去爱它们，并且依据它们确立目的，也就是至高的或者说终极的善。如果我们的前提是对的，那么这些善必定确立在尽可能获得又多又丰富的依循自然之物上。[26]那么，这就是他们所捍卫的目的，也就是依循自然而生活。我说得长了些，他们其实更简明扼要。但是这就是他们认为的至善"。

[XI]"现在，我要问问那些教授这种做法的人，或者说问问你——还有谁比你更优秀呢——你们是怎么从同样的前提开始但最终推理出至善是'高尚地（honeste）活着'（因为那就是你们所说的'有德性地活着'或是'与自然和谐一致的生活'）。你们是如何，又是在什么地方，突然将身体以及全部依循自然的但并非我们力量所及的事物抛弃，并最终将义务本身也抛弃呢？因此我要问，那么多本来自然本性馈赠的东西怎么会突然被智慧抛弃呢？[27]即便我们正在寻求的至善不是人类的至善，而是某种除了灵魂外一无所有的生物的至善——让我们想象一下有这种生物吧，因为这样可以帮我们揭示真相——那么即便是这种灵魂也不会接受你们所提倡的这种终极目的，因为它也需要健康，需要免于痛苦，同时也会渴望自身的安全以及那些事物的保护，而且它也会将依循自然的生活当作自己的目的，如我所说的那样，这意味着占有依循自然的各种事物，要么全部占有，要么占有最重要的。[28]而事实上，无论你构想任何一种动物，即便如我们想象的那种没有身体的动物，

它也必然有与灵魂相似的东西。这意味着如果没有我适才所说的那些事物就不可能有至善。在克律西波对不同动物种类的阐述中，他说某些动物优点在身体，其他的在灵魂，某些不只是在某一方面强大。然后他讨论是什么构成了每一种动物恰当的终极目的，并将人类归入这种两者都强大的物种中，同时赋予其灵魂的卓越性。但是从他对至善的定义来看，你会认为人类不是灵魂卓越，反而是除了灵魂就没有别的东西了。① ［ⅩⅡ］然而，这将导致只有一种方案能正确地使至善立足于德性，那就是这种完全由精神（mente）构成的动物，而且在其自身中也没有任何依循自然本性的事物，比如健康。［29］但是若不想自相矛盾，他就不能设想那种动物。"

"如果克律西波是在描述某种难以辨认的不显之物（quaedam nee apparere），它非常微小，我们也会认可。就像伊壁鸠鲁谈论快乐那样，他说最小的快乐往往难以辨认然后就此沉埋。而身体上的好处（commoditates）是那么长久、那么繁多，因此不在该类事物之列。因为如果它小到难以辨认，那么我们承认它存在与否并无任何分别。所以，援引你说的例子，在阳光之下点亮一盏灯并没有任何作用，给克罗伊索斯增加十个子儿也不会增加其财富。［30］然而这种完全难以辨认的情况并不会发生在这些事上，即便它们在其中能带来的改变并不大。比如，某个快乐地生活了十年的人再给他加上几个月同样快乐的生活。因为这种快乐的增加带来了某种效果（momentum），所以

---

① 西塞罗此处忽略了斯多亚派对人类的观点：人是身心一体的。当斯多亚派的人赞扬理性生活时，他们考虑的是一种整体上合理有序的人类生活，而不是一种与身体的其他部分分离的、心灵中的理性功能。本书中许多论证都受此误导，它或许是从安提奥库那里继承而来，这种误解认为斯多亚派对理性的强调使人远离人们的身体和生活中寻常的善。

它是善的；但即便没有续上这一段生活，他也不会承认幸福生活被摧毁了（tollitur）。身体的各种善与我说的后者类似，它们为身体增加了值得为之努力的价值。斯多亚派有时说智者会更愿意选择德性加上罐子（ampulla）和刮身板（strigilis）①，虽然他的生活不会因此变得更幸福，我想他们只是偶尔开个玩笑。[31] 这有相似之处吗？难道不该用笑声而不是一段演说来无视它吗？如果一个人关心是否有罐子难道不值得嘲笑吗？相反，一个改善别人身体缺陷或者治愈其痛苦的人总会获得感激。如果那位著名的智者在僭主的命令下被送上了拷问者的刑具，我们会看到一个刚丢了罐子的人脸上那种表情吗？我觉得不会。相反，其表现一定是一个即将面对艰巨挑战的人那种表情，因为他意识到要与其死敌，也就是痛苦，奋力一搏。他会调集所有关于勇气和忍耐的学说，在这些东西的保护下，进入这场（如我说过的那样）严酷而重大的战斗。"

"接下来我们的问题不是这些事物难以辨认或小到消失无踪了，而是它最多能产生多少作用。任何一种快乐在一段拥有许多快乐的愉悦生活中也会被淹没。然而，无论多小，它依然是这快乐生活的部分。一枚钱会被淹没在克罗伊索斯的财富中，但是它也是其财富的一部分。因此，虽然我们提到的那些依循自然之物或许会为幸福生活所淹没，但它们依然是幸福生活的一部分。"②

[XⅢ] [32]"然而，正如我们都该达成的共识那样，如果某些天

---

① 这或许是指装橄榄油的罐子，通常在进行角力比赛时涂在身上，在结束时以刮身板把残留的油刮下。

② 与 *Fin.* 3. 42 - 46 的斯多亚派观点有明显差异：非德性的事物不是幸福生活的一部分是因为它们有不同于德性的价值，而不是因为它们有与德性相同的价值但没有德性多。

生的内驱力要追求遵循自然的事物，那么所有这些事物就构成了至善的某个部分。如果承认这一点，那么我们就能从容地探求事物的重要性、优越性以及它们对幸福生活的贡献了；甚至还有那些因为太小以至于自身消失而几乎不可见——甚至就不可见——的事物。"

"那么我们在什么事情上没有分歧呢？所有人都会同意，对所有自然物种来说，其一切之依归（也即其所追求的终极事物）是相似的：所有物种都有自爱的天性。有什么物种会放弃它自身，或者放弃它自身的任何部分，抑或是放弃处置安排任何部分的权力？还是说会放弃任何符合其自然本性的事物，无论是运动的（motum）还是静止的（statum）？什么样的自然本性曾忘记它自己最初的构造？确实没有什么不能始终保持其本质特征吗？为什么只有人的自然本性会抛弃自身，忘记自己的身体，并且不将至善建立在整体之上反而建立在部分之上呢？① [33] 若真的如此，要怎么坚持'我们研究的至善对所有物种来说都是相似的'这个他们自己承认而大众也普遍同意的观点呢？〈在此情况下〉除非其他物种的至善建立在〈他们〉各自〈承认的〉杰出的部分之上，否则便不会有这种相似，但这实际上只是斯多亚派的至善观。[34] 那么，为什么还犹豫着不调整你们关于自然的学说②呢？为什么说每一种动物生来就致力于自爱并着力自我保护？为什么不干脆说每一种动物生来就致力于自己最善的部分并着力于那个部分的安危，并且除了保存最善

---

① 在西塞罗看来，斯多亚派将至善全然归于德性并且认为灵魂的德性更优越这种做法显然没有正视我们身体的价值。

② 即物理学。

的部分外，自然不存在其他的目标？但如果没有任何其他部分是善
的，那么又为什么有'最善的'部分呢？如果保护其他部分是可取
的，那么终极的欲求肯定是实现人所有欲求，或者至少是尽可能多
地实现其最重要的内驱力呢？"

"像菲迪亚斯这样的雕刻家能够从始至终地将雕像完成，也能
从其他人那里接手一个并将之完成。智慧符合后者的情况，它本身
并没有产生人类；它是从大自然那里接过了未完成的作品。所以，
它应该观察自然的创作并像完成一尊雕像一样完成它。"

[35]"那么自然已经勾勒了人类的哪些部分呢？属于智慧的责任
（munus）和功能（opus）是什么呢？那由智慧负责完成并完善的又
是什么？如果在灵魂的某个活动——也就是理性——之外再没有什
么会变得完美，那么至善必定是依循德性而活，毕竟德性是理性的完
满。如果除了身体外再没什么会变得完美，那么健康、免于痛苦、美
丽以及其他事物就都是至善。[XIV][36]但既然我们要研究的是人
类的至善，所以让我们探讨全部自然本性的产物吧，还犹豫什么呢？"

"人们普遍认为智慧的义务和责任主要是培养人类。现在某些
思想家——这么说是怕你觉得这只能是我所反对的斯多亚派观
点——主张至善在于那类我们掌控之外的事物，就好像我们讨论的
是一种没有灵魂的生物一样。另一方面，其他人只关心灵魂，就好
像人类没有身体一样，尽管灵魂本身并非空洞的（non inane）事物
（一个我无法理解的概念）而是某种实体（corporis），因此它并不
满足于只有德性，也渴望免于痛苦。这些断言无论哪一个都一样顾
一面而不顾另一面。他们像埃里鲁斯所做的那样重视抽象思考而忽

略了行动。① 事实上，当他们选择任何其中一者去追求时，就遗漏了全部善中的许多善，就像不完整的观点一样。相反，真正完整而全面的理论只会出于这样的人，当他们研究人类至善的时候，既不会遗漏灵魂也不会遗漏身体。"

[37] "就像所有人都承认的那样，德性在人身上占有最卓越、最崇高的地位而智者是完整而完美的。但是你们斯多亚派，加图，试图用闪耀的德性遮蔽我们灵魂的视野（aciem animorum）。其实在所有的生物身上都有最好的要素，如在马身上、狗身上；但是它们并不因此而缺乏对健康和免于痛苦的需要。对人类来说也是一样，即便他们因自己最好的部分——也即德性——受到赞誉。所以，在我看来，你们对自然发展的前后顺序没有给予足够的关注：在谷物那里自然是这么做的，它引导谷物从叶片到抽穗，然后抛弃没有价值的叶片。但是当自然已经引导我们获得了理性时却不在人身上做相同的事。事实上，它不断地补充新内容，同时不丢弃之前的禀赋。[38] 因此，它在各个感官之上加上了理性，而它们不会在理性发挥作用时被抛弃。"

"正如葡萄栽培的技术是为了让葡萄藤和它的所有部分都处于最佳的状态。（但让我们先这么认为吧：就像你们为了教学而假想一些事物那样。）因此，如果栽培葡萄的技艺内在于葡萄藤自身，那么我相信，它会像之前一样渴望与葡萄栽培有关的事物，但它会将自己排在葡萄藤所有的其余部分之上，并认为没有任何部分可以高于它自己。同样地，当把感官赋予事物时，感官就会保护它和自

---

① 参见 *Fin.* 2. 43 注释。

己；但是在获得理性之后，这种状况就变成了理性将所有自然本性的原初部分置于自己的统摄之下（in dominatu）。"

[39] "因此理性永远不会停止观照所有这些置于其控制之下的部分，它应该终生引导它们。斯多亚派的人在这里的前后矛盾让我相当惊讶。他们认为自然的内驱力（他们称为 *hormē*）和义务乃至德性本身都要符合自然本性。然而当他们想要达到至善时，他们就省略其他所有事物，并给我们留下了两个任务（而非一个）——'采纳'（sumamus）某些事物，'寻求'（expetamus）其他的事物，而不是将两者纳入同一个目的之下。"

[XV] [40] "你或许要说，〈因为〉如果存在任何外在于德性却影响幸福生活的事物，那么德性的地位就不可能确立。但其实完全相反：除非德性以唯一的至善为依归选择和拒斥事物，否则德性就完全没有任何办法发挥作用。① 如果我们完全忽视自己的自然本性，我们就会犯下与阿里斯同一样的错误并忽视那些我们赋予德性自身的原理。如果我们不忽略这些要件，但是却不能使它们被至善统摄，那么我们就离埃里鲁斯的轻率不远了。他确立了两种分离的至善，它们都是真正的至善，但是本该是结合在一起的。可现在它们是如此互不相干仿佛相互排斥一样，而没有什么能比这更扭曲（perversius）了。

[41] 上述这些真相与你所说的也完全相反，事实上，除非德性所拥有的那些自然的原初之物也属于善，否则德性完全没有办法确立。因此，我们要寻求的德性不会抛弃自然本性反而是要保护

---

① 这里的意思是，德性恰恰是在选择和拒斥中体现出来的，如果没有办法以至善为依归选择和拒斥事物，那么德性显然就无以彰显和发挥作用。参见 *Fin.* 4. 46。

它。而你所描述的德性却只保护其中一部分而抛弃其余的部分。"

"而如果人类的组成部分能够言说的话，那么它会宣称自己最初——正如欲望最初——只是为了在其诞生的自然环境中保护自身（虽然这没有充分说明自然最想要的是什么）。然而，如果它已然阐述了什么的话，除了'我们不该忽略自然的任何部分'外，我们还能从中解读出什么呢？如果其中除了理性之外再无别的东西，那么至善就只存在于德性之中。但是如还有身体，那么斯多亚派对自然本性的解释就会让我们放弃此前自己曾拥有的事物。这将推出：遵循自然本性地生活就要放弃自然本性。"

[42] "有些哲学家虽然从诸感官出发，但是在看到更宏大而神圣的事物后便放弃了各种感官，你们所说的理论就是这样从被欲求的事物〈出发〉然后转向德性之美，并最终抛弃了所见的一切，除了德性。但是斯多亚派的人忘了，全部的自然本性中可取的事物延展范围极广，从最初之物弥漫到最终目的，而他们没有认识到他们正在破坏那些美好而值得崇敬之事物的根基。"

[XVI] [43] "因此，在我看来，所有宣称至善是高尚地活着的人都错了，但有一些人比另一些人错得更厉害。首先是皮浪，他是错得最厉害的那个，他确立德性的地方没有给被欲求的对象留下任何空间；其次是阿里斯同，他没有胆量什么也不留，相反他将驱动智者行动的欲求解释为'可能刻在他灵魂里任何东西'以及'任何仿佛闯入（occurreret）灵魂的东西'。"

"在这件事上他比皮浪更优秀，因为他确实给出了某种欲望，但他比其他人更糟糕，因为他完全脱离了自然本性。斯多亚派的人与这些哲学家类似，他们将至善仅仅立足于德性之上。考虑到他们试着为义务寻求基础，因此他们的学说比皮浪的更好；而因为没有生造'闯入灵魂的事物'，他们又胜过阿里斯同。但是他们说有些事物是合乎自然本性并应该因其自身而被采纳的，而这些都不会在至善之上增加什么。在这里他们放弃了自然本性因而与阿里斯同并无不同了。阿里斯同构想了那些无从知晓的'闯入灵魂的事物'；斯多亚派的人虽然提出了自然的原初之物，但是他们却将之与我们的各种目的以及至善区别开来。作为被选择的对象，这些'优先的'事物被他们视为遵循自然之物，但他们又否认这些事物与幸福生活有任何联系，这就反过来抛弃了自然本性。"①

[44]"加图，到目前为止我们一直在解释为什么芝诺没有好的理由来与其前辈分道扬镳。现在让我们来处理一下剩下的问题，除非你想对我说的东西做个回应，或者你觉得我说得太长了。"

"都不是，"加图说，"我想看看你完整的论证，而且你任何发言对我来说都不算长。"②

———————————

① 西塞罗认为斯多亚派受自身过于狭隘的人性观影响，已经趋向于阿里斯同和埃里鲁斯的观点。这种考察显然是在将斯多亚派视为某种不同于亚里士多德主义的理论，这与前文构成呼应：要么斯多亚派的理论像之前宣称的那样只是微不足道的亚里士多德主义变体；要么对其做出不同于漫步派的解释，那就必须承认斯多亚派抛弃了自然本性（但斯多亚派显然不能抛弃这一点）。无论是哪一种选择，都使得斯多亚派的学说成为一种不可接受的理论。（*Fin.* 4. 78 为全卷的论证做了总结。）

② 这里论述的中断标志着证明斯多亚派陷入进退两难境地的对话结束了：斯多亚派从人的最终目的来源于自然本性开始论述，但是之后又将其范围缩小到对德性的理性关注。从这里到本卷结束，除了对斯多亚派方法论的一段抱怨之外，西塞罗推进了对这一结果的论证。

"太好了，"我回答道，"对我来说，还有什么比和你，加图，这样一位德性的权威探讨德性更值得追求的事呢？"

[45]"首先，考虑一下那个引导着你们学派的最重要的观点，也即'德性是唯一的善而至善就是有高尚地活着'吧。在这一点上你们会和那些只把德性算作至善的人达成共识。同时，你们认为如果在德性之外还有什么被算作善，那么就不可能有德性，而那些我刚才提到的哲学家们也会这么说。"

"然而我认为，既然芝诺接受珀勒蒙所说的自然原理，那么要是芝诺从这些共同的原理出发，首先指出他可以立足之处以及〈产生〉分歧点的原因，那么他和珀勒蒙的争执就是公平的；可是，他一方面不站在那些否认'至善源于自然'的人这边，一方面却还从他们那里借鉴论证和观点。"①

[XVII][46]"那是我最不能赞同的观点。你们不仅传授，同时也认为高尚的事物是唯一的善。然后你们声称，适合且遵循我们自然本性的事物是生命的起点，德性借由选择这些事物才能存在。然而，〈按你们的说法〉实际上德性不会建立在选择的基础上，因为这意味着德性作为终极的善还要追求其他的事物。因为，既然至善包含每一种值得采纳（sumenda）、值得选择（legenda）或值得期待（oplanda）

---

① 芝诺，虽然因为这个原因也属于所谓的柏拉图-亚里士多德传统的共同体，但就定义最终目的的方式而言，芝诺可能不属于这个共同体，因为他以一种将最终目的与人的自然本性发展割裂的方式来定义它，并与那些否认最终目的来源于自然本性的哲学家站在一起。他们是谁呢？阿里斯同和埃里鲁斯是斯多亚派的，即便按照后来的标准这两人是非正统的斯多亚派，他们也不能否认德性是人类自然本性中发展出来的。或许这段话对皮浪的概括并不公允，因为怀疑派宣称揭示人性是困难的。然而，西塞罗对皮浪不同寻常的理解并没有强调怀疑论的立场。

的事物，那拥有它的人就不会想要别的东西。"①

"对于那些将快乐视为至善的人来说，什么事情该做、什么事情不该做是非常明显的。他们中没有人会怀疑义务指向什么，要追求什么，要逃避什么。假定这就是我当下辩护的至善，那么义务是什么，该做什么就立刻清楚了。但是你们除了正确的和高尚的事物之外不将任何事物视为至善，而从中你们发现不了任何义务，发现不了行为的起点在哪里。"②

[47]"因此每一个寻求这种起点的人都会回到自然，包括那些宣称自己要追求'任何出现在灵魂或闯入灵魂的事物'的人和你们。对你们所有人来说，自然本性会做出如下机敏的反驳：在别的地方寻求幸福生活的标准，而在自然本性这里寻求行为标准，这是错误的；一个简洁而统一的学说既包括了行为准则又包括了终极的善。阿里斯同称除了德性与恶的区别之外（在这一点上所有的事物皆有区别），一个对象和另一个对象之间并没有区别，任何区别都是没有意义的。所以芝诺犯了错，他主张在德性或恶中的所有事物对于获得至善来说都是重要的，同时他认为其他事物对幸福没有什么帮助，他还认为事物会影响我们的内驱力，仿佛这种内驱力不会影响至善的获取似的。[48]斯多亚派宣称一旦人们把握至善是什么，他就会回归自然本性中去寻求行为的起点（也就是义务），还

---

① 这里显然套用了一个否定后件式：若德性为至善，则拥有它的人不会想要任何东西（若 p 则非 q）；（按斯多亚派的主张）拥有德性的人还需要一些事物（q）；所以德性不是至善（非 p）。

② 因为一旦将被选择的事物排除在至善之外，那么德性就无法通过选择表达出来，因而成为一个空洞的概念了。

有什么比这更不融贯呢？因为行为和义务的考量并不驱使我们欲求符合自然本性的事物。相反，后者才驱动我们的欲求和行动。"①

　　[ⅩⅧ]"我现在就转向斯多亚派短小精悍的论证②，你说这就是结论。首先，这是个再精悍不过的证明：'凡是善的事物都是值得称赞的；凡是值得称赞的事物都是高尚的；因此一切善的事物都是高尚的。'好钝的匕首啊！③谁会承认你的第一条前提呢？事实上，只要承认了第一条前提，就没有必要用第二条前提了，因为若是所有善的事物都值得称赞，那么所有善的事物就是高尚的了。[49]而除了皮浪、阿里斯同以及其他类似的你们并不赞同的学者，还有谁会承认这一点呢？亚里士多德、色诺克拉底还有他的整个学派都会拒绝承认这一点。他们称健康、力量、财富和荣耀还有许多事物为善但又没说它们是值得称赞的。虽然他们拒绝至善当中只有德性，但是至少他们认为德性高于任何其他事物。但你觉得那些将德性与至善完全分离的人：伊壁鸠鲁、希罗尼穆斯还有声称支持卡尔涅亚德的人会怎么回应你呢？[50]将德性与其他几个不同类别的要素组合起来的卡利丰和狄奥多罗会以何种方式认同你呢？那么，加图，从双方都不同意的前提中得出你想要的结论你会高兴吗？下面是一个连锁推理，你们认为这是一种最荒谬的论证：'善的事物是值得选择的；值得选择的事物是值得追寻的；值得追寻的

---

　　① 据说，斯多亚派对至善的阐述，不能像其他理论那样解释对日常事物的理性选择。因为只有德性才能带来幸福，我们对自然本性的事物的选择就与对至善的追求分离了。

　　② 此处显然是与 *Fin.* 3.27 的说法呼应。

　　③ 这里以"匕首"的比喻嘲讽加图所说的"短小精悍"（brevia）。

事物是值得称赞的。'后面还有推论，但是我会在这里停下：没有人会同意'值得追寻的事物是值得称赞的'这个步骤。下面这一点真的完全不能算是个结论，反而特别愚蠢（当然这是创始人的错而不是你的错）：幸福生活是某种值得自豪的（gloriatione dignam）事物，但其中若缺少了高尚，它就不可能恰当地与任何让人自豪的东西联系起来。[51] 珀勒蒙会赞同芝诺的这一点，珀勒蒙的老师和他的学派也会赞同这一点，而且任何一位认为德性的价值远高于其他事物，却在德性之上增添其他要素来定义至善的哲学家也会同意这一点。既然德性总是某种值得自豪的事物，而价值又远高于其余的所有事物，以至于难以形容这之间的差距，那么珀勒蒙可以在没有其他事物的情况下，仅靠德性实现幸福。可就算如此，他仍然不会承认至善非德性莫属。此外，那些并不将德性视为至善的哲学家或许不会认为幸福生活是某种为之自豪的事物，虽然有时他们确实将快乐视为某种值得自豪的事。"

[XIX][52]"因此，你看，你要么使用不被认可的前提，要么就算得到同意也对你毫无助益。事实上，我们本以为这些结论会配得上哲学也配得上我们尤其是我们所追求的至善，它要改变的是我们的生活，我们的计划和愿望，而不是我们的语词。然而，在听完那些让你愉悦的简洁而又犀利的论点后，有谁放弃自己的观点了吗？因为人们期待甚至是渴望听到为什么痛苦不是一种恶，所以斯多亚派说痛苦是顽固的、恼人的、令人不悦的，与自然本性相悖还难以忍受的事物——但因为在痛苦中没有欺诈、失信、邪恶、过错或丑事，所以不是恶。听到这个说法的人或许会笑或许不会，但在

忍受痛苦这件事上，他们听完并不会比听之前更坚强。"

[53]"此外你们还说那些认为痛苦是邪恶的人不可能勇敢。然而，如果像你们一样认为痛苦是顽固而难以忍受的，为什么又是勇敢的呢？怯懦取决于事情〈本身〉，而非〈对事情的〉说法"。

你曾声称如果斯多亚派体系的一个词被改变了，整个体系都会崩塌。那么你觉得我现在是改了一个词，还是全篇？就算斯多亚派是你所赞美的那样，其学说保持着内容上的有序而且各个部分相互适应、相互关联（你曾这么说过）。但如果一系列环环相扣且未偏离主题的命题源于错误的前提，那么我们仍然不该坚持它。"

[54]"你们的奠基人芝诺在构建自己的学说时放弃了自然本性。他将至善建立在我们称为德性的卓越品质之上。他宣称除了高尚的事物外没有什么是善的，而如果其他任何一个事物比别的更善或更恶，那么就不可能有德性的概念。然后他顽固地坚持从这些前提中推出的结论。结论若是对的，那么我无法反驳；但是结论若是如此荒谬，那么推出这个结论的诸前提肯定也不会正确的。"①

[55]"如你所知的那样，逻辑学家告诉我们，如果从前提中推出的结论是错误的，那么前提本身就是错误的，因此，我们得出了那个不仅真实而且充分，对逻辑学家来说不必进一步证明的著名三

---

① 主流的斯多亚派论点认为德性是唯一的善，足以使人幸福，这种论调推出了明显荒谬的结论，但是斯多亚派总是徒劳地试图辩解（*Fin.* 4. 54 - 58）。西塞罗主张，对于一个明显错误的结论，恰当的回应是拒绝其前提（如果该论证是无效的）。在 *Fin.* 4. 55，他以斯多亚派的"不证自明"式之一来支持这一点，这个不证自明式被称为 modus tollens，见下注。（他在使用斯多亚派的逻辑来驳斥斯多亚派，虽然此前他淡化了斯多亚派逻辑学的原创性。）

段论：如果 A 那么 B；非 B；所以非 A。① 所以如果你的结论遭到颠覆，那么你的前提也将被颠覆。"

"然后你们的结论是什么呢?② 智者之外的所有人都一样的不幸；所有智者都非常幸福；所有正确的行动都是同样的正确而所有错误的行动都是同样的错误。这些座右铭乍听之下非常美妙，但是在深入的反思中变得不那么可信。因为常识，自然事实，以及真理自身都会宣告它们不可能为芝诺所构建的这种平等所说服，并相信这些事物没有区别。"

［ⅩⅩ］［56］"结果，你那位年轻的迦太基人（Poenulus）芝诺——如你所知，你这位'委托人'来自季蒂昂，出生于腓尼基③——是个聪明人，在没能赢下'官司'（causam non obtinens)④ 的情况下，他站在了自然的对立面开始扭曲语言，并首先承认，那些我们称为善的事物可以被认为有价值而且合乎自然本性。然后他开始承认，对于智者来说，也就是对最幸福的人来说，

———————————

① 这其实就是逻辑学中所说的"否定后件式"，原文为"si illud, hoc；non autem hoc；igitur ne illudquidem"，直译为"如果那样，则这样；并非这样，因此不是那样"，这里为读者阅读方便考虑，改译为逻辑学对这个式子的常见表述方法，特此说明。——译者注

② *Fin*. 4.55 – 56 列举了斯多亚派那些单独来看有悖直觉的论题，同时主张斯多亚派的辩护理由只是一种回避。

③ 在公元前 58 年，加图从希腊统治者，也即埃及的国王那里接管了塞浦路斯。Poenulus 是罗马剧作家普劳图的一部剧作的标题，义为"一位年轻的迦太基人"。塞浦路斯的季蒂昂是芝诺的出生地，是一个希腊城邦，而芝诺或许是希腊人、本土腓尼基人或者混血儿。这里称他为腓尼基人是为了讽刺他变化的哲学历程；罗马人认为腓尼基人是不值得信任的，这个刻板印象源于他们与腓尼基人在迦太基的漫长斗争。

④ 西塞罗以"官司"比喻芝诺对自己理论的辩护。

占有这类事物会更有利，而他还是不敢称它们为善。"

"他认为柏拉图即便不是智者也不会像僭主狄奥尼修斯一样。后者的最好的选择就是死，因为他没有任何希望变得智慧。而柏拉图还有成为智者的希望；所以对他来说最好活着。此外，有些恶行能被人们容忍，另一些则完全不行。这是因为某些行为违反了义务的许多方面，其他行为几乎没有。而且，某些人蠢到完全没有能力获得智慧，而另一些愚人努力还是可以做到的。"

[57] "芝诺的语言非常独特，但是他的想法却与其他人相同。① 事实上，比起那些将此类事物称为善的思想家，他其实没有轻视这类他并不视为善的东西。所以他究竟为什么要改这个名目呢？他至少应该降低这些事物的重要性并且比漫步派更轻视这些东西，才能给人一种思想上有区别而不只是措辞上有不同的感觉。"

"此外，对于那作为其他事物依归的幸福生活，你有什么看法呢？你不承认它需要满足自然本性所欲求的事物，相反要将它完全归于德性。既然每一个争论要么涉及事实要么涉及称谓，忽略事实或者误用语词都会导致这样或那样的争论，那么要避免这两种情形，我们就必须尽所有努力使用最熟悉且恰当的语词，也即那最能表明事实的语词。[58] 如果前人们在事实上没有犯错，那么他们使用的语词更合适这一点还有什么可怀疑的呢？因此让我们先看他们的论断，稍后再回到语词的问题上。"

---

① Fin. 4.57 - 60，西塞罗论证说，芝诺对幸福的阐述意味着芝诺认为应该漠不关心对那些本性上有利于我们的自然事物的理性选择。但是，实际上芝诺使用和他的反对者们相同的方式处理这些自然事物——通过与德性关联的方式——从而逃避明显的谬误。

　　［XXI］"他们说，当灵魂认为某物是符合自然本性时，内驱力就在其中被唤醒了，而每一种遵循自然本性的事物都拥有某种价值，该价值与其重要性成正比。并且在这些遵循自然本性的事物中，有一部分自身并不包含那种我多次提到的被欲求之物（也即他们说的不高尚或者说不值得称赞的事物），但另一些是所有生物快乐的来源，更是人类理性的对象。那些适合成为理性对象的事物被称为高尚的、美好的以及值得称赞的；而第一类则被称为自然的，它们与高尚结合就会产生并实现幸福的生活。［59］虽然所有这些有利的（commodorum）事物被前人们称为善，但他们并不会更重视这些事物，而拒不承认它们是善的。芝诺认为，高尚的事物或者说值得称赞的事物是最最卓越的。尽管如此，如果一个人要在'〈有〉德性并健康'或'〈有〉德性而抱恙'之间选择，那么自然本性会引导我们选择哪一个是毫无疑问的。但这就是属于高尚的力量，这就是它比所有其他事物卓越或优越的地方①，惩罚或者奖励都不能使它偏离自己断定为正确的事，而所有艰难困苦似乎都能被自然为我们装配的德性克服。倒不是这类事都简单或者小瞧它们，否则德性中还有什么力量呢？但是它可以引导我们得出这样的判断：它们不是决定我们生活是否幸福最主要的决定因素。"

　　［60］"总而言之，芝诺称为'有价值的'（aestimanda）、'可采纳的'（sumenda）以及'符合自然的'（apta naturae）事物，前

_____

　　① 这里的意思是说，虽然我们肯定会选择有德性而健康，但是这个例子当中也恰恰体现了德性比其他事物卓越之处，因为这说明哪怕一个人处于困境当中，依然可以坚持德性并靠着德性克服困境，比如病痛中依然是一个有德性的人。

人们称为诸善。对前人来说，幸福生活是一种由前面所提诸善构成的事物，要么是由全部这些善构成，要么是其中最重要的善构成的。相反，芝诺把善仅归于德性，也即自身有着独一无二的光芒（speciem）并因此被欲求的事物，而唯一的幸福生活就是高尚的生活。"

［XXII］"加图，如果我们要讨论事实，那么你我之间不可能有分歧。一旦我们改变了语词并比较了实际的内容，那么我们的观点之间就没有什么不同。芝诺很了解这一点，但是却为语词的高贵所吸引。如果他用自己措辞的真正含义，那么他与皮浪或阿里斯同之间还有区别吗？但如果他不同意他们的意见，为什么他苦于与那些思想家的口舌之争呢？他只是措辞与他们不同，实质上却与之相同。"

［61］"想象那些柏拉图的学生还有他们的追随者都复活并用下面的方式对你说①：'马库斯·加图，最忠实的哲学研究者，最公正的人，最高尚的法官，最严谨的证人，我们听了你的发言，然后想知道为什么你比起我们更偏爱斯多亚派。斯多亚派的善恶观是芝诺从珀勒蒙处学来的，虽然他们的语词乍一看很了不起，然而当理解了其实质之后就会引来嘲笑。如果你为这些观点所说服，为什么你不坚持使用他们自己特有的语词？或者，如果你只是为权威所影响，那你为何不偏爱我们所有人和柏拉图本人？尤其是，你想在公

---

① *Fin.* 4.61 - 68，西塞罗主张斯多亚派卖弄式的学问尤其配不上像加图这样的罗马共和国名人，他们需要的是亚里士多德主义的修辞学和政治研究而不是语词上的吹毛求疵。

共事务中扮演领袖角色，而我们正是给你提供武器和装备，让你保护国家并赢得最大荣誉的人。这些问题正是从我们这里开始探讨①，从我们这里开始刻画、记录和传授，我们还论述了所有公共事务和政体的种类、稳定与变革；论述了法律，城邦的构成和诸民族的传统。修辞术是政治领袖们最大的资产，而我们听说你是一位杰出的雄辩家。不过从我们的记述中你将更上层楼。'"

"好了，加图，你能对这样的人做出什么回应呢?"

[62]"我会恳请你，"加图说，"既然已经帮他们发表了一番演讲，不妨也为我发表一番。事实上，我更喜欢听你说，而我愿意在别的场合再回答你说的这些杰出人物。否则我就会要求你给我一点时间考虑一下再回复。"

[XXIII]"那么，加图，如果你真的做回应，那么你可能会这么说：'尽管这些人都极其智慧而权威，但是你还是没有被他们说服。相反，你注意到了斯多亚派看到了古人们因其古老而遗漏的东西。斯多亚派的人带着更了不起的洞察力探讨了相同的主题，他们的观点更深刻也更激进。首先，他们宣称健康不值得追寻（expetendam），但是值得选择（eligendam），而之所以它值得选择并不是因为其善，而是因为它并非全无价值——但并不比那些毫不犹豫将之视为善的人更重视它。'"

"你简直无法容忍那些大胡子（我们一般这么称呼前人们）②，

---

① 联系上下文应该是指政治学的问题。

② 古希腊和罗马成年男子一般都留着胡子，直到亚历山大一世时期，剃干净胡子成了男人的标志。

他们认为一种健康的、有声望的而且富有的良善生活，比起同样良善但'受疾病、放逐和贫穷多方困扰'的生活更好也更值得欲求，就像恩尼乌斯的阿尔克麦翁（Alcmaeon）① 一样。［63］那些前人以不那么清晰的方式认为第一种生活更可取、更优越以及更幸福。相反，斯多亚派认为在一个人的选择中，这种生活只是人偏爱的选择，而且不是因为它更幸福只是因为它符合自然本性。"

"同时，他们还认为那些愚者都是同等的悲惨。斯多亚派显然注意到了一个他们的前辈们回避了的点，也就是那些沉浸于犯罪和谋杀的人，并不比那些过着无可指责或无可非议生活的人更不幸，虽然他并未获得完美的智慧。② ［64］在这一点上，你会提出斯多亚派爱用的那些并不相似的类比。③ 事实上大家都知道，当众人都在尝试着从深水中出来时，离水面越近的人就越接近空气，可是实际上他们依然不比那些更深处的人更能呼吸。所以在斯多亚派看来，朝着德性前进与迈步，就像向着水面前进，只要还没到达水面，就会如同过去一样悲惨。将要睁开眼睛的小狗仍然像新生的小狗那样目盲。所以，仍未见到智慧的柏拉图，在灵魂上必定与法拉里斯（Phalaris）一样的目盲。"④

［XXIV］［65］"这些例子不贴切，加图，在这个例子中不论一

---

① 前文这句话引自恩尼乌斯的戏剧，关于阿尔克麦翁，参见 *Fin.*1.4 注释。

② 这里也许是指斯多亚派所说的"智者"那般的智慧。

③ 对比 *Fin.*3.48，即便德性没有程度，西塞罗也不承认斯多亚派能够容忍向着德性的进步。

④ 法拉里斯曾是传说中的阿克拉加斯（Acragas）的僭主，以残忍著称，尤其是把人关在铜牛里活活烤死。"法拉里斯的牛"是一个常见的例子，用来说明那些强加给有德性者的酷刑，在 *Fin.*5.85 中也有提及。

个人如何进步，他仍然在相同的处境下，也就是处在想要逃脱的状态中。游泳者在浮出水面之前当然不能呼吸，小狗如果一直不睁开眼睛，那就与目盲无异。这里有更恰当的类比：一个人视力模糊，另一个人身体虚弱。在受到照顾之后他们会一天天地好转，一个日渐看得更清楚，一个日渐变得更强壮。每一个追求德性的人都是如此：错误被矫正，他们的各种错误和误差会被改善。"

"还是说你认为老提比略·格拉古（Tiberius Gracchus）〈不〉比他的儿子更幸福？① 前者维护国家稳定，后者则要破坏它。诚然，这位父亲不是一位智者——但谁是智者呢？什么时候？在哪里？以及怎么成为智者的？——但是因为他追寻赞美与荣誉，他就在德性上迈进了一大步。[66] 比较一下提比略·格拉古与你的祖父马库斯·德鲁苏斯（Marcus Drusus）（他与提比略·格拉古同庚）如何？② 前者给共和国造成伤害而与此同时后者却治愈它。如果没有什么像对神不敬或犯罪那样使人如此不幸，同时所有愚者都是不幸的（他们也确实不幸），那么关心祖国的人也不像希望国家

---

① 老提比略·瑟姆布罗尼乌斯·格拉古（Tiberius Sempronius Gracchus），公元前177年和公元前163年的执政官，罗马杰出而成功的将军和政治家。他的儿子小格拉古，在公元前133年作为护民官引入了急需的土地改革，然而，却导致了前所未有的宪法僵局，并最终导致他被保守派议员团体谋杀。这些事件标志着罗马共和国在其机构运行的过程中开始崩解，并直到共和国终结才结束。西塞罗对小格拉古和他的兄弟（参见下一条注释）还有偏见，认为他们阴谋破坏稳定运行的宪法，并对共和国的崩溃负有责任。

② 盖乌斯·瑟姆布罗尼乌斯·格拉古（Gaius Sempronius Gracchus），提比略·格拉古的弟弟，公元前123年—前122年的护民官。他接受其兄的改革，并且像这位兄长一样，被驱使着去采取极端的宪法举措，最终被一群保守的议员杀害。马库斯·列维乌斯·德鲁苏斯（Marcus Livius Drusus），公元前122年的护民官，反对格拉古的建议。他在公元前112继续担任了执政官，并死于公元前109年。他的女儿是加图的母亲。

毁灭的人那样不幸。因此，那些在德性上有所进步的人身上的恶行也会有所减少。[67] 斯多亚派的人允许向着德性进步，但是否认恶会减少。这些人用来证明这一点的精致论证值得认真检视。芝诺是这么论证的：在某种知识范畴的边界可以扩展之处，与之相反的知识范畴的边界也是可以扩展的；但是德性有一条固定的边界；因此，恶作为善的反面，其边界也不能允许增加。那么，显而易见者应该澄清可疑者还是被其驳倒？无论如何，某些恶比别的恶更甚这一点很明显，所以你说的至善是不容有任何增加的这一点值得怀疑。但是在应该用显而易见者'照亮'可疑者时，你们斯多亚派却试图用可疑者推翻显而易见者。[68] 你也被我刚才所使用的论证为难着。如果'一种恶并不比其他的恶更甚'的理由是你们认为这正如'至善不容再增加'，那么你们应该改变你们的至善概念，因为很显然不是所有的恶都相等。这是因为我们必须坚持这条原则：当一个结论为假，那么它的前提也不可能是真的。"

[XXV] "所以，是什么导致你陷入了这种的困境呢?① 因为骄傲和虚荣构建起了你们的至善。为了宣称高尚之事是唯一的善，你们放弃了对人健康的关注，对人家庭的关爱，对公共事务的治理，对日常事务的安排和对生活的责任。最终，你们视为一切之目的的德性本身也将被抛弃：这就是克律西波为了反对阿里斯同煞费苦心地阐述的东西。如阿克奇乌斯所说，这种困难导致了'狡诈之语'（fallacilo-

---

① *Fin.* 4.68－73 重复了对斯多亚派的指控。他们的幸福概念若与德性的自足性保持一致，则要么没有为对非道德事物的理性选择保留基础，要么沦为亚里士多德观点某种措辞上的变体。

quae)。① ［69］一旦所有应为之举（也即义务）被放弃，那么智慧就无处寄身了；而当所有的选择和区别被取消，也就没有什么应为之举了，而这样一来又会导致对所有对象的一视同仁直到它们之间没有区别，而这种进退两难的局面导致你们逃向比阿里斯同更糟糕的原则。"

"至少阿里斯同的原则是直率的；你们的原则却是曲折的。若问阿里斯同下列事物是不是善：免于痛苦、财富、健康，他会回答说不是。那么，若问他，它们是邪恶的对立面吗？他也会说不是。若问芝诺相同的问题，他的回答也是相同的。若我们问这两位哲学家：'如果我们认为健康和病痛毫无区别，免于痛苦和遭受折磨也没有什么不同，能否御寒没有差别，是否饥饿也完全一样，那么我们以什么方式过完一生？'阿里斯同会说我们会过得很高尚而且很不同凡响，做着我们觉得恰当的事，没有悲伤，没有欲望或恐惧。"

［70］"芝诺会说什么呢？他会说这是痴心妄想（portents），没有什么生活能够按照那样的方式去过，但是在德性与卑劣之间有一个不可估量的巨大鸿沟，在所有其他事物之间则是没有任何区别的。［71］到目前为止，这些部分仍然与阿里斯同一致。② 如果你能做到的话，听完剩下的部分并忍住别笑。芝诺会说：'这些中间事物都是<u>无差别的</u>，尽管它是由某些<u>应被选择</u>之物，某些<u>应被拒斥</u>之物以及某些<u>应被无视</u>之物组成的。所以某些事物你们会想要，而另一些你们不会想要，而剩下的部分你们不会关心（non cures）。'

---

① 来自阿克奇乌斯不为人知的戏剧，参见 *Fin.* 2. 94。
② 西塞罗在下文中将说明，因为芝诺实际上仍然取消了事物的区别，所以他与阿里斯同"仍一致"。这就是西塞罗说芝诺"不直率""曲折"的原因。

但是，芝诺啊，你刚刚才说它们全部都是无差别的呀！他会回答我说：'但我是在德性和邪恶的方面说它们"无差别"呀'。"

[XXVI][72]"有谁不知道这件事呢？我们还是接着听他说下去吧。"他会说："那些你提到的事情，健康、财富和免于痛苦，我不称之为'善'，而使用希腊语词 *proēgmena* 称呼它，在拉丁语里它被翻译为'在前的'（producta），但我更想用'优先的'（prae-posita），或者'在先的'（praecipua）这种更容易被接受也更优雅的翻译。另一方面，我也不把疾病、贫穷和伤痛称为邪恶，如果你愿意，我称其为'要被拒斥的'（reiectanea）。所以对于'优先的事物'，我不说'寻求'（expetere）它们，而说'选择'（legere）它们，不说'想要'（optare）它们，而说'采纳'（sumere）它们。对于与之相反的事物，我并不躲避，而是与之隔绝（secerne-re）。"

"亚里士多德和柏拉图其他的学生说过什么？他们将所有符合自然的事物称为善的，而所有与之相对的事物称为恶的。注意，你们的领袖芝诺只是字面上同意阿里斯同，但实质上并不同意，在那些部分他实质上同意亚里士多德和其他人，他们之间的分别只是说法不同。① 既然在实质上是一样的，为什么不选用一致的方式说话呢？还是要让他证明，如果我将金钱视为'优先的'而不是'善的'，我就会轻视钱，将痛苦视为'严酷的'、'难以忍受的'以及'违反自然的'而不是'恶的'，就更能忍受它？"

---

① 可与 *Fin.* 3.41 - 44 做比较。

[73]"我们的朋友马库斯·皮索（Marcus Piso）① 曾在许多议题上，尤其是当前这一点上机智地嘲讽了斯多亚派。""那么，"他会说，"你声称财富不是'善的'而是'优先的'。那有什么用？你会因此减少贪婪吗？如果是语词本身的问题，那么，首先，'偏爱的'实际上是比'善的'更长的语词。""这是两码事，"〈你们会辩解道〉，"确实如此，但是前者确实是个更有分量的词。我不知道'善'（bonum）这个词的词源是什么，但是我相信'优先的'这个词的意思来自那种'优先于'（praeponatur）其他事物的东西，我认为这一点很重要。"

"所以皮索会主张芝诺比亚里士多德更看重财富，因为他将财富归为'优先的'，而亚里士多德则认为它只是一种善，但是一种与正直和德性的事物相比更该被鄙视和瞧不起的事物，而且不值得耗费太多努力去追寻。在所有这些芝诺变动了语词的主题上，皮索曾争辩说，对那些芝诺不认为是善的事物，芝诺想出的名称比我们所用的名称更有吸引力；而对于他不认为是恶的事物，芝诺想出的名称又比我们所用的词汇更令人厌恶。"

"这就是皮索应对斯多亚派的方式，他是个杰出的人，而且，如你所知道的那样，是一位你忠实的崇拜者。让我替他补充几句话，然后做个总结吧。回应你所有的点花费的时间很长。"②

---

① 也即马库斯·普皮乌斯·皮索·弗鲁吉（Marcus Pupius Piso Frugi），公元前61年的执政官，第五卷中安提奥库理论的辩护者。

② 西塞罗在本卷中的论证是常规而系统的（反映了安提奥库对卡尔涅亚德论证的应用）。然而，在 Fin. 4.74-77 中，西塞罗确实对斯多亚派一个具体的观点进行了激烈的反驳，并在 Fin. 4.78 回归并总结了起着重要作用的一般论点。

[XXVII][74]"同样的文字游戏也构建起了你的王国、帝国和财富，那财富是如此丰沛以至于你主张世界上的所有东西都是智者的。此外，只有智者是美丽的，只有智者是自由的，只有智者才是公民。愚昧之人则拥有相反的特征，而你还宣称他们是疯子。这里的这些 *paradoxa*，也就是我们所说的'悖谬'（admirabilia）。① 然而，仔细观察一下，它们又有什么悖谬之处呢？我将向你咨询你附加在每一个语词上的意义，这样就不会有争议了。你说所有的恶行都是平等的。在你起诉卢西乌斯·米洛（Lucius Murena）而我为他辩护时，我就这个问题对你开过的玩笑这里就不重复了。当时那些话是说给一群不专业（imperitos）人士还有看热闹的听众听的。② 现在我必须采取更精确的方式。"

[75]"所有的错误都是相等的。"——怎么会这样呢？——"因为没有什么比高尚者更善，比卑劣者更卑劣了（nec turpi turpius）。"——因为这个点包含了很大的分歧，所以要进一步解释一下。请向我出示一下这个论点的论证——"想象一下，以竖琴诸弦为例，如果它们不能调好音准并使乐声和谐的话，那么每一根琴弦都是不

---

① 西塞罗在他的另一部作品《斯多亚派的悖谬》（*Paradoxa Stoicorum*）中，提出了六个这样的悖谬，他认为这些观点单独看是反直觉的。这里提出的两个——"只有智者富有（美丽、自由等等）""所有的恶行都是平等的"——它们在 *Fin.* 3. 46 - 48 也被提及。这里他着力反驳了第二个悖谬。

② 在 *Fin.* 4. 63 西塞罗为卢西乌斯·利奇乌斯·米洛（Lucius Licinius Murena）做了辩护，此人因为在担任执政官期间玩忽职守被加图起诉。其辩护陈词 *In defence of Murena* 几乎没有提及指控（这通常被当作米洛有罪的标志），并嘲笑加图作为一个靠不切实际想法生活的斯多亚派（也即所有的恶都是平等的这个观点），因而脱离真实世界。最终，米洛被判无罪。

和谐的，都犯了错，只要一根不和谐，就都不和谐；因此所有错误都是相等的。"——"我们在玩一种模棱两可的文字游戏。诚然，一根琴弦不准〈在演奏效果上〉等同于所有都不准。但是它不意味着它们都是不准的。① 所以这个类比对你没有任何帮助。就算我们承认贪一次与每一次都贪一样，它同样推不出我们应该宣称每一次都是贪的。"②

[76]"这里还有另一种并不贴切的类比：无论一艘船沉没时带的是一船稻草还是一船黄金，船长都犯下了同样的错。同样地，无论一个人是不正当地虐待父母还是奴隶，犯下的罪也是同样的——但是，这个类比错在船只装载什么货物与船长的技术无关！所以无论船舱里是稻草还是黄金都与船操作得好坏无关。但一位家长与一位奴隶的区别是能够也应当看到的。因此，在掌舵这件事上所受责备并无不同，而在义务上犯错却大大不同于对不同的事物犯错。在船长的例子中，如果船只均是出于疏忽而沉没，那么失去金子就比失去稻草犯下更大的罪过。因为我们希望那个通常被称为明智（prudentia）的德性被分配到任何一门技艺上，因此，任何一个领域的优秀实践者都应该拥有它。所以，事实上不是所有的错误都是相等的。"③

---

① 也就是说，尽管最终的演奏效果是一样的，但是实际上，一根琴弦不准和每一根都不准仍然不一样，它们只是在演奏效果上一样而已。

② 斯多亚派坚持认为恶是平等的，该结论又来源于其论点：德性不是那种能够定量比较的、带有程度或者数量的事物。

③ 斯多亚派的人承认某行为的结果或许会合理地影响判断该行为的某些方面；他们也总是坚持认为这种结果不影响行为的对错问题。西塞罗在他关于斯多亚派的作品中对这个自相矛盾有所阐述，他使用稻草和黄金货物来阐明结果并不影响一个行为的对错。

[ⅩⅩⅧ]［77］"但是斯多亚派不肯放弃，坚持不懈，他们说：'每一种错误，都表现了软弱和变化无常；这些错误在愚昧的人身上是以同等的强度表现出来的；因此所有的错误必然相等。'他们说得好像所有愚昧的人其恶行都一样重大似的。卢修斯·图布鲁斯与帕布利乌斯·斯凯沃拉同等的软弱和变化无常，但前者却被后者提案定罪①；此外，这就好像无论在什么情况下做了坏事都没有区别，然而，某个不正当的行动的严重程度取决于它所处情形的重要程度！"

［78］"因此（在这里我结束我的论述），你的斯多亚派同仁尤其为一个谬误所困，因为他们相信自己能支持两个相反的观点。还有比这更矛盾的吗？一边声称高尚是唯一的善，一边又认为我们对有利生活的事物的那种内驱力源于自然本性。当他们想要坚持与第一个原则一致的各观点时，他们转向了与阿里斯同相似的立场。当他们要避免这种立场时，他们实际上又在捍卫与漫步派相同的观点，只是负隅顽抗地用着他们自己的语词。他们不愿意再一次把自己的这些语词从学说中剔除出去，他们变得越来越不雅，严酷和粗鲁，不仅是在他们的论述中如此，在他们的行为上也是这样。"

［79］"帕奈提乌避免了他们这种阴郁和严苛，既没有斯多亚派观点的刺耳，也没有陷入其论述的困境，而是以一种温和的、清晰的风格论证，并且常常将柏拉图和亚里士多德还有色诺克拉底、第

---

① 参见 *Fin.* 2.54 注释。

奥弗拉斯特和迪凯奥尔库斯（Dicaearchus）挂在嘴边。① 事实上我
建议你仔细而用功地研究一下这些作者。然而，黄昏已经降临而我
必须回家了。现在已经说得够多了。我希望我们能经常回到这些议
题上来。"

[80]"我们确实该如此，"加图说，"还有什么我们做得更好的
事呢？那时我第一件要你做的事就是听我对你论证的驳斥。记住，
虽然你实际上接受我们所有的学说，只是拒斥我们的语词，我则完
全不能接受你们的说法。"

"让人不安，"我说，"但我们还是等着瞧吧。"说完这些我就
走了。

---

① 关于帕奈提乌参见 *Fin.* 1. 6。他为斯多亚派著述的方式比前人更能吸引非专业
的读者，同时对柏拉图及其追随者色诺克拉底、亚里士多德及其后学第奥弗拉斯特、迪
凯奥尔库斯表现出了兴趣。迪凯奥尔库斯（约公元前 320—前 300 年），亚里士多德的学
生，是一位饱学之士。

第五卷

［I］［1］布鲁图斯，我过去常常与马库斯·皮索去听安提奥库的演说。① 它在一座被称为托勒密的运动场（Ptolomaeum gymnasim）中进行。② 与我们结伴的还有我的弟弟昆图斯、提图斯·

① 对话的日期是公元前 79 年，比前两个对话略早。地点是雅典，年轻的西塞罗和朋友们正在那里听哲学演讲，参观历史古迹。安提奥库（公元前 130—前 68 年），来自叙利亚的阿斯卡隆（Ascalon），曾师从于雅典新学园派的哲学家菲洛（参见下一条注释）以及斯多亚派的哲学家穆涅撒库斯（Mnesarchus），其早期立场与菲洛相同，后转而采取老学园派的立场，但又试图将斯多亚派的认识论和伦理学引入学园。

② 该建筑是在希腊化时期一位埃及的希腊统治者之后得名的，尽管安提奥库声称要回到老学园派的传统，但是他并没有在学园授课，学园也没有被使用起来。各个哲学流派在城墙外，或许在八年前苏拉围攻雅典时毁于战火。

庞波尼乌斯还有我的堂弟卢西乌斯·西塞罗（Lucius Cicero）①——虽然他只是我堂弟，但我们亲如兄弟。我们当时决定在学园散步打发下午的时光，主要是因为那时候没有那么拥挤。我们按照约定的时间在皮索的住处相遇，并在行走的过程中忙着讨论各种议题，距离迪比隆门（Dipylon）约6斯塔德。② 我们到了学园著名的广场上，并发现这地方如我们所期待的那样只有我们几个。

[2] 然后皮索③说道："我该说这是一种自然本性给予我们的感觉还是一种错觉呢？当我看着这个英杰们曾徘徊过的地方时所受的触动，远胜于听闻他们的成就或阅读他们的作品〈带来的感动〉，他们是我们所传承的光荣历史的一部分。这正是我现在的感受。实际上，柏拉图仿佛进入了我的脑海，他是我们公认的第一个经常在此讨论的人。那些附近的小花园不仅带来了关于柏拉图的回忆，也仿佛使他本人跃然眼前。这里来过斯彪西波、色诺克拉底还有他的学生珀勒蒙。我们看到那东西是他曾坐过的座位。④ 即便我看到的是我们自己的元老院（我指的是本来的 Hostilia；它的扩建倒让我

---

① 西塞罗的弟弟昆图斯（Quintus，公元前 102—前 43 年），缺少政治天赋，更缺少智识上的天赋，作为士兵和行政人员还勉强算成功。提图斯·庞波尼乌斯参见 *Fin.* 1.16 注释，被称为"阿蒂库斯"（也即阿提卡人）是因为他对雅典阿提卡地区的热爱（*Fin.* 5.4 曾提及此事）。卢西乌斯·图留斯·西塞罗（Lucius Tullius Cicero），西塞罗叔叔的儿子，与他的表亲马库斯和昆图斯一起长大，与他在西西里帮助过的马库斯关系尤其亲密。公元前 70 年，他在那里帮助马库斯起诉了腐败的地方长官维里斯（Verres），在公元前 68 年英年早逝。

② 古长度单位，1 斯塔德约为 192 米。

③ 皮索见 *Fin.* 4.73 注释。

④ 斯彪西波、色诺克拉底和珀勒蒙是柏拉图的直接继承人，是学园的领袖。

觉得它小了①），我也总是想起西庇阿、加图、雷利亚乌斯，尤其是会想起我的祖父。② 这就是一个地方所拥有的唤醒〈回忆的〉力量，难怪记忆训练以此为基础。"

[3]"你说得很对，皮索，"昆图斯说，"因为我自己在来这里的路上，途经了科罗诺斯（Coloneus）那里，它使我眼前浮现了曾在那里居住过的索福克勒斯。你知道我非常钦佩和喜爱他。事实上，一个更古老的景象打动了我，让我想起了俄狄浦斯（Oedipus），他在那最温柔的诗句中问道：'这是哪里?'——毫无疑问，这是个白日梦（inaniter），但它仍然打动着我。"③

"至于我，"庞波尼乌斯评论道，"总是因为自己投身的伊壁鸠鲁派而常常被你们'追击'（insectari），我确实花了很多时间和我特别喜欢的（正如你们知道的那样）斐德罗在一起④，在我们刚刚路过的伊壁鸠鲁学派的花园里。虽然老话告诫说，'珍视活着的人'（vivorum memini）。然而，即便我很想忘记伊壁鸠鲁，我也无法忘

---

① 原本的元老院被归于图鲁斯·霍斯提里乌斯（Tullus Hostilius），罗马的第六位王。皮索这里提到元老院被苏拉在公元前 81 年重建和扩大的事。

② 西庇阿这里应该是指西庇阿·阿菲利加努斯（Scipio Africanus），击败汉尼拔的罗马将军，前注已有说明。这里的加图是马库斯·波尔奇乌斯·加图（Marcus Porcius Cato），公元前 239 年到公元前 149 年的监察官，第三卷对话者加图的伟大祖父，以坚毅不屈的品性闻名罗马的政治家。雷利亚乌斯参见 Fin. 2. 24 注释。皮索的祖父应该是指卢西乌斯·卡尔普尼乌斯·皮索（Lucius Calpurnius Piso，活跃于公元前 2 世纪），公元前 149 年担任护民官，后担任监察官，在政治上颇有建树，也是一位著名的史学家，著有罗马编年史七卷。

③ 在创作了俄狄浦斯王的雅典剧作家索福克勒斯的最后一部剧作《俄狄浦斯在科罗诺斯》中，目盲的俄狄浦斯王回到了科罗诺斯的村子。昆图斯引用了该剧的开场白。

④ 斐德罗参见 Fin. 1. 16 注释。

记他。我们伊壁鸠鲁学派的成员不仅将他的肖像画下来，甚至将它刻在杯子和戒指上。"

[Ⅱ][4] 于是我调侃道："我们的朋友庞波尼乌斯似乎成了我们的笑柄而且没准确实如此。实际上，他自己已经扎根于雅典，俨然来自阿提卡的（Attici）一员，看起来他将来也会得到绰号'阿蒂库斯'。我也赞同你使用这种方法，皮索，地点的提示会让我们对伟人们的想象更明晰且更审慎。你记得那次我和你一起到梅塔蓬图姆（Metapontum）吧，我先去看了毕达哥拉斯去世的地方和坐过的座椅，然后才去了我们落脚的地方。① 此刻，在雅典的每一个角落里都有最卓越人士的行迹。然而，现在是那边的凹陷处在打动着我。不久之前，那是卡尔涅亚德的。我现在似乎看到他了（他的长相很有名），而我认为就算是那个他曾坐过的座位也经常想念其话语，它失去了一个如此天才的主人。"

[5]"好的，"皮索说，"因为我们每个人都有自己的重要地点，那我们的朋友卢西乌斯呢？他想要参观德摩斯梯尼（Demosthenes）和埃斯奇尼斯（Aeschines）过去常常开展争论的地方吗？正是他最热衷的事物在引导他。"

"还是别问了，"卢西乌斯红着脸说，"事实上我下到过法勒鲁姆港（Phalericus），也就是德摩斯梯尼常常对着波涛练习演讲，以训练自己的声音使其能够压制住人群吼声的地方。就在刚才我稍稍

---

① 在公元前 6 世纪中期，萨摩斯的毕达哥拉斯曾经到过在意大利的希腊殖民地。根据当地传统，他被赶出了克罗顿（Croton），在那里他建立了毕达哥拉斯派，并死于梅塔蓬图姆。关于毕达哥拉斯的生平我们几乎没有什么确凿的证据。

向右转去参观了一下伯利克里（Pericles）之墓。^① 确实，在这座城市里没有哪里是终点。无论我们走到哪里都踩在有历史意义的土地上。"

[6] 皮索说："西塞罗^②，你的这些热情如果旨在观察效法最卓越的英杰，那么它们就是属于天才的（ingeniosorum）〈热情〉；然而，如果它们只是那种使古代历史得以认知的途径，那么它们就只是属于勤奋的（curiosorum）〈热情〉。我们都鼓励你不仅要努力了解这些名人，也要以之为榜样（虽然我相信你早就已经开始行动）。"

"你知道，皮索，"我打岔道，"他早就将之付诸实践了。尽管如此，我还是要感谢你的鼓励。"

"让我们都来敦促这个年轻人进步吧，"皮索以他一贯的和蔼可亲回答道，"最重要的是，让他把自己的一些精力献给哲学吧，或者以他敬佩的你为榜样，或者让他在自己的领域得到更多的助力。但是，"他继续说道，"你是否需要我们的鼓励？还是说你想按自己的意思去学？我感觉你相当专注于安提奥库的演讲。"

"我确实是这么做的，"卢西乌斯羞怯地回答道，或者我该说，以一种谦和的语气回答道，"但你曾听过卡尔涅亚德的演讲吗？我被他吸引，但是安提奥库把我拉到另一个方向，此外就没有别人可

---

① 卢西乌斯是一个刚刚崭露头角的政治家，他一直在参观与著名的雅典政治家的有关联的地方。这里提到的三人均是雅典著名的政治家和雄辩家。

② 指作者西塞罗的弟弟卢西乌斯。

以听了。"①

[Ⅲ][7]"或许,"皮索说,"当我们的朋友在这里时(他说的是我)抛弃新学园派并不可能。尽管如此,我还是要冒昧地把你从新学园派拉向老学园派。正如安提奥库所说,老学园派不仅包括那些所谓的学园派——斯彪西波、色诺克拉底、珀勒蒙、克冉托尔(Crantor)还有剩下的哲学家②——更有以亚里士多德为首的早期漫步派,他也许可以被称为除了柏拉图外所有哲学家的领袖。我求你们转向他们吧。从他们的作品和原则中可以获得全部高尚的学说、完整的历史,以及所有优雅的表述,还有那么多不同种类的技艺,以至于所有人都能用这些工具来充分地助益更卓越的研究。他们已然培养了一批演说家、将军和政治领袖。哪怕是稍逊一筹的行业,数学家、诗人、音乐家和医生,也从这个可以被称为'〈生产〉所有技师的工坊'(omnium artificum officina)中涌现。"

[8]"皮索,你知道在这一点上我赞同你的说法,"我说,"不过你在一个恰当的时机提出了这个议题。我的堂弟卢西乌斯很想听你口中的老学园派以及漫步派在至善问题上的观点。我们觉得你是

---

① 卢西乌斯认为,唯一真正的哲学选择是在柏拉图主义两个对立的传统中进行的。其中之一是学园怀疑派传统,以卡尔涅亚德为代表,因为它将在寻求理解的过程助攻考察和批判别人的主张视为哲学真正的任务;另一派则是被恢复的老学园派传统,以安提奥库为代表,它将柏拉图主义视为一个观点系统,在其中其他伟大思想家的观点也能够被协调起来。在此卷中,西塞罗捍卫怀疑派,反对安提奥库;虽然在第四卷中它以安提奥库的观点反对斯多亚派,但是这种做法对于一个学园怀疑派来说是融贯的。

② 索里的克冉托尔,柏拉图诸位后继者中的重要人物,虽然不是学派领袖。他对柏拉图的著述做了许多评论,尤其对《蒂迈欧篇》(*Ti.*)。

最能流利解释它们的人，因为那不勒斯（Naples）的斯塔赛亚斯
（Staseas）曾与你同住多年，而我们知道在同样的议题上，最近几
个月你都一直追随雅典的安提奥库。"①

"好吧，好吧，"皮索笑着说，"其实你已经很想让我担当我们
讨论的发起者——就让我给年轻人说说这些内容吧，如果我还能做
到的话。因为学园废弃了，所以哪怕神预言了这种事，我也绝不敢
相信自己真的有机会像一个哲学家一样在里面演讲。不过一旦我顺
应这些年轻人，我或许是让你们烦恼的家伙。"

我反问道："难道我这个自己向你提出要求的人会感到烦
恼吗？"

昆图斯和庞波尼乌斯也说他们要听同样的内容，然后皮索开始
了他的论述。我恳请你无论如何集中注意力，布鲁图斯，看看他的
论述是否充分把握了安提奥库的哲学，毕竟你经常听他的兄弟阿里
斯图（Aristus）的演说，我觉得你极其赞成他的观点。

[Ⅳ]［9］皮索是这么说的："关于漫步派学说之卓越，我不久
前已经说得够多了，同时，我也已经尽我所能地精简了。② 但是他

---

① 那不勒斯的斯塔赛亚斯，第一位定居在罗马的亚里士多德主义哲学家，罗马贵
族，经常有哲学家在其家中；斯多亚派的迪奥多图斯生活在西塞罗的时代。在伦理学
上，安提奥库的老学园派综合体大部分源于亚里士多德。然而，西塞罗在 *Fin.* 5.75 指
出，亚里士多德主义者如斯塔赛亚斯主要在以下这一点上不赞同安提奥库：德性对幸福
是自足的。

② *Fin.* 5.9 - 15，皮索阐述了据说是由安提奥库捍卫的老学园派的传统，但是它明
显带有亚里士多德主义的倾向，其重点关注的伦理，也是安提奥库最依赖亚里士多德的
地方。可对比 *Fin.* 4.4 - 14。在两段文本中我们都能发现对早期斯多亚派三位哲学家的
回溯；对漫步派解释兴趣的赞扬；强调他们对修辞和逻辑的关注，以及对政治实践的重
点关注。

们的学说构成像多数其他人一样分为三个部分：第一部分是关于自然的，第二部分是关于论证的，第三部分则关乎生活。他们以如下方式研究自然：不遗漏天空、海洋和大地——我用比较诗意的说法——的任何一个部分。此外，当他们讨论基本元素和整个宇宙是什么时，他们不仅使用具有可能性的论据，而且还利用了数学家们的必然推理推出结论，还最大程度地利用了通过对万物的研究所得的材料来揭示隐而不显的事物（rerum occultarum）。"

[10] "亚里士多德为每一种生物的出生、生活方式和类型做了描述。而第奥弗拉斯特对植物的自然本性做了相同的工作，而且实际上解释了所有植物①的原因和根据。这些知识促进了对最不显明之物（rerum occultissimarum）的研究。而关于论证方面的著述，漫步派不仅为辩证法，也为修辞学奠定了规则。而亚里士多德，他们的奠基人，首创了就每一个论点表述其正反两面的实践，其目的也不是要像阿尔克西劳那样在所有事情上都构建等效的论证，而是为了揭示任何问题上正反双方可能提出的所有论证。"

[11] "而哲学的第三部分考察良善生活的安排，在这里他们不仅有对个体私人生活的说明，也有对公共事务治理的论述。我们可以从亚里士多德那里找到每个国家的习俗、制度以及体系，无论是希腊的还是非希腊的城邦。从第奥弗拉斯特那里我们可以获知各种法律。② 两位哲学家都提出了政治领袖的恰当资质，也常常探讨政

---

① 原文直译应为"从地上长出来的事物"，据意义改译为"植物"。——译者注
② 亚里士多德和他的学生对许多国家的体制做了历史记载，第奥弗拉斯特分别整理了希腊和非希腊国家的法律。

体的最佳形式问题。第奥弗拉斯特非常详尽地阐述了公共事件的走向和正确的变革时机，以及当时势要求变革时如何控制。但他们最推崇的生活方式是甘于宁静的生活，也即在沉思和求知中度过一生。这是最像神的生活，也是最值得智者过的生活。而关于这个议题他们有着著名的精彩论述。"①

［Ⅴ］［12］"他们对至善的讨论看起来并不总是一致，因为他们创作两种不同的著作，一种更为通俗的版本他们称为'开放的'（希腊语：*extōterikon*），另一种更为精致的，写在笔记中。不过，在主要的观点上这些哲学家是没有分别的，无论是在某位哲学家的诸作品之间，还是在不同的哲学家之间。然而，当谈到幸福生活的问题上时，他们之间看起来必然存在分歧和难以决断的争执，在哲学家应该优先于一切思考和追求的问题上，也即如下问题上，尤其如此：幸福生活是否完全掌握在智者手中，还是说能够被不幸摧毁或剥夺？这种分歧的典型案例是第奥弗拉斯特，他的书《论幸福生活》（*de beata vita*）中赋予了运气相当的分量。如果这是对的，那么智慧就不能保证幸福的生活。不过恕我直言，这种观点在我看来比主张德性的力量与重要性更加软弱而无力。因此我们结合亚里士多德与其子尼各马可（Nicomachus）的

---

① 这里他显然认为亚里士多德的一些文章宣称最好的生活是一种理论沉思的生活而非合乎德性的生活。相关内容我们可以在《尼各马可伦理学》（*Nicomachean Ethics*）的最后一卷中看到。尽管，调和它与亚氏其余伦理和社会思想明显存在困难，漫步派内部也存在争论，比如，第奥弗拉斯特支持沉思的生活，迪凯奥尔库斯则支持实践的生活。皮索抛下了这个问题。或许我们应该这么看待这一点，将之视为一个无视哲学困难偏要在不同观点间进行乏味协调的例子。

观点。据说他详细地阐述了伦理的那卷书实际上是亚里士多德的，但是我确实想不到为什么儿子不能和父亲有相似之处。倘若我们比第奥弗拉斯特更多地赋予德性力量，那么我们就仍然能在许多观点上追随他。"①

[13] "所以我们还是满足于这些思想家吧。虽然在我看来他们的继承者比其他哲学流派的代表人物更优秀，但是〈这些继承者〉与其前辈相比是那么逊色，以至于你会觉得他们是自学的。首先是第奥弗拉斯特的继承者斯特拉图（Strato），他想成为一名自然哲学家。尽管他是自然哲学领域的重要人物，但是他的许多创新都很少与伦理有关。斯特拉图的继承者吕科（Lyco），言辞华丽而内容空洞。最后，还有吕科的继承者阿里斯同：如果不按伟大的哲学家这个标准要求他，他还算得上精确和优雅。他的写作内容丰富而精致，但不知为何这些作品缺少足够的分量。"

[14] "我略去了许多思想家，包括聪明而迷人的希罗尼穆斯。我不确定为什么把他称为漫步派。事实上他宣称至善是免于痛苦，而一旦他在至善上与前者有分歧，那他也就是在整个哲学体系上与

---

① 第奥弗拉斯特相信德性不足以带来幸福，我们会因不幸而失去幸福（参见 Dimitri Gutas, William W. Fortenbaug, *Theophrastus of Eresus Commentary*, Volume 6.1: *Sources on Ethics*, Brill, 2010, pp. 243 - 244）。这一点会让安提奥库很尴尬，因为他声称亚里士多德主义者赞同斯多亚派德性对幸福的自足性（虽然不是至高的幸福）。因此我们会发现他将《尼各马可伦理学》视为特例，虽然他认为此书是亚里士多德的儿子尼各马可写的而不是献给他的（虽然不太可能是他，因为他在战斗中英年早逝）。然而，尽管安提奥库通过解释《尼各马可伦理学》第一卷来支持他的观点，但是第一卷和第七卷中依然有两段文本有力地拒斥了德性对幸福的自足性。所以，安提奥库的观点是如何与亚里士多德的作品联系起来的，这是一个问题，正如西塞罗在第 75 段指出的那样。

之有分歧。克里托劳斯（Critolaus）想要效法古人，其观点的分量倒与古人相当，更兼有滔滔之辞。然而即便是他也没有维系住其前辈的传统。他的学生狄奥多罗则将免于痛苦和德性相结合。他同样走了一条自己的路，而且就在至善问题上的分歧而言，他也不能算是一个真正的漫步派。① 对我来说，我们的老师安提奥库似乎极其专注地追随着古人们的观点，而他传授这样的内容：亚里士多德和珀勒蒙的观点是相同的。"

[Ⅵ][15]"因此，我们的朋友卢西乌斯明智地做了选择，想先学关于至善的知识：一旦这个问题确立了方向，哲学的所有问题就都确立了方向。此外，对于其他问题来说，一种不完全或者不确定的理解造成的伤害，与被遗漏部分的重要性相应。然而，对至善的无知必然也对生活的理由无知，从中产生的重大错误会使人看不到任何可以避难的港湾。然而，一旦我们明白了最终的目的是什么，一旦我们知道终极的善和恶是什么，我们就发现了生活的道路和所有义务的形式，因而所有事物就都有了依归：[16]正是从至善中才确定了所有事物所追求的目的，而幸福生活的理由才得以发现和确立。"

———————————

① 对漫步派后期的领袖进行的一段简单的考察支持安提奥库的反对意见，也支持他只保留亚里士多德和第奥弗拉斯特的观点，还支持对柏拉图主义者珀勒蒙的那些观点。这里所刻画的兰普萨库斯（Lampsacus）的斯特拉图（死于公元前 268 年）、特洛亚（Troas）的吕科（公元前 300 年—前 225 年），以及喀俄斯岛的阿里斯同的特征，已经被他们的残篇证实。富赛利斯（Phaselis）的克里托劳斯反对斯多亚派的观点而为亚里士多德的观点辩护；他主要的创新或许是对修辞学的攻击。从希罗尼穆斯和狄奥多罗对终极目的的定义来看，他们都被说成是亚里士多德传统的分支。除了作为两种观点的持有者出现在卡尔涅亚德的分类中，对两者我们几乎都一无所知。

"这是一个饱含争议的话题，所以让我们采用卡尔涅亚德的分类，这个分类就连我的老师安提奥库也很乐于使用。卡尔涅亚德考察了迄今为止所有已经被人提出的和可能被人提出的关于至善的看法。他宣称没有任何一门技艺是出于自身的，总有一些由它把握又外在于它的东西。没有必要举例子来说明这一点，很明显，没有哪一种技艺是围着自己转的。技艺是一回事，它的对象是另一回事。因此，医术（medicina）是健康的技艺，航海术（navigationis）是驾驭船只的技艺。类似地，生活的技艺是明智，因而它也必定由其他事物组成而且出于其他事物。"

[17]"此外，几乎所有人都同意，明智所关心的和想要获取的对象，必定是某种非常符合且适应自然本性的事物，是某种因其自身而具备吸引力并能吸引灵魂欲求的事物（希腊人称为 hormē）。然而，对于是什么让我们以这种方式被触动，以及什么是从我们出生那一刻起就渴望的对象，却很少有共识。事实上，正是在探求至善的这种思路上产生了激烈的哲学争论。关于至善与至恶这整个争议的起源，以及在众多事物中什么才是终极的目的，都可以通过追问什么是自然的原初之物来探求。一旦发现了它，它就形同纲领一样引导着至善至恶争议。"

[Ⅷ]"因此，某些人认为我们最初的欲求是快乐而最初厌恶的东西是痛苦。其他人宣称免于痛苦是我们最初所接受的事，痛苦也正是我们首先要逃避的事。① [18] 对其他人来说，从他们称为符

---

① 该句可能为后人窜写。

合自然本性的原初之物中产生了其他事物，在这些事物中，他们计入了身体所有部分的安全（incolumitatem）和保存（conservatio-nem），〈还有〉健康、完整的感官、免于痛苦、强壮、美丽等等。与这些特征类似的是灵魂中的原初之物（prima in animis），它们是德性的火花和种子。正是这三种事物①中某一种驱动我们的自然本性去欲求或拒斥。不可能是这三种事物之外的任何事物。因此，每一种要逃避的事物或要追求的义务都必定以它们中的一种为依归。比如我们称之为生活技艺的明智，就是要以这三者中的某一种为依据引导我们最初的生活。"

[19]"但无论我们依靠明智将谁确立为最先驱动自然本性的事物，它都会带来〈关于〉义务和高尚的学说，而该学说能与这三种事物中的某一种相一致。因此，有价值的目的要么全部立足于快乐〈本身〉，即便不能确保这一点；要么是免于痛苦〈本身〉，即便它不可获得；要么是获得符合自然本性的事物〈本身〉，纵然你一无所获。所以结论是关于自然的第一原理（principiis naturalibus）有多大不同，相应地就有多少关于至善与至恶的分歧。相反，另一些思想家则基于这些原理将获取②快乐、免于痛苦或获得符合自然本性的原初之物视为义务的依归。"

---

① 也即快乐、免于痛苦和符合自然本性的原初之物。
② 注意，前三种思路是将三者本身作为目的（无论后果如何），而后面的思路是将"获取"作为目的（考虑后果），详情可参见下注。

[20]"那么，我现在陈述了六种关于至善的观点。① 后三种有下面几位作者：阿里斯底波认为义务以获取快乐为依归，希罗尼穆斯认为是免于痛苦，卡尔涅亚德认为是享受那些我们称为符合自然本性的原初之物，尽管他不是原创者只是因为论证〈需要〉而为之辩护。前三种是理论上可能的观点②，但实际上只有其中一种观点得到了辩护，且这种辩护非常有力。从来没有人说过'我们所有的行为都应该以快乐为目的，即便不能获得快乐，我们也应该为快乐本身而贯彻行动计划，仿佛快乐是唯一合乎德性的和善的'。也没有任何人认为'无论事实上能否避开，逃避痛苦仅因其本身而值得追求'。然而，斯多亚派确实认为我们的一切作为都是为了获取符合自然之物，无论我们实际上是否能获得它们。他们说，这就是德性，唯一因其本身而值得欲求之事和善事。"

[Ⅷ][21]"那么，这里有六种关于至善的观点，其中两个无人问津，其他四种有人辩护。也有三种组合的（iunctae）或者说成对的（duplices）论述。如果你深入考察各种观点的性质，就会发现不会有其他可能了。人们可能要么将快乐加诸高尚，比如卡利丰③和迪诺马库斯（Dinomachus）做的那样；要么把免于痛苦加诸

---

① 分别是将快乐本身、免于痛苦本身和符合自然的原初之物本身分别视为高尚的目的（也即无论我们最终是否快乐、是否免于痛苦、是否获得原初的自然之物，它们都是高尚的目的），以及将快乐、免于痛苦和符合自然的原初之物的"获得"（也即要获得这些事物而非单纯地将之视为目的）视为目的。前三者是诉诸德性的学说，后三者是诉诸"完善的应为之举"，或者说"义务"的学说。

② 前三种也即上一节中提及的以三者本身为目的的学说。

③ 参见 *Fin.* 2. 19 注释。

高尚①，比如狄奥多罗；或者将原初自然物加诸高尚，如古人们就是这样，而我们称其为学园派和漫步派。此刻我们不能同时把所有东西列清楚，所以现在请注意，快乐必须先放在一边，因为我们是为了更伟大的事物而生的，这一点我稍后就会解释。关于免于痛苦人们能说的也差不多。[因此，当与托尔夸图斯讨论快乐与德性时，所有善都在于快乐；而当与加图讨论时，其论述主要是在反对快乐和免于痛苦。]② [22] 我们也没必要寻找进一步的论据来反对卡尔涅亚德的观点，因为任何对至善的阐述如果导致高尚的缺位，就无法解释义务、德性和友谊。此外，高尚与快乐的结合或者高尚与免于痛苦的结合理论，在尝试拥抱高尚时也带来了卑劣。因为你实际上可能依归于两种标准采取行动，其中一种主张免于不幸即是至善，另一种则将它和我们本性中最不可靠的部分结合起来。我觉得就算它们没有玷污高尚，也会使高尚的全部光芒变得暗淡。还有斯多亚派成员，他们从漫步派和学园派那里借来了所有内容，使用不同的语词追寻相同的结论。本来更好的做法是对这些观点一一驳斥。但是因为我们必须向前推进，关于那些观点等我们想要讨论时再处理吧。"

[23] "德谟克利特的'无忧'（securitas），或者说灵魂的宁静（他称之为 *euthumia*）也必须被排除在这个讨论之外，因为灵魂的宁静实际上就是幸福生活了，我们追问的也不是幸福生活是什么，而是幸福生活的源泉是什么。皮浪、阿里斯同以及埃里鲁斯的理论

---

① 也即将德性与快乐结合起来，下文亦同。
② 此句与前后文脱节，疑似后人窜写。

已经被拒斥并被抛弃了，这些理论也不能算在我所说的范畴中，所以完全不能纳入讨论。① 因为整个终极目的的问题，就像善与恶的边界问题一样，总是始于——我们说过的——适合并适应我们天性的东西，也即因自身而被我们欲求的原初对象。但该概念已经被这些人彻底抛弃了，他们完全否认在这些事物之间有善与恶的差别，也否认有任何理由使得一物优先于另一物，并认为在这些事物之间全无差别。至于埃里鲁斯，如果他的观点是'知识是唯一的善'，那么他就已经放弃了所有决策的依据，也放弃了对义务的探求。"

"因此，我排除了所有其他哲学家的观点。那么，从这些观点中挑出一个观点是不可能的，古人的观点必将得胜。② 让我们遵循老学园派的传统——一个斯多亚派也利用了的传统——以如下的方式开始讨论。"

[Ⅸ] [24] "每一种生物都自爱，而且只要它一出生就会奋力保护自己。自然本性一开始就赋予它维系完整生命的欲望，并让它依据自然本性始终处在尽可能好的环境中来保护自己。起初，这种安排是不直观又多变的，所以无论这种生物属于什么物种，它只保护自己。而它也没有理解自己是什么，可能会成为什么，同时也不知道自己的自然本性是什么。然后它有了一点进步，开始明白事物

---

① 参见 *Fin.* 2.35，43。
② 安提奥库使用了卡尔涅亚德的分类来排除自己的伦理理论之外的所有理论，见 *Fin.* 5.24-27。如同斯多亚派那样，它以一种对人性自婴儿时期起的解释为开端，但是不同之处在于，它将德性、身体的诸善以及外在优势都视为善，而且得出结论认为我们的最终目的不仅是德性的生活，而且是一种既有德性又包含身体的善和外在善的生活，他将之称为"最幸福的生活"。

在何种程度上影响它，并开始观察到任何与自己有关系的事物。它逐渐开始发展并认识到自身，并开始明白自己为什么会拥有刚才提到的那种欲求。然后它开始追求自己觉得适合自身自然本性的事物，并拒斥与此相反的事物。因此，每一种生物的欲求对象，总是可以在适合其自然本性的事物上发现。所以至善就是尽可能在最合乎自然本性的条件下遵循自然本性而生活。"

[25]"既然每一种生物都有它自己的自然本性，那么属于所有动物的目的必然是满足其自然本性。（动物与其他动物、人与动物之间是共通无碍的，因为其自然本性是相通的。）但是这样一来，那些我们研究的终极的、至高的善就会随着物种的不同而各不相同。每一个物种都会有自己特殊的善，与其特殊的自然本性所欲求者相适应。[26]所以，当我们说它们的目标都是遵循自然地活着时，我们并不是说它们都有同一个具体的目的。但是我们可以恰当地说，所有的技艺都有一个共同的特征，那就是它们都与某种类型的知识相关，虽然每一种技艺都有各自的特殊知识。同样地，虽然所有的生物都有符合自然地生活这个目标，但是其自然本性是不同的——比如马有其自然本性，牛有其自然本性，人也有其自然本性。尽管如此，共同的目标仍然是存在的，它不仅存在于动物之间，甚至存在于所有自然滋润、养育和保护的事物之间。"

"所以我们观察到，即便是从大地上长出的各种植物，也凭自身力量以某种方式做着大量有助于生存和发展的活动，而这使得它们达成了自身属类的目的。因此，我们也许可以在同一个概念之下把握所有动物的本性，并且毫不犹豫地宣称所有的自然本性都是自身的保护者，而且它们还拥有这样的目的和目标：在最适合自身族类的环境下保护自己。因此，每一种自然的造物都有相似但不一定完全相同的目的。从中我们应该了解到人类的至善也是遵循自然本性的生活，这种生活被我们如此阐释：依据在各方面都臻于完美的人类本性而活并且无所匮乏。[27] 这种观念需要我们阐明，而如果篇幅冗长还请您见谅。但是这或许是卢西乌斯第一次面对这样的观点而我们应该体谅他的年轻。"

"绝对可以，"我说，"尽管到目前为止你的阐述方式适合任何年龄的观众。"

[Ⅹ]"那么好，"他说，"在界定被欲求的事物之后，我必须继续阐述为什么这些事物会像我说的那样。因此，我将回到之前论述的起点，事实上也是现实中的起点上：我们知道所有生物都自爱。虽然这个事实无可争辩，因为它是在自然本性中的印记而且靠感官就能把握。任何想要否认这一点的人都不会得到认同，但是为了论述完整性起见，我们也应该为这些论点多少提供一些论证。[28] 然而，怎么才能理解与思考'憎恨自己的动物'这个概念呢？事实上这个概念自身恰恰自相矛盾。比如，因为自我憎恨，所以灵魂的欲求开始有意地招惹伤害自己的事物；然而，由于它又是为自己而那么做的①，所以它就同时既爱自己又恨自己，而这是不可能的。而且，任何憎恨自己的人类就会将善当作恶，将恶视为善，逃避欲求的事物并且渴望本该避免的事物，而那将毫无疑问地导致生活彻

---

① 因为对于渴求自虐的人来说，自虐其实也是为自身服务的，因此也可以被看作自爱，同样的逻辑也可以用于第 28 段的理解。

底地被颠倒过来。"

"一个人可以寻求某些自我束缚，或者其他放弃生命的形式。在特伦恩提乌斯的作品中有一个角色说他'自己受越多苦，就越能减轻他对自己儿子犯下的错误'①。然而，这些都不应该被视为自己憎恨自己的人。[29]有些人为痛苦所驱使，另一些人为情绪所左右，还有许多人被愤怒冲昏了头脑，故意莽撞地冲向灾祸，并认为他们这样做是为了自己最大的利益。他们会毫不犹豫地说：

> 这正适合我。无论你需要做什么，那就干吧！

如果这样的人对自己宣战，那么他们会希望白天受折磨而晚上极度痛苦，而且也不会因为错误地判断了自己的利益而责备自己，因为这些自我责备在他们那里反而是关心并关爱自己。因此，尽管经常听说某些人不重视自己，感到自我憎恨和对自己的敌意，最终逃避生命，我们也应该认识到这些表现之下有这样的理由。而从这种理由中我们可以明白每个人都爱他自己。"

[30]"的确，说没有人自己恨自己是不够的。我们也要意识到，没有人会以任何方式认为自己的状况是个无关痛痒的问题。尽管在一些中立的事情上，我们不倾向于任何一边，但是如果我们相信自己以何种方式被影响也是事不关己的，那么所有的灵魂的欲求就都被取消了。"

[XI]"此外，如果有人想说，我们是那么爱自己但是这种爱的

---

① 参见特伦恩提乌斯（亦见于 *Fin.* 1.3，见该节注释）作品《自责者》，下一段中的引用也来自该作品。

力量却是指向其他我们敬爱的对象的，而不是指向自爱的人本身的，那么这个观点也是荒谬的。若说这个观点是围绕着友谊、责任或德性提出来的，无论恰当与否，它至少是可以理解的。但是如果是围绕着我们的自爱提出的，那么说这种自爱指向别处就是不可理解的，比如，指向快乐。我们是因为自身而喜爱快乐，而不是为了快乐而自爱。"

[31] "还有什么比这一点更明显呢：人们不仅爱惜自己，而且极其爱惜自己。有谁，以及多少人能在将死之时面不改色，不会感觉到'血液脱离人体而脸色因恐惧而惨白'呢？① 面对死亡如此恐惧或许确实算一种弱点（对痛苦的类似恐惧也同样该受到责备），但是事实是我们几乎都能感觉到这一点，这充分证明我们的自然本性会畏惧死亡。其实这些都是过度恐惧的例子，因此我们能公正地批评他们。同时这也能帮助我们认识到，如果不是自然地会产生适度的恐惧，那么在极端情况下就不会有这种过度恐惧了。"

"请注意，我其实不是在说如下这种对死亡的恐惧：会产生这种恐惧并逃避死亡的，是那些认为死亡会剥夺他们人生中美好事物的人，那些担忧身后事的恐怖以及担心在痛苦中死亡的人。② 但是即便是小孩子，也就是那些对此类事不以为然的人，如果我们开玩笑地威胁他们，要将他们从高处扔下来，他们也会经常感到害怕。

① 这段话来自恩尼乌斯的《阿尔克麦翁》（Alcmaeon），亦见于 Fin. 4. 62。
② 这些人逃避死亡是因为他们怕失去别的东西而非出于自爱本身，而下文中反驳这类例子的时候使用了小孩子，这类人还没有那么多眷恋的东西。

而即便是野兽，帕库维乌斯也说：'缺乏足够智慧来保护自己的野兽'在面对死亡时也会'战栗'（horreseunt）。"①

[32]"即便智者决心赴死，依然会为离别友人与告别光明所触动，这一点会有异议吗？这类事情比任何别的事情更清楚地显示出自然本性的力量：许多人忍受乞食只是为了活着，而年寿将尽的人们忧心着死亡的迫近，在故事中我们能看到菲洛克忒忒斯所遭遇的事。虽然被难以忍受的痛苦折磨，但是他依然靠捕鸟养活自己：

"他慢慢行动，射杀敏捷之物；他站起身来，射杀飞物"，并如阿克奇乌斯所说的那样织羽蔽体。②

[33]"我论述的是人类和所有动物，但树木等植物事实上有一样的自然本性吧？还是如某些杰出的思想家宣称的那样是某种伟大而神圣的原因赋予了它们这种能力，抑或只是一个巧合？我们看到一切从地面上生长出来的植物被外壳和根保护，而其发挥的功能与动物感觉器官的分布以及四肢的安排相当。"

"在这个问题上我赞同自然本性是一切的主宰（如果自然本性袖手旁观，其自身可能也无法存在）。但是我也容许那些持异议者主张自己想提出的观点。③ 无论我什么时候提起属于人类的'自然

---

① 帕库维乌斯参见第一卷注释。亦见于 *Fin.* 2. 79，以及下文中的 63 段。

② 阿克奇乌斯的戏剧《菲洛克忒忒斯》，它或许是基于索福克勒斯的戏剧，亦见于 *Fin.* 2. 94。

③ 注意这里对人类自然本性的重点关注，并暂时搁置了自然本性作为一个整体是否有目的论秩序的问题（如亚里士多德和斯多亚派哲学家那样），以及它是不是原子偶然碰撞的产物（如伊壁鸠鲁那样）。

本性'，你或许会说我表达的就是'人类'：这其实没什么不同。因为人若不再欲求对自己有利的事物，那就是背离自己。因此我们最重要的哲学家们正确地在自然本性中寻求至善的源头，并且认为对符合自然本性之物的欲求根植于所有人之中，这些欲求是由于自爱的自然本性使然。"

［XII］［34］"既然每个人天生就关爱自己，这是人的自然本性这一点已经足够清楚了，那么我们接下来就来看看这种自然本性是什么，它正是我们探求的对象。很明显，人类是由身体和灵魂组成，但是灵魂的各部分是首要的（primae），而身体的各部分是次要的（secundae）。接着，我们观察到人类的身体有一种比所有其他动物优越的形态，而人的灵魂有一套结构，不仅提供感官知觉也提供卓越的心智（mentis），而所有人类的本性都遵循这套结构。心智包含了理性的（rationis）、好奇心的（cognitionis）、知识的（scientiae）和所有德性的力量。然而，身体的各个部分较之灵魂的各部分影响力更小且更容易弄懂。因此，让我们从身体的各个部分开始。"

［35］"很明显，我们身体的各部分是合乎自然本性的，而且其整体形状、结构与高度也与我们的自然本性相符，而毋庸置疑的是，人类的额头、眼睛、耳朵和其余部分都被理解为独属于人类。但是，它们必须强健并能够维持自己天生的活动和功能，而自然要求它们中任何一个都不失误、无疾病且不残缺。此外，还有一种身体的活动，它维持身体符合自然本性的运行和姿态。如果它有某种畸变和异常，或者扭曲的活动与状态，那么在这种活动中就会发生

错误。比如，某些人用双手行走，或者不正着走而是倒退着走，他们似乎已然远离自我并剥离了人性并憎恨自然。坐姿和行动也有某种无精打采或者慵懒的方式，这些状态通常是人的无礼或虚弱的标志。虽然它源于灵魂的缺陷，却表现为身体对人类自然本性的违背。[36] 因此，反过来说，如果我们用一种克制而平和的方式保持、处置及使用我们的身体，看起来就是合乎自然本性的。"

"至于灵魂，它不仅确实存在而且还应该有一种特征，那就是它的所有部分都完好无损而且不会抛弃德性。这些感官也都有自身的德性，也就是不受阻碍地履行其职责：快速而顺利地感知事物。[XIII] 而灵魂以及灵魂的主体部分被称为心智（mens），它拥有许多德性，但有两种主要的类别。第一类德性是由它们自己本性所产生的，被称为'非自主的'（non voluntariae）；第二类基于自主（voluntate），通常以更特殊的名称称呼①，灵魂的无上荣耀正基于这一类德性的卓越。前一类的德性包括天资和记忆力，几乎所有这类特征都可以被称为一种'才能'（ingeni）。拥有这些德性就被称为'有才能的'（ingeniosi）。另一类是那些伟大而真实的德性，我们称为自主的（voluntarias），比如明智、节制、勇气、正义，还有其他同类的德性。"

[37]"关于身体和灵魂要讲的内容就简短地说到这里吧，它已

---

① 就像在希腊语和英语中一样，在拉丁语中，"德性"一词可以广泛地用于表示各种卓越者，包括智识上的卓越。而斯多亚派对德性的划分方法并不一致，详情可以参见 DL 7.90-93，其中提及一种分类方式与此近似：那些由思辨之物（*thōrēmatōn*）构成的德性是知识性的（*epistēmonikas*）和思辨性的，如明智和正义；而那些被认为是由思辨之物构成的东西延伸（*kata parektasin*）出来的德性则是非思辨性的，如健康和力量。

经勾勒了人类的自然本性需要什么。因此，显而易见的是，我们爱
自己并且想要灵魂和身体的每一个方面都完美。这表明我们因这些
方面本身而爱它们，而且这些事对幸福生活有最重大的影响。任何
一个旨在自我保护的人也必定关爱他的每一个部分，而越是受关爱
的部分就越是完美，而且在同类部分中越受赞美。我们寻求一种身
体和灵魂都充满德性的生活，而至善必定在这种生活中，因为至善
应该是这两者欲求的极限。一旦理解了这一点，那么毫无疑问，人
们不只因为他们自身而爱自己，身体和灵魂的各个部分，以及每一
个在活动或静止的部分，都是因为自身的影响而被培育且因自身而
被欲求。"

[38]"说明了这些之后我们或许可以很容易地推理出我们最渴
求的成分是那些具有最高价值者（quae plurimum habent dignitatis），
因此作为我们最善的部分，德性是因自身而被追求的，也是最值得追
求的。由此可见，灵魂的德性比身体的德性更优先，而灵魂中自主的
德性又胜过非自主的德性。前者更适合被称为德性，并且优于后者，
因为它从理性生发，而人身上没有什么比理性更神圣。"

"事实上，所有事物均由自然创造并受其保护，对于那些没有
灵魂或者几乎没有灵魂的动物而言，至善在于身体。这话用在猪身
上并无不妥，被赋予这种动物身上的灵魂只是像盐一样让它不腐
败。① 但是在某些动物身上确实拥有类似于德性者，比如在狮子、

---

① 这个评论来自克律西波，他是斯多亚派成员，强调所有人理性的联合，而对非
人类的动物漠不关心。然而安提奥库也接受亚里士多德主义者的主张，也即动物与人类
有许多共同点；他将这些观点结合起来，认为猪是一种低等动物。

狗和马身上，在这些动物身上我们不仅能看到身体的活动，也能发现某些来自灵魂的活动。然而在人类身上，最好的部分是灵魂及灵魂中的理性。理性是德性的源泉，而德性被定义为理性的完满①，这一点古人们认为应该一再阐释。"

[XIV][39]"从大地中生发出的那些事物的发育和成长方式也与动物没有什么不同。所以我们也说葡萄藤是活的或死的，说一棵树是年轻的或年老的，繁荣的或衰老的。因此认为植物也像动物一样有某些东西合乎其自然本性，另一些不合乎其自然本性，这并不奇怪；它生长和培育的看护人（cultricem）②，也就是种植的知识和技艺。这种技艺，通过修剪（circumcidat）、削去（amputet）、竖立（erigat）、栽培（extollat）和支撑（adminiculet），帮助植物朝向自然本性所给的方向。如果葡萄藤能说话，它会承认这就是处理和保护它的方式。现在，事实上正是外在的事物保护着它（既然提到葡萄藤）。因为如果不借助任何培育，它自身中没有足够的力量能够使其长成最佳状态。"

[40]"但是请想象一下葡萄藤获得了感官，而且如此获得了一定程度的欲望和自发运动，你觉得它会做什么呢？它会通过自己的努力为自身寻求之前通过葡萄果农所获得的那些东西吗？但是你注意到了吗？它多了份对自身所有感官及其欲求的责任，而如果给它增加肢体它也会保护之。因此，如果把这些新的特征加到那些它已

---

① 一个斯多亚派定义而非亚里士多德主义的定义。

② 这个词本有"种植者"的意思，此处依前后文意调整。

经有的特征之上，葡萄藤与种植者的目标并不相同，它反而会想要按照它新获得的自然本性生活。因此它的至善会和之前相似，但不会与之相同。它不会再追求一种植物的善反而会追求一种动物的善。"

"如果它不仅被赋予了感官，还被赋予了人类的灵魂那又会如何呢？结果难道不必然如此吗？它原先的特征仍然保留，需要保护；但这些增加的特征会更受关爱，而最受关爱的就是其灵魂中最好的部分。而在其本性趋于完满的过程中，其终极善也将被建构起来，同时心智和理性也大大优越起来，不是吗？因此，这就是所有欲求的终点，而借由最初的自然本性引导这葡萄藤将向着至善（也就是身体的完整性和心智理性的完美性之结合）大步迈进。"

［XV］［41］"那么，这就是我所说明的自然本性的轮廓了。假定，如我开头时说的那样，一个人在出生的那一刻就能认识并判定自然本性及其各部分自身的力量和全貌是什么，那么他将立即了解我们寻求的对象是什么，也即所有我们欲求的最高的、终极的事物，而且不可能在这些事物上犯任何错。其实从一开始自然本性就极其隐而不显，也不能被我们观察或理解。但是，随着我们年纪渐长，我们才渐渐地（或更恰当地说是慢慢地）认识到了我们自身。因此最初我们的自然本性对我们自身的认同①是难以明确而又隐蔽的，而我们能够安然无恙是由于灵魂最初的欲望如此强烈的要求使然。但是，〈之后〉我们不仅开始环顾自己的四周并了解我们是什

---

① commendatio，认同，可参见 *Fin.* 3. 64，做对照理解。

么，了解我们何以不同于其他的动物，还开始追求与生俱来的目的。"

[42]"我们在动物身上观察到如下相似。最初，它们不会离开其出生的地方，随后便受欲望驱使而行动。我们看到幼蛇（anguiculos）爬行，小鸭（anaticulas）划水，乌鸦飞翔，牛用牛角，而毒蝎（nepas）用刺。总之，每一种动物都有自然本性作为它们生活的引导者。这种相似性也表现在人类的身上：新生儿们就这么躺着好像完全没有灵魂，一旦他们获得了一点力量，他们就开始运用他们的灵魂和感官，而且总是试着站立起来、使用双手并努力认识养育他们的人。此后，同龄人（aequalibus）令他们感到愉快而他们也快乐地聚在一起投入游戏中。此外，听故事总能吸引他们，而他们也想与旁人分享自己丰富的经历。他们更热心于家里发生的事并开始探讨学习，还不想忽略任何所见事物的名称。当他们在竞赛中战胜自己的同龄人，他们喜出望外；当他们输了，他们又失望又沮丧。我们相信这一切的发生并非没有原因。[43]人类的力量似乎正是被自然创造以使他们能够获得所有德性。这也就是为什么即便没有受到过教导，孩子也总会被德性的表象（virtutum simulacris）触动，因为他们自身包含了德性的种子。这些种子是我们天性中的基本元素，它们成长并发展成德性。因为一出生便被这样塑造，所以我们身上包含着要促成某事、爱某人、要慷慨、要感恩的本性，同时拥有追寻知识、明智和勇气并拒斥其反面的灵魂。我所说的孩子身上的德性必有其原因，它们仿佛我们看到的火花一样，从中必定点燃哲学思想的光，而我们如同追随神一般追随

这向导以达到自然本性的终极目的。如我多次说过的那样，在弱小而心智未熟的时期，自然本性的力量只能被我们窥见，就像透过一层迷雾一样。当灵魂发展且茁壮成长时，它就会认识到自然本性的力量，但也因此知道了自己还能发展得更远，也知道了自身是如此地不完满。"

[XVI] [44] "所以我们必须洞察事物中的自然本性并深入理解它的需求。若非如此，我们就不能认识我们自己。这个格言似乎源于比人更伟大的出处，因而只好被归于神。因此，皮西亚的阿波罗（Pythius Apollo）神谕告诫我们，认识我们自己。① 但是获得这种知识的唯一途径就是理解我们身体和灵魂的力量，并追求一种充分享受诸事物的生活。既然灵魂与生俱来的欲求就是要获得最完美的上述自然本性，那么我们必须承认，当我们的欲求被满足时，那就是自然本性止步的终点，也就是至善。而我们之前已经证明它的每一个独立的部分都是因其自身而被欲求的，这个最终目的作为一个整体必定仅仅因其自身而被欲求。"

[45] "或许有人会认为我们列举身体的好处时忽略了快乐，且让我们把这个问题留到其他场合讨论吧。快乐算不算我们描述的那种符合自然本性的原初对象，这个问题与当前的论证没有关系。如果快乐不会在自然本性的善之上再补充任何东西，那么忽略它就是对的。但就算与此相反——就像某些人所希望的那样——那么忽略它也绝不会构成我们理解至善的障碍。事实上，就算我们将快乐添

---

① 也即德尔斐（Delphi）的阿波罗神庙上著名的格言："认识你自己"。

加到自然的原初对象中，那么，我们也只是简单地增加另一种身体上的好处而已，并没有改变我们提出的至善构成。"

[XⅦ][46]"到目前为止，我们论证的推进都受到自然本性最初认同的事物所引领。然而现在我将追求另一种论证方法，也就是：我们不仅是因为爱自己，也因为自然本性在身体上的和精神上的每一个部分都有自身独特的力量，所以我们在这些最重要的事情上因自身而受到触动。我从身体开始：你是否注意到，如果人们在肢体上有扭曲、残疾和萎缩就会将之遮掩？你是否注意到，若是能消除身体缺陷或者至少减少其出现，他们会尽力为之且不辞劳苦？你是否注意到，他们甚至因为治疗之故而忍受许多痛苦，即使这样的治疗只能让肢体表面上恢复到自然状态，而实际上其功能不仅没能改善反而变糟？我们所有人都自然地认为要追求自身的完整，这不是因为别的什么原因，而是因为我们自己。所以，当一个整体因其自身而被欲求时，其部分也必然是因其自身而被追求的。"

[47]"然后呢？难道在身体的动态和静态中没有自然本性自身认为重要的事物吗？难道在步法、坐姿、表情和面容上的表现不是我们判断一个人与自由公民相配与否的标准吗？许多人在某些行动中或姿势上藐视自然本性的法则和方式，难道我们会认为不应该因此而讨厌他们吗？既然身体上的这些缺陷是要被我们克服的，那为什么不理所当然地认为美因其自身而值得欲求呢？如果我们相信身体的扭曲和萎缩因其自身而该避免，那么为什么我们不因其自身（而且更因为）外貌的美好而追求它呢？如果我们

在身体的动态与静态中都避免丑陋，那我们还有什么理由不追求美丽呢？健康、强健还有免于痛苦也是如此，我们不只是因为它们的效用而追求它们，也是因为其自身而追求它们。我们的自然本性想要满足其所有部分，故一种最符合它的身体状态因其自身而被追求；如果我们的身体生病、受伤或者缺乏力量，那么整个自然本性都会陷入混乱。"

[XVIII]［48］"现在让我们来考察一下灵魂的各个部分，它们显得更为耀眼；它们越是卓越，就是自然本性越清晰的证明。所以我们对探索和知识与生俱来的爱是如此强烈，以至于没有人能够怀疑，即便没有任何利益刺激，人类的自然本性依然会被这些事物吸引。我们是否注意到孩子们对事物的观察和探索不能被鞭打阻止，哪怕把他们赶走，他们也会回去？我们是否看到，他们会因为了解任何事而喜悦，还渴望将这些知识告诉人？我们是否觉察到，游行、游戏还有任何类似的场面都会吸引他们，为此他们能忍受饥饿和口渴？其实还有哪些人呢？还有那些在高贵的探索与知识中感到愉悦的人，难道我们没看到他们不顾健康与家庭，没有注意到当他们沉浸于研究与技艺时能忍受一切困难，而且以学习中获得的快乐补偿最大的心力与体力付出吗？［49］我相信荷马在描绘塞壬海妖的歌声时已经看到了这类情况，看起来不是海妖们歌声的甜美、新颖或丰富常常把驶过的人们引过去，而是她们宣称自己知道很多知识才使人们因为学习的热情而接近礁石。他们这么邀请尤利西斯

(Ulixes)①（这是我翻译的荷马史诗中的一段）：

> 尤利西斯，阿开奥斯人的骄傲啊，调转船头吧，
>
> 听我们的歌声吧！
>
> 从没有人驶过这条深蓝的航道时不为歌声的甜美沉醉！
>
> 贪婪的心灵回荡着各式音乐再悄悄离去，
>
> 带着渊博的知识。
>
> 我们知道战争中的搏斗和杀戮，
>
> 希腊人因神的旨意而攻打特洛伊，
>
> 也知道广阔大地上的一切事迹。②

"荷马意识到，如果他的英雄为这样的歌声所控制并陷入其中，那么这个故事看起来就不可信了：塞壬海妖承诺的是知识，而对智慧的爱更甚于祖国，这就没有什么好奇怪的了。不过一种对所有类型知识的欲望充其量只是一种好奇心，受到对真正伟大事物的沉思引导而渴望知识的人才应该被视为最卓越的人。"

［XIX］［50］"阿基米德（Archimedes）对研究的热情是何等强烈啊！当他全神贯注地在尘土中画圆时，甚至没有发现自己的城邦已经陷落！我们也看到亚里斯多克色努（Aristoxenus）在音乐研究上花费了多大的心血啊！我们还相信阿里斯多芬（Aristophanes）曾将那么多的时间花在文学上！至于毕达哥拉斯、柏拉图或者德谟克利特这些人还需要我说什么吗？我们听说对知识的渴求驱使着他

---

① 也即"奥德修斯"（Odysseus）。

② 西塞罗这段引文来自《奥德赛》（*Odyssey*），Od. 12. 185 - 190。

们到了大地的边缘。① 那些不能理解这一点的人从来没有爱过任何伟大而值得知晓的知识。"

"在这一点上，有人宣称我提到的这些研究只是因为灵魂的愉悦而被追求的。这种人不明白，知识因其自身而被欲求，恰恰是因为即便没有抛出任何效用，灵魂也能从知识中感受到快乐，而且哪怕这种知识实际上是有害的，它也依然感到高兴。[51]但坚持追问这么明显的事有什么意义呢？其实我们扪心自问就可以了：对星辰运行的研究，对诸天体的探索，认识自然中隐而不显者如何影响我们，这些是为什么呢？我们喜爱历史，经常探寻历史到极致：我们常常回到遗漏的地方而且一旦开始就一直追寻，这又是为什么呢？我不是不知道在历史中的效益不只是快乐。[52]但为什么，即便从虚构的故事中不能汲取任何效用，我们却总是快乐地读着这些故事？我们为什么想要知道那些功成名就之人的名字，他们的父母、国家和许多没有什么必要知道的小事呢？为什么处境最糟糕的人，比如在政治事务上没有任何希望的工匠们，也在历史中感到愉悦呢？我们尤其能注意到想要探听和阅读政治事务的人常常是那些看起来自身因为年老体弱远离政治事务的人。因此我们必然了解到被学习和探究的事物自身就包含某些诱因，它们激励我们去学习和

---

① 叙拉古的阿基米德（公元前287—前212年），著名的数学家，据说因盯着自己地上的图形而拒绝抬头看逮捕他的罗马士兵而被杀；塔伦特姆的亚里斯多克色努（公元前370—前300年），亚里士多德的研究者，在音乐和和声理论方面有广泛的著述。拜占庭（Byzantium）的阿里斯多芬（公元前257—前180年），亚历山大图书馆的领袖，勤劳的文献研究者。毕达哥拉斯与德谟克利特参见前注，他们和柏拉图据说都曾到处游历，但是这或许并非历史；后来的传统认为这些人是在寻找哲学在异邦的起源，参见下文。

探究。"

[53]"过去的哲学家们想象智者在幸福之岛（beatorum insu-lis）上所过的那种未来生活，他们免于所有困扰，也不必寻求任何生活必需的衣饰和装备，除了把时间都投入到探究自然本性的考察和研究上之外，他们相信没有别的事要做。而我们不仅看到幸福的人因此得到消遣，也看到那些不幸的人因此得到缓解。这就是为什么许多落在敌人或僭主手里的人，许多在监狱中或在流放中的人，依然依靠学习的热情缓解了痛苦。[54]法勒鲁姆的德梅特里乌斯（Demetrius），这座城市的统治者，被不公正地赶出了自己的家乡并效力于亚历山大里亚（Alexandria）的国王。德梅特里乌斯是这种哲学的佼佼者①，也是第奥弗拉斯特的学生。因为有了其不幸所赋予的空闲，他写作了大量优秀的作品，而这不是为了任何他自己的利益，因为那已经被剥夺了②，而是为了培育（cultus）他的灵魂，对他来说那形同于人性的食粮（cibus）。格涅乌斯·奥菲迪乌斯（Gnaeus Aufidius），这位曾经担任裁判官却失明的饱学之士，我其实常常听他说，对光的渴望比对效用的渴望更强烈地刺激着他。"③

"接下来考虑睡眠（somnum）。假如它没有为我们提供休息以

---

① 也即皮索所推崇的哲学。

② 法勒鲁姆的德梅特里乌斯（公元前 355—前 280 年），漫步派成员之一，公元前 317 年被卡珊德（Cassander，亚历山大的继承者之一）授予至高权力，但是十年后被马其顿的另一个统治者流放。在流亡亚历山大里亚期间开始追求知识。

③ 格涅乌斯·奥菲迪乌斯，公元前 107 年的副执政官，或许是因为他在希腊写历史，所以加入了这个群体，参见 *Tusc.* 5. 112。

及为我们的操劳提供一种治疗，那么我们就会将它的存在视为违背自然本性，因为它剥夺了我们的感觉并停止了一切行动。因此，如果自然本性不需要休息，或者我们能靠别的方法获得休息，那么忍着不睡就很容易，其实我们经常为了做某事或探究某事而近乎违反自然地不睡觉。"

[ⅩⅩ][55]"而事实上存在一些明显的，或者说清清楚楚而又毋庸置疑的自然本性的迹象（indicia），在人类身上最为明显，但也表现在所有动物身上，那就是灵魂总是欲求行动而且在任何情况下都不能忍受无休止的休息。这一点在孩子还小的时候尤其常见。虽然我害怕自己过度关注这类事物，然而所有古代的哲学家们，尤其是我们学派，他们总是靠近摇篮，他们相信在孩提时期能最容易地认识自然本性的倾向。因此我们注意到，事实上婴儿也不可能不动。当他们长大一点的时候，他们就会在嬉戏和劳动中感到快乐而且几乎不会因鞭打而止步。这种活动的渴望随着他们长大而逐渐增强。所以，即便我们相信自己会享受最甜美的梦，我们也不希望被给予恩底弥翁（Endymion）的睡眠，如果它发生了，我们会认为这等同于死亡。"

[56]"其实，即便是最懒的人，无论他天生的怠惰有多么不同寻常，我们仍然看到他们在身体上和精神上持续地活动，就算他们没有任何必要的事务缠身，他们仍然要么需要赌桌，要么找个游戏玩，不然就找人聊天，因为他们没有从学习中获得的崇高乐趣，所以会积极寻求加入任何圈子或者是小团体聚会。即便是关起来供我们取乐的动物也总是苦于束缚，尽管它

们比自由的时候被更好地喂养着，渴望着自然本性所赋予的自由行动和漫步。"

[57]"因此，任何一个出身最高贵且成就最显赫的人，如果被剥夺了参与政治事务的机会，那么无论给他提供什么样的快乐让他享受，他也绝不会想过这种生活。因为他们要么更喜欢默默无闻地做事，要么如果志气高一点，就会设法从事公共事务以获得公职和权力，不然就完全献身于学说的研究。在这种生活中他们离追求快乐是如此遥远啊！此外，得益于人类身上……他们才能既不追求快乐，也不逃避劳苦，忍受着担忧、焦虑和失眠。他们既不会中止对古人所发现事物的好奇，也不会停下新的研究。这些在研究上不可能被满足的人，忘记了其他的一切事物，也不会考虑下贱或卑鄙的事。事实上，在这些研究上有如此强大的吸引力，以至于即便对有着其他至善方案的人，比如以快乐和效用构成至善的人，我们依然看到他们在探究事物和阐释自然本性上耗费了一生。"

[XXI][58]"因此，很明显我们是为活动而生的。然而活动有很多种，以至于较不重要者会因较重要者而被掩盖。但正如我和那些我所说的思想家认为的那样，最重要的活动首先是对于天体的沉思和研究、对那种理性思考有能力揭示却又被自然隐而不显之事的研究；公共事务的管理，或者说管理方面的知识；然后是关于明智、节制、勇气和正义的理据，还有其他的德性与符合德性的行为。我们可以将这一切归于'高尚的'（honesta）一词。当我们成熟时，先行的诸自然本性自身会引导我们理解并实践它。事实上，

所有最初事物的起点都是微小的，但随着它们的发展其功用就增加了，这不是没有理由的：因为当我们出生时，我们无力而虚弱，以至于我们既不能了解也不能采取最好的行动。德性和幸福，这两个最值得追求者的光芒出现得很晚；直到更晚的时候人们才会对它们是什么有清晰的理解。柏拉图说得好：'在一个人年老时能获得智慧与真知，那是幸福的。'① 关于自然本性的原初天赋已经讲得够多了。接下来让我们看看更重要的、随之而来的事。"

[59]"因此，自然创造并形塑了人类的身体，有某些部分在一出生就充分发育成熟了，而另一些部分则随着人生的推进而逐渐成形，同时它肯定不会运用外在的或外来的帮助。此外，灵魂在其他方面如身体一样臻至完美。事实上，自然为它装配了适合感知事物的诸感官，而且不需要，或者说几乎不需要任何帮助来让它们成熟。但是人身上最杰出、最卓越的事却被忽略了。虽然自然本性给了我们一种足以把握所有德性的心智，但是在其中注入了各种伟大的事物的同时却没有让我们对此获得一点了解，这其实像是在为学习奠基，也仿佛是在心智中引入诸德性的基本要素。不过自然本性只促使德性自身开始发展，此外无他。"

[60]"因此，〈心智〉是我们的〈特性〉——当我说'我们的'时，我指的是技艺上的②——它立足于我们被给予的起点，追寻随之而来的结果，直至达到我们欲求的目标。这个目标远比我说的感

---

① 参见 *Laws* 653a。

② 这里的意思应该是说，我们拥有心智，一如我们拥有技艺一般，它和我们的所属关系与技艺和我们的所属关系相同。

官或者身体上的财富更有价值，更因自身而值得欲求，而心智的卓越完美远优于这些事物以至于它们之间的差异几乎难以想象。这就是为什么所有的荣誉、赞赏以及热情都仅仅以德性和符合德性的行动为依归，而所有在灵魂中如此的事物或者以如此方式被引导的事物，都以'高尚的'这个名称称呼之。我们稍后会看到所有高尚的概念是什么，以及〈与它们相应的〉语词所传递的意义是什么，还有它们各自的力量和自然本性是什么。"

［ⅩⅫ］［61］"但是目前我们将仅仅解释这个概念，也就是我所说的'高尚的'事物。它们是那种不仅因为我们自爱而值得追求，也因其自身的本性而被追求的事物。孩子们揭示了这一点，在他们身上我们可以如同照着镜子般看到自然本性。〈孩子们的〉竞争热情有多高！〈他们的〉竞争有多么激烈！他们胜利时高兴而失败时羞愧；他们不想被指责而渴望赞美；只要能成为同龄人中的领袖，他们没有什么不能忍受！他们对值得报答的人记忆是那么深刻，而回报的热情又那么强烈！这些特点在最优秀的天性上表现最为明显，在这些天性上，我们所理解的德性宛如是被自然本性设计出来一般。"

［62］"但这只是在孩子身上；那些已经处在成熟年纪的人身上这些〈特征〉其实也是清楚的。有谁如此与众不同，卑劣的冒犯和高尚的赞许都不能让他动容？有谁不讨厌好色的、粗暴的年轻人？相反，有谁不爱在那个年纪就谦逊、坚毅的人，哪怕〈这人〉与他并没有什么关系？每个人都讨厌弗莱格拉（Fregellae）的努米托瑞乌斯·普鲁斯（Numitorius Pullus），那个叛徒，尽管他曾为我们

的国家做出过贡献。① 我们都慷慨地赞颂柯德鲁斯（Codrus），这座城市的拯救者，还有埃瑞克修斯（Erectheus）的女儿们。② 有谁不憎恨图布鲁斯之名？③ 有谁不爱已逝去的阿里斯提德。④ 难道我们会忘记当我们听到或读到虔诚的行动、友谊还有慷慨时所受到的触动吗？"

[63]"还需要说说我们出生、被养育、受教化都是为了赞誉和荣耀吗？当听到这段台词'我是俄瑞斯忒斯'而另一个人反驳说'我说，刚好相反，其实我才是俄瑞斯忒斯'时，剧场里就激起无知大众的尖叫；当两个人都给茫然而踌躇的国王提出了相同的解决方法，请求只杀死自己时 ⑤，无论演出得有多频繁，它不是依然受到最大的赞赏吗？⑥ 因此，没有人不赞同并且赞美这种灵魂的心态，它不仅不寻求利益，而且哪怕与利益相悖也要保持

---

① 公元前 125 年弗莱格拉城反叛罗马，但是被昆图斯·努米托瑞乌斯·普鲁斯（Quintus Numitorius Pullus）出卖给了罗马指挥官卢西乌斯·奥比米斯（Lucius Opimius）。关于普鲁斯之前的叛乱是否因其后面的背叛而被原谅的辩论，参见西塞罗 *Inv.* 2. 105。

② 来自雅典历史的几个神话例子。多里安人（Dorians）入侵雅典，他们得到了一个神谕，只有柯德鲁斯国王不被杀死他们才能胜利。遵照神谕，柯德鲁斯乔装打扮到敌人面前，并激怒敌人直到敌人杀死他。雅典人之后将他们赶了出去；埃瑞克修斯是神话中雅典的王，有许多传说。这里或许指的是一部欧里庇得斯失传的戏剧，该剧中埃瑞克修斯被一个神谕命令，要牺牲自己的小女儿以拯救他的城邦，使之免受侵略。在剧中他的女儿接受了命令，而她的姐姐们也自杀了。

③ 参见 *Fin.* 2. 54 注释。

④ 参见 *Fin.* 2. 116，阿里斯提德以公正闻名。

⑤ 伍尔夫认为这里的引用有误，并采纳了马德维格（Madvig）的解读，此处追随这种解读。

⑥ 由帕库维乌斯创作的戏剧《俄瑞斯忒斯》（*Orestes*）在 *Fin.* 2. 79 有所提及。俄瑞斯忒斯和他的朋友皮拉德斯宁愿死在一起也不愿意通过供出对方来解救自己。

忠诚。"

[64]"这类的例子不仅充斥于创作的故事中,也遍布于历史中,尤其是我们的历史中。因为我们选择了最卓越的英杰来接受从艾达山(Ida)来的神像。我们为王子们派遣护卫者,我们的将军为了拯救国家而献出生命。我们的执政官们曾警示作为他们最大敌人的国王有人要毒害他,即便他已经兵临城下。在我们的共和国里,我们总能发现因为羞辱自愿一死来赎罪的人,以及杀死女儿使其免受侮辱的人。① 事实上,就以上所有这些例子以及其他的例子而言,有谁会不明白他们的所为是受到崇高的光芒所指引并且忘记了自身利益呢? 因此,我们赞美他们也是因为德性,此外无他。"

[XXIII]"这些事以简洁的方式阐述——其实我没有尽我所能来阐述,因为在这些事上无甚可疑。但从这些事可以确然地得出结论:所有的德性,以及所有出于德性、依循德性的合乎德性之事,都因其自身而值得追寻。"

[65]"在整个我们讨论的伦理领域中,没有什么比人与人之间

---

① 这里有三个典故。公元前204年,随着原本供奉于艾达山上的伟大女神西布莉(Cybele)在罗马确立其崇拜,帕布利乌斯·科尼利乌斯·西庇阿·纳西卡(Publius Cornelius Scipio Nasica)被选为模范罗马人来接受她的神像。王子的"护卫"是指马库斯·埃米利乌斯·雷比达(Marcus Aemilius Lepidus),据说他在公元前205年托勒密五世的父亲被谋杀后,被送到埃及作为年轻的托勒密五世的护卫;罗马的将军们为了拯救自己的国家而献出生命或许特别适用于德西(Decii),他的牺牲确保了罗马的胜利,参见 *Fin.* 2.60;公元前278年,将军盖乌斯·法布里修斯·路西努斯(Gaius Fabricius Luscinus)以及昆图斯·埃米利乌斯·巴贝斯(Quintus Aemilius Papius)向入侵的希腊国王皮拉斯透露,他的医生在给他下毒。最后两个例子是卢克莱提亚和维吉尼乌斯,罗马传说中著名的贞妇,参见 *Fin.* 2.66 注释。

的联系还宏大，比如，利益的联盟（societas）和团体（communi-catio），还有人类与生俱来的爱。① 新生儿们受到他们父母的爱护，一家人在婚姻的作用下与家庭成员联结在一起，然后逐渐向外拓展，首先是同族（cognati）②，然后是姻亲（affinitatibus），然后是朋友，然后是邻居，然后是同胞，以及公共领域的朋友和盟友。最后，它包含了整个人类。这种灵魂的活动分配给每一个人他自己的那一份，它以慷慨和公正维护了我所说的人类缔结的联盟，它被称为正义，并与忠诚、正直、仁慈、慷慨、高雅以及其他同类的品质联系在一起。而尽管这些品质是正义特有的，但也为其他德性所共享。"

[66]"人类自然本性的生成仿佛有一种天生的公民与群体的特征——希腊人称其为 *politikon*（政治）。所以，无论德性促成什么，都不会反对团体和我阐述的人类的爱和联盟，而正义，正如它本身是其他德性的基础一样，反过来需要其他德性。实际上，若没有勇敢和智慧就不能捍卫正义。因此，所有这些我提到的，如此伟大的德性间的组合与协调一致就是高尚的事物本身，因为高尚要么是德性自身，要么是有德性参与的事物。一种与这一切和谐并与德性一致的生活，可以被认为是正确的、高尚的、与自然和谐一致的生活。"

---

① 与斯多亚派不同，安提奥库的论述并没有刻画出如下两者的关系：成熟的、作为理性存在者的自我观念的发展，以及对他人价值的成熟认知的发展。相反，他视后者为前者的延伸，因为他创造了一条自爱原则作为其理论的基础；在接下来的段落中其"人类的自然本性是社会性"这种主张使这一点变得有说服力。

② 该词指男性亲戚。

[67]"而且，这种诸德性之间的结合与混合或许可以通过一种哲学学说来做区别：因为它们之间的关联与联系就是这样，以至于每一种德性都是所有德性的分有者（participes），同时一种德性与另一种不可能分离。尽管如此，每一种德性却有自己的特点和责任，比如，勇气在辛苦或危机中被辨识，节制在漠视快乐时被辨别，明智在善恶选择中被辨认，正义在分配人们所得时被辨明。因此，在每一种德性中都有一种关切，仿佛是指向自身之外的考虑，而这种考虑渴望他人而且关心他人。由此推论出，我们的朋友、兄弟、亲戚、邻居、公民同胞，乃至最后所有人——因为我们希望人类都在同一个联盟里——都因其自身而有价值。"

"然而，这些〈诸德性的〉关联中没有一个属于善之极（fine）或者说善的最大者（extremo）。[68]因此我们发现两类事物因其自身被追求的。一是由终极善构成的事物，它们要么属于灵魂要么属于身体；二是这些外在的事物，也即那些既在灵魂也在身体中的事物，比如朋友、父母、孩子们、亲戚以及自己的国家，都因其自身而成为我们心爱者，但与前者并不属于同一类事物。事实上，无论多么值得追求，如果所有这些外在善都包含在至善中，那么至善就不可能获得。"

[ⅩⅩⅣ][69]"那么，你会问，如果友谊、亲戚和其他外在事物都不包含在内，所有事物又是如何从属于至善的呢？① 显然是这个理由：外在事物是我们根据各种义务要保护的东西，而各种义务

---

① 这里安提奥库的解释明确致力于一个基本的观点，幸福，我们的最终目的，必须是完满的，也即，我们的所作所为都是为了它。参见下文，第 77‐86 节。

则源于相应类别的德性。比如，关心朋友和父母是某人在履行义务，而这个过程使自己受益，因为这种履行义务的行动是一种正确的行动，而正确的行动又源于德性。智者在自然本性的指引下追求德性，而同时那些虽不完美但天赋卓然如斯的人往往是在荣誉激励之下去追求德性的，毕竟荣誉常常有德性的外观和形象。但是如果他们能洞察到德性本身在任何方面都是完美和完满的，是所有事物中最值得赞美者，那么当他们欣喜于窥见德性之貌时会充斥着何等的愉悦啊！"

[70] "我们会认为投身快乐的人——哪怕其激情的火焰被点燃——在得到他们心中强烈渴望的东西时充斥着的愉悦，像汉尼拔被打败时伟大的老阿非利加努斯那样，或者像迦太基被摧毁时的小阿非利加努斯一样深吗？有谁在节日里顺着台伯河而下时会感到像卢西乌斯·保卢斯（Lucius Paullus）缚着被俘的国王珀耳塞斯（Perses）航行在同一条河上的快乐呢？"①

[71] "现在来吧，我们的卢西乌斯啊，在灵魂里建构诸德性的崇高和卓越吧：你就不会再怀疑那些拥有伟大灵魂和正直品质的人总是过着幸福的生活，这样的人认识到，若与德性相比，所有运气的改变以及所有事物和环境带来的变化，都不过是轻微且渺小的事。事实上，我们身体的善被充分满足也计入最幸福的生活，但没

---

① 皮索在道德方面的例子非常罗马。大西庇阿的事参见 *Fin.* 2；小西庇阿参见 *Fin.* 1。珀耳塞斯王或者马其顿的珀耳塞斯，在一次尝试与罗马的势力竞争之后，在公元前 168 年战败，并在公元前 167 年被卢西乌斯·埃米利乌斯·保卢斯（Lucius Aemilius Paullus，公元前 182 年—前 168 年的执政官）在凯旋式上牵行，在一个通常以河流庆典为标志的节日里。

有这些幸福的生活也能实现：因为它们以这种方式为善所增添的东西是如此微不足道，以至于它们在德性的光芒中无法被辨认出来，就像星辰的轨迹在太阳光中一样。"①

[72]"而这种说法也是真的：对幸福生活来说身体上利处并不重要，但说它们毫无用处就太过莽撞了（violentum），那些反对这一点的人在我看来似乎忘记了：正是他们自己建立的自然本性的原则。只要你认识到正确的分量大小，那就必须给予这些善一定的分量。寻求真理而非荣誉的哲学家们，都不会认为那些符合自然本性的事物是毫无分量的，即便那些虚荣的反对者自己，也承认这些事物是遵循自然本性的。虽然前者也看到了德性的力量以及我所说过的影响力，也看到了这影响力如此之大，以至于让其余的善变得微小乃至看起来没有分量，虽然它们其实并非没有分量。这不是拒斥德性以外所有事物的人会说的话，而是以德性应得的赞赏来阐发德性的人才会说的话。最后，这就是对至善各方面都完整而圆满的阐述。即便其他的哲学家们从这个体系中攫取了一些部分，但他们每一个人又都想让人觉得他们在表达自己的观点。"②

[XXV][73]"为自身而存在的知识经常得到亚里士多德和第奥弗拉斯特引人注目的赞赏。埃里鲁斯对这一点如此痴迷，他宣

---

① 这一段试图混合斯多亚派和亚里士多德主义的观点，也即"德性对于幸福生活来说不仅是必要的而且是充分的"与"幸福不仅需要德性也需要身体的和外在的善"。它确实做到了这一点，通过宣称"虽然德性对幸福生活的充分性，但是最幸福的生活也需要身体的和外在的善"。这个观点在后文中会受到批评，见 *Fin.* 5.77 - 86。

② 这些相互竞争的伦理理论在这里被视为这个"体系"的各个不同部分予以强调。这里提到的哲学家们大多是卡尔涅亚德划分中的各流派领袖，而此处是对分歧根源的理性重构，而非任何实际的辩论记录。

称知识是至善，同时没有什么其他事物是因其自身而值得追求的。关于对世俗之事的轻视和鄙夷，古人们谈论了很多。阿里斯同抓住了这一点并否认在德性与恶之外有任何值得趋避的事物。我们学派的成员将免于痛苦纳入了符合自然本性的事物中；希罗尼穆斯说这就是至善。事实上，狄奥多罗及其之后的卡利丰分别迷信'免于痛苦'和'快乐'，但他们也离不开德性，而我们却极力赞美德性。"

[74] "而这些快乐的信徒自身也寻找借口而且将德性挂在嘴边，并宣称快乐只是最初的追求，随后，会产生仿佛另一种自然本性的习惯，人们受其驱使去做很多并非快乐的事。还剩下斯多亚派。他们并没有把我们哲学的某个部分照搬到自己那里，他们全都搬走了。而像其他的小偷们通常会改变他们所偷东西的标志那样，他们改变了事物的名目，将我们的观点视为他们自己的观点。因此只有我们的学说才配得上研究七艺的人，配得上饱学之士和杰出之人，配得上领袖和国王。"

[75] 说完这些，皮索略微停顿了一下，然后说道："现在呢？我看起来是否真的依照我的承诺让你们听到〈想听的〉演说？"

对于这一点我回应道："皮索，今天像许多其他场合一样，你已经表明自己对这些学说相当熟稔，如果你能经常为我们讲讲，那么我们就不需要希腊人的帮助了。我更赞同你，因为我记得你的老师，那不勒斯的斯塔赛亚斯，享有无可非议名望的漫步派成员，从他那里说出的内容有些不同，而他赞同那些重视运气和身体好坏的人。"

"正如你所说，"皮索说，"但来自我们友人安提奥库的这些内容，比斯塔赛亚斯的内容论述得更好且更有力。不过，我追求的不是你对我的赞同，而是这位西塞罗①的赞同，我想从你这里夺走你的学徒。"②

［ⅩⅩⅥ］［76］"我真的非常赞同，"卢西乌斯喊道，"我相信我的堂兄也是这样。"

"那么，你同意这个年轻人吗？"皮索问我，"还是说你宁愿他掌握一种学好之后什么都不知道的体系？"③

"我肯定同意他，"我回答道，"但是，难道你忘了，我其实可以赞同你所说的内容吗？毕竟，谁会不赞同他们认为有可能的事呢？"

"然而，谁能赞同任何不属于感知、理解或认知的对象呢？"他回答道。

"这里没有大的分歧，皮索，"我说，"只有一件事让我觉得没有什么可以被认识（videatur），那就是斯多亚派对感觉能力（per-cipiendi vis）的定义，他们否认除了真实的且不可能为假的事物外还有什么是可以被感知的。这就是与斯多亚派的分歧，而与漫步派则没有这种分歧。但是让我们先把这个问题摆到一边，因为它涉及

---

① 也即作者西塞罗的堂弟。

② 为了比较亚里士多德主义的伦理学与斯多亚派所主张的德性对幸福的自足性，西塞罗首次指出，由斯塔赛亚斯复述的观点，即坚持认为德性对于幸福来说是不足的，实际上，对于亚里士多德主义的传统来说是不真实的。皮索优雅地将这一点撒在一边，很难理解他是怎么回应这一点的。

③ 这里与下面的一句话皮索显然是在揶揄西塞罗的怀疑派立场。

一段相当漫长而又充满争议的辩论。"①

[77] "对我来说，你所宣称的，所有的智者都是幸福的这个结论看起来太仓促了。不知怎么地，它在你的发言中就这样滑过去了。② 但是除非它得到证明，否则我担心第奥弗拉斯特的观点其实是真的：他认为如果涉及了糟糕的运气、悲伤或者身体上的痛苦，那么没有哪种生活能幸福的。因为幸福生活还为众多苦难所压倒（oppressum），这是非常矛盾的。我不明白这个立场如何融贯。"

"那么，哪一个观点令你不满呢？"皮索问，"是德性对幸福生活来说是自足的这一点？还是说，如果你接受这一点，你否认那些拥有德性的人在遭受某些苦难折磨的时候也能幸福？"

"我希望把最强力量归于德性，"我回复道，"但这力量有多大是另一个问题，现在的问题是如果任何非德性的事物算是一种善的话，那么德性的力量还能不能这么强。"③

[78] "但是，"皮索说，"如果你对斯多亚派承认了德性仅凭自身就足以使生活幸福，那么你也要对漫步派承认这一点。斯多亚派

---

①　皮索因为自己的演讲使年轻的卢西乌斯转向了安提奥库的"老学园派"传统而兴高采烈（参见前文），并追问西塞罗为什么他会更希望卢西乌斯接受学园怀疑派的传统，这样他就什么都不知道了。西塞罗提醒皮索一位学园派成员能够将一种理论视为"有说服力的"来赞同它（西塞罗将自己所采纳的安提奥库的理论视为有说服力的，并在第四卷中以之反驳斯多亚派）。皮索回应他有说服力者是不够好的；我们要求一种确切的知识。而西塞罗回应说这是斯多亚派的要求，而非皮索阐述的源于亚里士多德主义的理论。

②　从这里到 *Fin.* 5.88，面对西塞罗提出的这一反对意见皮索未能做出回应。

③　如果我们拒绝斯多亚派的主张"只有德性是善的"，并且像亚里士多德主义那样容许身体的和外在的利好也是善，那么德性对于幸福如何才是自足的呢？允许这种情况，那么失去这些外在善就会导致幸福生活变得不幸。

没有勇气称之为恶，但却称为严酷的（aspera）、麻烦的（incommoda）、被拒斥的（reicienda）并且与自然本性相悖的事物，我们实际上称其为恶，哪怕是小恶以及几乎不是恶者。因此，一个能在严酷而被拒斥的事物之中幸福的人也能在小恶中感到幸福。"

"皮索，"我说，"如果有一个人能常常在诉讼中敏锐地看到案情的关键，那个人肯定是你，因此请注意我问了什么：或许是我的错，到目前为止你还没有了解我的问题。"

"我已经就位，"他说，"而我正等着对我问题的回答。"

[XXVII][79]"我的回答是，我此刻不是要追问德性能够做到什么，而是要追问对它的融贯陈述是什么，以及其自相矛盾是什么。"我回答道。

"你的意思是？"皮索问道。

"因为芝诺，"我回答说，"用华丽的、源自神谕般的话说'德性对幸福生活来说是自足的'，对于'为什么？'这样的问题，他会回答说'因为除了合乎德性的事物之外，没有什么是善的'，我现在并不是问它是不是真的，我要讲的是，他说的这些是相互融贯的。"

[80]"伊壁鸠鲁似乎也同样常常说智者总是幸福的——他经常滔滔不绝说个没完——确实，他总是说智者在遭受最大的痛苦折磨时也会说'多么甜蜜啊！我是多么地不在乎啊！'关于他对善本质的这种看法，我不会和他争论。但我要指出的是，他没有理解自己该说的是什么，因为他认为痛苦是最大的恶。① 我现在有同样的理

---

① 西塞罗认为，如果伊壁鸠鲁承认痛苦是最大的恶，那么推出的结论应该是处在痛苦中的智者是不可能幸福的。

由来反驳你的论述。你关于善恶的主张与传言所说那种从来没有看过哪怕一幅哲学家画像的人们观点完全一致，所以健康、力量、身材、外表以及从头到脚各个部分的功能正常运转——这些都是善；畸形、疾病和残疾都是恶。[81] 你对外在善保持谨慎；但是，你将身体的这些特征视为善，你也一定会把完善它们的事物归入诸善中，如朋友、子嗣、亲戚、财富、荣誉和影响力。请注意，我并没有说反对这一点的话，而是认为，如果智者可能陷入的不幸是邪恶的，那么智慧对于幸福生活来说就是不够的。"①

"智慧对最幸福的生活来说固然还不够，"皮索回答道，"但是对一种幸福生活来说却足够了。"

"我注意到你不久之前提出的这种论证方式，"我说，"而从我们的安提奥库那里我知道它也经常被这么说。但是有什么说法比'幸福'却'不充分幸福'（nec satis beatum）更不被赞同的说法呢？任何添加到'充分'（satis）上的都是'过度'（nimium）了；没有人是'过度'幸福的，因此没有人比幸福更幸福。"

[82]"那么，你怎么看待昆图斯·梅特鲁斯（Quintus Metellus）呢？"他问道，"他看着自己的三个儿子成为执政官，其中一个是监察官还举行过凯旋式；第四个儿子是裁判官（praetorem）；他身后留下的四个儿子都安然无恙而三个女儿也出嫁了；他自己也

---

① 西塞罗挖苦地指出皮索在 Fin. 5.78 的回答是离题的。斯多亚派宣称德性对于幸福是自足的，这是融贯的，因为他们明确否认德性之外的任何东西是善的。但是皮索的观点显然认为身体的和外在的优势也是善；所以他们不能像斯多亚派那样融贯地去主张自己的观点。西塞罗这里通过批评伊壁鸠鲁强调自己正在讨论理论的融贯性而非理论的真实性。

担任过执政官、监察官和占卜官，也曾举行过自己的凯旋式。假如他是明智的，那么他难道比同样明智的雷古鲁斯，那个在敌人势力中因不眠和饥饿而死的人更幸福吗？"①

［XXVIII］［83］"为什么问我呢？"我回答道，"要问斯多亚派成员啊！"

"你觉得他们会怎么回答呢？"他问。

"梅特鲁斯一点也不比雷古鲁斯幸福。"我回答道。

"那么我们的讨论就该从这里开始。"他说。

"但是我们偏离了主题，"我回答道，"我不是要问什么是真的，而是要问每一方都要说什么。如果斯多亚派成员确实说一个人能够比另一个人更幸福——你会很快看到他们的体系崩溃！他们认为，善只存在于德性中，存在于高尚中，而无论如何，如他们所相信的那样，德性与高尚均不会增加，同时，唯一的善是那种占有它必然使得人幸福的事物。所以，既然善不能增加并被他们视为唯一的幸福，那么就不存在一个人比另一个人更幸福的情况。"

"你看到这些内容的一致（concinant）了吗？以赫拉克勒斯的名义——我得承认自己的感觉——其内容的连贯性（contextus）是惊人的：推论（extrema）符合前提（primis），而中间的步骤也与前提和结论相符，甚至每一个部分都与其他部分一致；他们了解推出（sequatur）什么，以及什么与之相悖（repugnet）。它就像是几

---

① 两个例子展现了在世俗中很成功的有德性者，以及遭遇巨大不幸的有德性者。关于雷古鲁斯，参见 *Fin.* 2. 65。昆图斯·凯奇利乌斯·梅特鲁斯·马其多尼库斯（Quintus Caecilius Metellus Macedonicus），公元前 143 年的执政官，死于公元前 115 年，西塞罗在这里列举了他令人印象深刻的政治和军事成就。

何学，如果你承认前提，那么你就必须承认所有的推论。如果你承认在有德性的事物之外没有什么是善的，那么你就必须承认幸福生活在于德性。或者反过来看：承认了后者，你就承认了前者。[84] 你们的观点却与此不同。^① '有三种善的类别'：它在这里迅速展开顺理成章的论述。但是当它来到推论，它就陷入困境了。它想说的是：智者不可能缺少达至幸福生活所需要的东西。〈这显然是〉一种基于高尚的论述^②，苏格拉底和柏拉图也是如此。你们宣称'我们敢于去主张'。但是你们不能，除非你撤回这一点^③，因为如果贫穷是一种恶，那么无论乞丐如何有智慧，他都不可能幸福。相比之下，芝诺不仅敢宣称这样的人幸福，而且敢说他是富有的。若痛苦是一种恶，那么剧痛折磨中的人就不可能是幸福的。若有孩子是善的，那么没有子嗣的人就是悲惨的。若故乡是善的，那么流放就是不幸的。若健康是善的，那么疾病就是可怜的。若肢体健全是善的，那么残疾就是悲惨的。若视力敏锐是善的，那么目盲就是不幸的。或许智慧的慰藉可以稍微缓解这些恶。但是它有什么

---

① 皮索在 *Fin.* 5.81 重复了自 *Fin.* 5.71 以来的论点：德性对幸福生活来说是自足的，但是其他的善能使得它提升至产生出最幸福的生活。西塞罗在这里坚持了德性的斯多亚式理解——也即德性对幸福来说是自足的，而幸福不容许有任何程度的变化（而与运气无关，其他事物也无助于幸福）。因此斯多亚派的立场是融贯的，但是安提奥库所捍卫的立场却不是融贯的。一旦任何德性之外的事物可以被承认为善，就可以添加在德性之上产生更好的某种东西（于是有最幸福的生活，而非幸福生活），那么就不可能坚持认为德性对幸福来说是自足的，因为失去了其他事物就会不足以幸福。因此德性对幸福来说就不是自足的。

② 参见 *Fin.* 5.19 的分类。

③ 西塞罗的意思是，皮索必须撤回将德性之外的其他事物视为善的主张，因为这会导致下文中所说的逻辑后果。

办法全然承受这些呢?"

"事实上,若假定一位智者目盲,残疾,被重病痛折磨,被流放,没有子嗣,贫困,并且受到刑具折磨:芝诺,你会怎么形容这样的人呢?① 他会说:'幸福的'。甚至还是最幸福吗?'当然,'他会回答道,'我已经这么指出过,幸福和德性一样不会有程度的差别,而德性本身即是幸福。'[85] 对你们来说这种'最幸福'难以置信。怎么会呢? 你们自己的观点可信吗? 如果你叫我到一群观众面前〈为之辩护〉,那么你永远无法证明一个受到如此对待的人是幸福的。若是面对明智之人(prudentes),那么他们首先会怀疑在德性中是否有如此力量,以至于那些被赋予德性的人,即便被塞进了一头法拉里斯的公牛也会幸福②;其次,他们不会怀疑斯多亚派所说的内容本身是前后一致的,而你们的则自相矛盾(repugnantia)。"

"所以,你赞同第奥弗拉斯特的作品《论幸福生活》(De Beata Vita)吗?"皮索问我。

"我们离题了,"我回答道,"长话短说吧,皮索,如果上述那些事是恶,那我就赞同。"

[86]"好吧,你认为那些不是恶的吗?"他问。

"不管我对这个问题做出何种回答,"我回答道,"都一定会让你陷入困境。"

"怎么会这样呢?"他问道。

"因为如果它们是邪恶的,那么就没有哪个受到折磨的人还会

---

① 西塞罗在这里假定在与芝诺对话,推演其可能做出的回应。

② 一种刑罚,参见 *Fin.* 4.66 注释。

幸福。如果它们不是邪恶的，那么整个漫步派的体系就会崩溃。"

"我明白你的意思了，"皮索带着微笑说道，"你怕我抢走你的一位学徒。"

"你真的可以带他走，只要他愿意，"我回答道，"因为如果他和你相伴，那如同与我随行。"

［XXIX］"那么，听好，卢西乌斯，"皮索说，"我得亲口对你说。① 正如第奥弗拉斯特所说，哲学全部的威严在于获得幸福生活，而所有人都被对幸福生活的渴望激励着。［87］在这一点上你堂弟和我是一致的。因此我们必须考察哲学家们的学说是否能给予我们这种生活。它肯定承诺会，若非如此，为什么柏拉图曾经到埃及去从异邦的神职人员那里学习算术（numeros）和天文学（numeros）？为什么他随后又将毕达哥拉斯学派的学说和对苏格拉底的描绘结合起来？为什么又为了学习苏格拉底曾拒斥的学说，而拜访了塔伦特姆的阿基塔斯，还有罗克利（Locri）的其他毕达哥拉斯学派成员：埃齐克拉特（Echecrates）、蒂迈欧（Timaeus）和阿里翁（Arion）？② 为什么毕达哥拉斯自己穿过埃及（Aegyptus），并拜访了波斯的圣贤（Persarum magos）？为什么他要徒步走过如此广阔的异邦地区并渡过那么多片海洋？为什么德谟克利特也做同样

---

① 皮索完全没能应对西塞罗的反对意见。相反，像一位好的辩护人一样，他把问题岔开而避过了这个问题，从这里到 *Fin.* 5.95 重复了前面的各种观点。

② 关于这场被归于柏拉图的旅行（以及下文中归于毕达哥拉斯和德谟克利特的旅行）参见下文和 *Fin.* 5.50 及其中注释，亦可参见 *Fin.* 5.5、*Fin.* 2.17 注释。旧学园派传统强调了毕达哥拉斯对柏拉图的影响，而毕达哥拉斯曾有力地表达了自己的观点。学园派怀疑论传统强调苏格拉底对柏拉图的影响，他与别人辩论以获取理解。

的事呢？据说——我们并不追问它是真的还是假的——德谟克利特挖出了自己的双眼。的确，为了不让注意力从灵魂稍移片刻，德谟克利特不顾遗产并抛下田地不种：他除了寻找幸福生活，还在找什么呢？即便他将幸福建立在求知（cognitione）之上，然而，从各项对自然的研究中他希望获得的正是灵魂的愉悦。他称幸福为 *euthumia* 或者（经常称之为）*athambia*，也就是免于灵魂的恐惧。"

[88] "然而尽管这种观点是卓越的，却仍然没有被完全打磨好：对于这些议题他甚少提及德性，其观点自身也不直观。① 事实上，此后德性首先在这座城邦中被苏格拉底首先探讨，继而被带到这种境地，毫无疑问，活得好并且活得幸福的全部希望建立在德性之上。这之前芝诺从我们学派学到这一点时，他如同诉讼流程中通常要求那样以'不同的方式处理相同的事'。你现在正在其立场上为这种做法给出证明。显然，他通过改变事物的语词来回避对其自相矛盾的指控，而我们却不能回避！他否认梅特鲁斯的生活比雷古鲁斯更幸福，却说这种生活是被偏爱的（praeponendam），虽然它并不是更值得追寻的（magis expetendam），却是更值得采纳的（magis sumendam）；而如果可以选择，梅特鲁斯的生活将被选择而雷古鲁斯的生活将被拒斥。就我而言，那种更受偏爱的以及更值得采纳的生活，我称之为更幸福的生活；尽管比起斯多亚派的生活，我没有赋予它更多一点的重要性。[89] 除了我以熟悉的字眼称呼熟悉的事物，而他们寻找新的名称称呼同样的事物之外，两者

---

① 参见 *Fin.* 5.23 注释。

之间有什么区别呢？因此，按照任何一个需要翻译的人通常在元老院的做法①，我们也是在翻译者的陪同下听他们的观点。任何遵循自然本性的我都称为善，与之相反的我都称为恶，不但我是这样，你也是如此，克律西波，无论是在广场还是在家中。为什么在学校里你就抛弃了呢？你认为人们应该说一种话，哲学家应该说另一种吗？受过教育和没有受过教育的人可能在某物有多少价值上不同，但是当受过教育的人之间就某物的价值达成共识的时候——如果他们是人，他们就会用通常的方式说话——只要事实维持不变，他们就会依据自己的判断创造词汇。"

　　［XXX］［90］"我现在要转向自相矛盾的指控了，以免你更频繁地说我离题：你将指控建立在措辞上，而我则将论证建立在事实上。如果这一点被充分把握：德性的力量是如此强大，以至于如果将所有其他事物置于另一边来估量德性，那么它们根本无法显现——在这一点上我们有最大的帮手斯多亚派成员，虽然他们确实宣称所有那些有利的事物，是既被采纳又被选择也被偏爱的（他们这么定义的术语，表示价值足够高的事物）——当有人向我使用斯多亚派所造词汇时是这样的，某些是新奇的与被发明的，比如你们的'倾向选择的'（producta）和'避免选择的'（reducta）②；某些

---

　　① 说希腊语的大使在元老院演讲时会配备一位将希腊语翻译成拉丁语的翻译员。但其实到了这个时期受过教育的罗马人已经能流利地说希腊语了。

　　② 其实两个词本义分别为"被提升的"和"被减少的"，这里所提到的是在 *Fin.* 3.15 中提到的斯多亚派的"*proēgmena*"（倾向选择的，优先的）和"*apoproēgmena*"（避免选择的，被拒斥的），为了与前文的两个拉丁语词汇区别开，这里以其希腊文本义对应。在斯多亚派的划分中，无差别之物虽然在善恶上无差别，但是却有价值上的区分，前者是有价值的事物，后者则相反。参见 *Fin.* 3.15 注释。

是意义完全相同的——其实，在'你寻求……'（expetas）和'你选择……'（eligas）之间有什么分别？事实上，'被某人选择（eligitur）之物'和'被偏爱者'（ad quod dilectus adhibetur）在我看来更加华丽——但是，当我称所有这些东西为善的时，重点在于我提到的事物有多好；而当我称其为'值得追求的'（expetenda）时，重点在于我所说的事物有多值得追求。但如果我称其为'值得追求的'，它们不会比你称之为'值得选择的'（eligenda）时更好，而我称其为'善的'时，它们也不会因此比你称之为'倾向选择的'时更有价值，因此，当所有事物闯入德性的光芒时，仿佛进入了阳光之中，必然隐而不显。"①

[91]"但事实上，你说任何存在某种恶的生活都不可能是幸福的。那么，如果你在任何地方发现了一根野草，那么就算有饱满丰硕的谷物也不算庄稼；如果在庞大的收益中损失了任何一点利益，那它就不是赚钱的买卖了。难道在任何时候、任何地方都是这样，在生活中却是别的样子吗？② 而且你难道不是从最主要的部分来评断整体吗？而德性事实上在人类的事务中占据了最主要的部分以至于掩盖了其余的部分，莫非还有疑问吗？"

---

① 这里的意思是，德性的光芒一如太阳的光芒般耀眼，任何其他光芒在太阳光面前都将黯然失色。

② 皮索重述过程中唯一的新观点；他试图反驳这样的异议，也即他不能一边主张德性对幸福来说是自足的，一边又主张身体的和外在的善是一种真正的善（因此，失去它们，是恶的）。他说即便包含有一些小的恶，一种生活仍然可以被称为善的，就像我们不会因为几根杂草就拒绝承认一场丰收一样；从他的理论来看失去身体善和外在善是无关紧要的。这些并不能回应"考虑到幸福的完整性，任何真正的善的损失，无论多么微小都会威胁到德性对幸福的自足性"这种指控。

"因此，我敢于称所有其他合乎自然本性的事物为善，而且不用对它们原本的名称动手脚，也不用寻求某些新奇的名称，但我将把德性之重置于天平的另一个盘子里。[92] 相信我，这盘子将超过地球和海洋。某个包含最多部分并且分布最广的事物总是被称为'万有'（tota res）。我们说某人过着愉悦的生活：一旦他有了悲伤之感，愉快的生活就被带走了吗？但这种结论不适用于马库斯·克拉苏，卢西乌斯说克拉苏一生中笑过一次，而这并不妨碍他被称为'不笑者'（*agelastos*，希腊语），如卢西乌斯所言。① 萨摩斯（Samos）的波吕克拉底（Polycrates）人们说他是'幸运的'（felicem）。除了他曾把一枚戒指扔进海里之外，没有发生过他不希望发生的事。因此，唯一的烦恼，让他倒霉后又让他在从鱼腹中找回同一枚戒指时变回"幸运的"吗？如果波吕克拉底是愚昧的（因为他是一位僭主，所以肯定是愚昧的），那么他就从不曾幸福过。那么，如果他是智者，那他就并非不幸之人，即便是在被大流士（Darius）的总督俄瑞奥特（Oroetes）施以折磨时。② 你会辩解说，'但是他遭受了很多伤害'。谁会否认呢？然而，那些伤害为德性的伟大所淹没了。"

[XXXI] [93] "还是说你甚至拒绝承认漫步派所说的这种观点：所有善人的生活——也即智者的生活，并且是以所有德性盛装

① 关于这位克拉苏，参见 *Fin.* 2.57 注释。
② 萨摩斯的统治者波吕克拉底的故事，亦见于希罗多德。波吕克拉底因为害怕自己的好运打扰到诸神，因此将最喜欢的指环扔进了海里，但是被一位渔夫在鱼腹中发现并还给了他。皮索举这个例子想说明遗失指环几乎不能影响波吕克拉底整体的好运，尤其是与其后期被人背叛并被波斯人钉在十字架上的酷刑相比。

起来的这样一种生活，总的来说，善的部分超过了恶的部分？'谁这么说呢？''肯定是斯多亚派''完全不是'；而恰恰是那些用快乐和痛苦来衡量一切的哲学家，难道他们没有宣称'对于智者来说，他们想要的事总比不想要的事更常出现'？因此，当那些宣称'除非产生快乐否则便不会为德性本身哪怕翻一翻手'的人，也将给予德性如此的重要性时，我们应该做什么呢？我们会说即便是任何灵魂最小的卓越之处也优先于所有身体的善，以至于后者从我们的视野中消失了吗？我们该怎么办呢？有人敢于宣称，'为了完全免于痛苦永远地放弃德性——就算这可能——是适合于智者的'吗？我们学派的人有谁会说——我们并不羞于将斯多亚派称为'苦难'（aspera）的东西称为恶（mala）——做一件快乐但卑劣的事比做一件痛苦但合乎德性的事更善呢？"

[94]"我们相信赫拉克里亚（Heraclea）的狄奥尼修斯（Dionysius）因为眼痛而脱离斯多亚派是可耻的①——仿佛他从芝诺那里学到的是'当一个人痛苦时他不痛苦'，〈而不是〉那个被他听了但却未学会的'痛苦不是恶，因为它并不卑劣，而一个勇敢的人应该忍受它'。如果他是一位漫步派成员，我相信他会将其观点坚持下去，因为他们尽管称痛苦为邪恶，但在勇敢承担自身痛苦这件事上，他们却传授与斯多亚派相同的内容。即便是你的阿尔克西劳，虽然他在辩论中非常固执，但是他也是我们中的一员，因为他是珀

---

① 赫拉克里亚的狄奥尼修斯（公元前 330—前 250 年），一位终身遭受眼疾折磨的斯多亚派成员，其眼疾痛到他不能再承认斯多亚派"痛苦不是恶"（而是该拒斥的无差别之物）的主张，他还离开了斯多亚去寻求一种享乐的生活。

勒蒙的学生。^① 有一次，阿尔克西劳的密友卡尔弥德（Char-mides），一位伊壁鸠鲁派成员，在阿尔克西劳被痛风之苦折磨时拜访他。当卡尔弥德在悲伤中离开时，阿尔克西劳哭着说，'留下来吧，我的卡尔弥德，我求求你了。痛苦并没有从这里到这里'——他指着自己的脚然后又指着自己的心说。然而，他会更喜欢没有痛苦的状态。"

［XXXII］［95］"那么，这就是我们的学说了，而你觉得它自相矛盾，然而，因为德性的无可比拟，以及如此卓越的神性（divi-nam），以至于只要有德性以及由德性带来的伟大的、最值得称赞的事，就不会有不幸或悲伤，虽然仍会有痛苦和烦恼。所以我可以毫不犹豫地说，所有智慧的人都是幸福的，尽管某个人可能比另一个更幸福。"

"然而你们这个观点，皮索，仍然需要被加强，"我说，"但是如果你能捍卫这个主张，我就不仅会让你偷走我的西塞罗，而且还有我自己。"

［96］"在我看来，"昆图斯说，"这个观点看起来已经十分可靠了，我为这种哲学感到愉悦，这个学派的家具在我看来比其他学派的钱财更有价值。（它在我看来是如此丰富，以至于我能够从它那里获得所有我们的研究中所需要的东西，）因此我很高兴，结果它其实比其他学说都更犀利（acutiorem），而人们说这正是它所缺乏的特点。"

---

① 皮索基于阿尔克西劳面对痛苦的坚忍，主张阿尔克西劳其实属于其老师珀勒蒙的传统——虽然阿尔克西劳打破了来自柏拉图主义的学说传统。

"没有我们的犀利，"庞波尼乌斯取笑道，"但是赫拉克勒斯在上，你的阐述让我非常快乐。我未曾想过这样的观点能被放在拉丁文中述说。而你以恰当的言辞阐述了它们，而且其清楚程度不亚于希腊人。然而是时候离开了，如果你同意的话，直接去我那里吧。"①

当他说完那些话，同时看起来讨论已经足够了，我们就都去了镇上，到庞波尼乌斯家里。

---

① 皮索赢得了这场修辞之争；昆图斯被说服了，卢西乌斯也被说服了。西塞罗让读者自己去判断哲学论证以及与之相对的优雅文辞的重要性。

附录 I　术语表

拉丁语	希腊语	英语	中文
accommodatum ad naturam	*to kata phusin*	suited to its nature	符合自然本性；合乎自然本性
admirabilia	*paradoxa*	paradoxial	悖论；悖谬的
adsensio	*sunkatathesis*	assent	赞同
aequitas	*dikaiosynē*	justice	公平
aestimatio	*axia*	value	价值
amicitia	*philias*	friendship	友爱
animus	*psukhē*, *hēgēmonikon*	mind	灵魂；心灵
animus quietus	*ataraxia*	tranquil mind	宁静；不受烦扰
appetitio	*hormē*	desire	内驱力；欲求
aperio	*ekkaluptein*	clearly reveal	揭示；去蔽

续表

拉丁语	希腊语	英语	中文
argumentum	*tekmērion*	proof	证明；证据
argumentum conclusi	*apodeixis*	deductive argument	演绎
astrum	*astronomia*	astronomy	天文学
ars	*tekhnē*	skill	技艺
atomus	*atomos*	atom	原子
beata vita	*eudaimonia*	happy life	幸福
benivolen	*eleutherios*	generosity	慷慨
bonum	*agathon*	good	善
clinamen	*parenklisis*	swerve	偏斜（运动）
cognitum	*katalēptos*	understand; know	领悟、理解；把握
cogitations	*boulsis*	deliberation	审慎
comprehension	*katalēpsis*	grasp	把握；理解
coniectura	（*stokhasmos/ epilogismos*）	inductive inference	归纳
cupiditas	*epithumia*	desire	欲望
deus	*theion*	god	神
dialectica	*dialektikē*	dialetics	论辩术；辩证法
divina	*theios*	divine	神圣的
elementa	*stoikheion*	element	元素

续表

拉丁语	希腊语	英语	中文
extremum	*telos*	highest good	至善
fatum	*heimarmenē*	fate	命运
fidem	*pistis*	dignity	忠诚
finis	*telos*	end	目的
finibus bonorum	*teleion agathon*	highest goods	至善
fortitudo	*andreia*	courage	勇气
forma	*eidos*	kind	种
genus	*genos, eidos*	genera	属
geometria	*geōmetria*	geometry	几何学
honestum	*kalon*	honourable; moral	高尚的
impedio	*perispan*	threaten	阻碍
inane	*kenon*	void	空洞的
inani	*diakenos*	void	虚空
incorruptis	*acratos*	uncorrupted	未堕落的；纯洁的
indifferens	*adiaphoron*	indifferent	无差别的
iniuria	*adikos*	injustice	不正义；不正义的
immortalibus	*athnatos*	immortal	不朽的
iudico	*krinō*	judge	判断
iustitia	*dikē*	justice	正义
logica	*logikē*	logic	逻辑学
materia	*hulē, ousia*	matter	物质、质料

续表

拉丁语	希腊语	英语	中文
membrum	*melos*	limbs	肢体；部分
mens	*dianoia*	intelligence	心智；思想
malum	*amartia*	evil	恶；罪恶
medicina	*iatrikē*	medicine	医术；医疗技艺
miser	*pathēma*	pitiable	不幸；灾难
mores	*diathesis*	behaviour	倾向；习惯
modus	*metron*	measure	尺度
mundus	*kosmos*	world	宇宙、世界
musicis	*mousiskē*	music	音乐
mors	*thanatos*	death	死亡
natura	*phusia*	nature	自然；本性
navigatio	*nautikos*	navigation	航海术
naturam secuti	*akolouthōs tēi phusei*	following nature	顺应自然（本性）；遵循自然（本性）；追随自然（本性）
necessariae	*anagkaiai*	necessary	必需的
non dolere	*apatheia*	freedom from pain state of no pain	无痛苦
numerius	*arithmos*	arithmetic	算术
occultarum	*adēlos*; *kryptos*	arcane	不显明的；隐而不显的

续表

拉丁语	希腊语	英语	中文
officium	*kathēkon*	appropriate action	义务；应为之举
pecuniae	*ktēma*	wealth	财富
post oritur	*epiginontai*	later development	后发的或次生的
praeposita	*proēgmena*	preferred	优先的
prudentia	*phronēsis*	practical reason	明智
regula	*kanonōn*	criterion	准则
reiectanea	*apoproēgmena*	worthy of rejection	要被拒斥的；应当拒绝的；
repugnantiumve	*antikeitai*	contradiction	对立的
producta	*proēgmena*	brought forward	在前的
res prima	*proton*	primary object	原初之物
res aestimanda	*ta echonta axian*	valuable things	有价值的事物
rhetorice	*rētorikē*	rhetoric	修辞术
sapiens	*phronimos*	wise person	智者
sapientia	*sophia*	wisdom	智慧
scientia	*episteme*	science	知识
sumenda	*eklegetai*	acceptable	可采纳的
sensus	*aisthēsis*	sense; perception	感觉；感知
somnus	*katheudō*	sleep	睡眠
sophistes	*sophistēs*	sophists	智者派
stultitia	*mōria*	foolishness	愚蠢

续表

拉丁语	希腊语	英语	中文
superstitio	*deisidaimonia*	superstition	迷信
temeritas	*propeteia*	thoughtlessness	鲁莽
temperantia	*metriopatheia*	temperance	节制
terroribus	*tarbos*	fear	恐惧
tranquilli	*ataraxia*	quiet	宁静；不受烦扰
turpe	*aischros*	immoral	卑劣
utilitas	*chreia*	utility	效用；利益
vacuitate doloris	*apatheia*	freedom from pain; state of no pain	免于痛苦
valitudinem	*ygieia*	health	健康
verum	*alētheia*	truth	真理
virtus	*aretē*	virtue	德性
vis	*dunamis*	power	力量
vitium	*kakia*	vice	恶
voluntarium	*hekousion*	voluntary	自主的
voluptas	*hēdonē*	pleasure	快乐

附录 II　重要人名对照表

Accius 阿克奇乌斯

Antiochus 安提奥库

Arcesilas 阿尔克西劳

Aristippus 阿里斯底波

Aristo 阿里斯同

Aristotele 亚里士多德

Aristoxenus 亚里斯多克色努

Atilius 阿提利乌斯

Brutus 布鲁图斯

Caecilius 凯奇利乌斯

Carneades 卡尔涅亚德

Chrysippus 克律西波

Cicero 西塞罗

Cleanthes 克莱安塞

Critolaus 克利托劳斯

Demetrius 德梅特里乌斯

Dicaearchus 迪凯奥尔库斯

Diodorus 狄奥多罗

Diogenes 巴比伦的第欧根尼

Dionysius 狄奥尼修斯

Ennius 恩尼乌斯

Epicurus 伊壁鸠鲁

Erillus 埃里鲁斯

Euripides 欧里庇得斯

Herodotus 希罗多德

Hieronymus 希罗尼穆斯

Homerus 荷马

Lucilius 路西律斯

Lucretius 卢克莱修

Lyco 吕科

Manilius 马尼利乌斯

Metrodorus 梅特罗多洛

Pacuvius 帕库维乌斯

Plato 柏拉图

Polemo 珀勒蒙

Porcius 波尔奇乌斯

Pyrrho 皮浪

Scaevola 斯凯沃拉

Staseas 斯塔赛亚斯

Strato 斯特拉图

Terentius 特伦恩提乌斯

Trabea 特拉比亚

Varro 瓦罗

Xenocrates 色诺克拉底

Xenophon 色诺芬

Zeno 芝诺

附录 Ⅲ　专名索引*

A

Apollo Pythius 皮西亚的阿波罗
〈神谕〉（5.44）

T. Pomponius Atticus 提图斯·
庞波尼乌斯·阿蒂库斯
（1.16；2.67；5.1，3，8，96）

Albucius 阿尔布奇乌斯（1.8）

Alcmaeo 阿尔克麦翁（4.62）

Arcesilas 阿尔克西劳（2.2；
5.10，94）

Africanus 阿非利加努斯，也即
大西庇阿（3.37）

Afranius 阿弗拉尼乌斯（1.7）

Agesilaus 阿格西劳斯（2.116）

Amynomachus 阿米诺马库

---

　　* 考虑到拉丁语与汉语不同的语言特征，原则上含有共同语素的名词不再分别给出索引，如"斯多亚派""斯多亚派的"统一归入"斯多亚派"；译名原则上与正文和注释保持一致；拉丁语人名排序以文中的家族名为主要依据，如"帕布利乌斯·科尔内利乌斯·苏拉"排在 S 部；人物和事物简介可通过索引进入具体章节在注释中查看。——译者注

Y

图书在版编目（CIP）数据

论目的／（古罗马）马库斯·图留斯·西塞罗
（Marcus Tullius Cicero）著；崔延强，蒋学孝译 . --
北京：中国人民大学出版社，2024.6
（西塞罗哲学文集／崔延强主编）
ISBN 978-7-300-32873-7

Ⅰ . ①论… Ⅱ . ①马… ②崔… ③蒋… Ⅲ . ①西塞罗
（Cicero Marcus Tullius 前 106—前 43 年）-哲学思想
Ⅳ . ①B502.42

中国国家版本馆 CIP 数据核字（2024）第 106676 号

西塞罗哲学文集
崔延强 主编
论目的
［古罗马］马库斯·图留斯·西塞罗（Marcus Tullius Cicero） 著
崔延强 蒋学孝 译
Lun Mude

出版发行	中国人民大学出版社	
社 址	北京中关村大街 31 号	**邮政编码** 100080
电 话	010 - 62511242（总编室）	010 - 62511770（质管部）
	010 - 82501766（邮购部）	010 - 62514148（门市部）
	010 - 62515195（发行公司）	010 - 62515275（盗版举报）
网 址	http://www.crup.com.cn	
经 销	新华书店	
印 刷	北京联兴盛业印刷股份有限公司	
开 本	890 mm×1240 mm 1/32	**版 次** 2024 年 6 月第 1 版
印 张	10 插页 4	**印 次** 2024 年 6 月第 1 次印刷
字 数	252 000	**定 价** 78.00 元